평범함을 비범함으로 만드는
파워컨셉

POWAA KONSEPUTO NO GIJUTSU

ⓒ Ryouichi Murayama 2007
All rights reserved.
Original Japanese edition published by KODANSHA LTD.
Korean publishing rights arranged with KODANSHA LTD.
through Yu Ri Jang Literary Agency.

Korean translation copyright ⓒ 2008 by Book21 Publishing Group

이 책의 한국어판 저작권은 유리장 에이전시를 통해
저작권자와 독점계약한 (주)북이십일에 있습니다.
저작권법에 의해 한국 내에서 보호를 받는 저작물이므로
무단전재와 무단복재를 금합니다.

SKILL OF
POWER
CONCEPT

평범함을 비범함으로 만드는
파워컨셉

무라야마 료이치 지음
강신규 옮김

21세기북스

:: 차례 ::

옮긴이의 글 　명실상부한 실전 마케팅의 바이블 　6
머리말 　평범한 상품을 비범하게 만드는 발상의 전환 　10

1장　인식을 바꾸는 것이 컨셉이다 · 15

　1　새로운 의미를 설계하라 　17
　2　의미가 드러나지 않으면 컨셉이 아니다 　22
　3　기존 관점에서 벗어나라 　29
　4　소비자의 잠재욕구를 발견하라 　34
　5　새로운 의미와 형태를 부여하라 　48

2장　히트 상품은 이렇게 다르다 · 57

　1　얼리 어댑터부터 매혹시킨다 　59
　2　상품의 존재 의미를 분명히 전달한다 　68
　3　매력적인 감성적 편익을 제공한다 　76

3장　새로운 의미를 부여하라 · 99

　1　모방보다 가공에 집중하라 　101
　2　발상의 전환으로 의미를 창조하는 7가지 방법 　106
　　　연령층을 확대한다 | 대상지역을 이동한다 | 관련된 2가지 요소를 결합한다 |
　　　가능한 모든 아이디어를 결합한다 | 파생시장을 예측한다 |
　　　전혀 다른 2가지를 결합한다 | 기존 제품의 단점을 보완한다

4장 소비자를 알고 접근하라 · 153

1. 감성이 움직이면 인식이 바뀐다 155
2. 목표가 명확하면 오래 남는다 159
3. 심리상태를 먼저 진단하라 170
4. 결핍된 심리를 공략하라 174
5. 증세에 맞는 컨셉으로 치유하라 180

5장 확실한 공감대를 형성하라 · 211

1. 이미지 영상을 떠오르게 하라 213
2. 공감을 이끌어내는 6가지 수사법 217
  직유법 | 시간 이동법 | 과장법 | 은유법 | 모순어법 | 이형어법

:: 옮긴이의 글 ::

명실상부한 실전 마케팅의 바이블

 1990년대 이후 한국을 둘러싼 경제 환경은 해마다 빠르게 변화를 거듭하고 있다. 특히 개방의 물결을 타고 세계적인 다국적기업들이 잇따라 한국에 진출해 엄청난 위력을 발휘하면서 국내 시장을 휘젓고 있다. 옛날 같았으면 국가가 기업의 방패막이라도 되어 감싸줄 수 있었지만, 이제는 그렇게 하는 것조차 여의치 않게 되었다. 따라서 경쟁력을 갖추지 못한 기업은 약육강식, 적자생존의 원리에 따라 시장에서 퇴출될 수밖에 없으므로, 기업들 사이에도 양극화 현상이 심화될 것이다.
 이러한 상황에 위기를 느낀 국내 기업들도 경쟁력을 높여 시장 선도자가 되기 위해 과학적인 마케팅 전략을 수립하고 체계적인 마케팅 활동을 하고 있다. 그렇지만 자세히 들여다보면 거의 단기적이고 방향이 확실하지 않은 맹목적인 범위에서 한탕주의식으로 흐지부지 끝내는 경우가 너무나 많다. 아니, 아직도 편안한 길을 걷기 위해 이러 저리 궁리하는 기업들이 그렇지 않은 기업들보다 많다. 외형은 선진 국인데 내면은 취약한 점이 너무 많다는 것이 커다란 불안요인이다.

앞으로 기업이 시장에서 살아남을 수 있는 유일한 길은 스스로 자생 능력을 길러야 한다. 그러기 위해서라도 파워 컨셉 구축과 이를 통한 히트 상품 개발에 모든 역량과 에너지를 쏟아야 한다. 이제부터는 기업의 운명도 자사 제품에 대한 고객의 선택 여부에 따라 판가름 날 것이다. 따라서 고객의 잠재적인 욕구인 원츠를 찾아내 충족시켜줄 수 있고, 고객에게 선택받을 수 있는 히트 상품을 개발하고 육성하는 것만이 기업이 성장하고 발전할 수 있는 밑거름이 될 것이다. 따라서 이러한 히트 상품의 개발과 육성을 위해서는 끊임없이 변화하는 고객들의 원츠와 시장의 변화에 능동적으로 대처할 수 있는 시장 지향적 창의력과 발상법을 갖추어야 함은 물론, 기업 내 최고경영층에서 현장 판매사원에 이르기까지 마케팅 관점의 사고와 도전적이고 창의적인 마인드를 가져야만 할 것이다.

나는 경영학연구를 하고 있는 실무자의 한 사람으로서 한국 기업들의 이러한 절박한 현실을 통감하고 마케팅 실무 담당자와 기업 내 구성원들이 부담 없이 읽어보고 결정적으로 도움이 될 수 있는 마케팅 서적이 나와야 한다고 생각했다. 지금 시중에 나가 보면 내놓으라고 하는 전문가와 교수들이 쓴 마케팅 관련 서적들이 많이 있지만 내용들이 너무 광범위하고 이론 중심이어서 실제 실무자들에게는 큰 도움이 되지 못하는 것이 현실이다. 현장을 모르기 때문에 당연히 그럴 것이다. 이러한 원츠에 화답이라도 하듯이 기업 내 모든 구성원들이 마케팅 지향적인 마인드를 갖고 히트 상품 개발의 핵심인 파워 컨셉 구축을 정점으로 의미를 가공하고 아이디어를 발상해야 하는지를 이해하고 실천하는데 도움이 될 수 있도록 단계별로 집대성한 본서가 드디어 나오게 되었다.

이 책은 지금까지 나왔던 수많은 경영 서적 중에서도 가장 놀라운 내용을 매우 많이 담고 있는 뜻 깊은 책이라고 잘라 말할 수 있다. 수많은 경영 서적들이 매우 추상적이고 교과서적이며 실전에 적용하기 힘든 내용으로 일관했기에, 이 책의 가치는 더욱 빛난다고 생각한다. 나 역시 지금까지 많은 마케팅 관련 서적을 접해 왔지만, 기대 욕구를 충족할 수 있는 가치 있는 책은 손가락에 꼽을 정도였다.

저자가 이 책에서 지적했듯이 가치란 '형태와 의미를 지니는 것'이다. 이 말은 마케팅에 적용되지만, 그대로 경영 서적에도 적용되는 말이다. 많은 경영 서적들이 형태는 있지만, 의미가 없었다. 지금은 형태보다는 의미가 중요시되는 시대다. 책을 읽고 나서, "그래, 이거야!"하고 남는 것이 있어야 가치를 지니는 것이다. 저자는 정말 대단한 지적을 했는데, 이 말이 우리 사회 구석구석에 통용된다는 사실을 깨닫게 된다.

컨셉, 가치, 형태와 의미, 의미 가공, 코드 변환, 테라피 발상법, 레토릭 발상법 등 선진적이면서도 혁신적인 용어들이 소개되고 있으며, 이것들을 실전에서 어떻게 적용·응용했는지 자세히 분석하고 있다. 이 책을 읽어보면 이러한 이론들을 실전에 적용하는 것이 그다지 어렵지 않다는 것을 독자들은 알게 될 것이다. 반드시 일독할만한 충분한 가치가 있는 책이므로 읽고 나서 즉시 실전에 적용하기를 권하는 바이다. 비즈니스스쿨에서 이론을 검증받은 다음, 현장에 실전 적용하여 수정·보완한 내용이 고스란히 담겨 있다. 강의만 들으려고 해도 몇 백만 원은 든다. 운 좋게도 한국 독자들은 앉아서 편하게 습득할 수 있게 되었다. '금과옥조'로 삼아도 좋을 만큼 매우 재미있고 유익한 내용이므로 반드시 읽어둘 가치가 있다.

:: 머리말 ::

평범한 상품을 비범하게 만드는 발상의 전환

비즈니스의 종류를 불문하고 직장인들은 모두 컨셉이라는 말을 자주 사용한다. 그러나 제대로 된 컨셉을 잡는 일은 결코 쉬운 일이 아니다. 컨셉의 의미를 정확하게 이해하고 사용하는 사람이 과연 얼마나 될까? 오히려 어렵고 막연하게 생각하는 경우가 더 많을 것이다. 그렇지 않더라도 컨셉에 대한 개념 정의가 제각각일 수 있기 때문에 이야기를 제대로 시작하기도 전에 서로 혼란을 일으키고 만다.

컨셉의 정의는 전체적인 생각을 한마디로 표현한 것, 전체를 한마디로 묶는 발상, 아이디어, 방침, 취합 등 다양하다. 그러나 이 중 어느 것도 틀리지는 않지만, 정곡을 찌르지도 않는다. 여기서 잠시 재미있는 실험을 해보자. 지금부터 언급하는 두 가지 상품과 서비스 중 어느 쪽이 컨셉인지 맞춰보기 바란다.

❶ 두부
A – 슈퍼에서 반듯하게 팔고 있는 두부
B – 콩 맛을 제대로 느낄 수 있는 두부

❷ 중고품
A – 편리하고 저렴한 중고품
B – 신제품처럼 깨끗한 중고품

❸ 이발소
A – 서비스가 다양한 이발소
B – 서비스 없이 10분에 커트 만 원

❹ 증권사
A – 친절한 투자상담사가 관리해주는 증권사
B – 스스로 판단할 수 있는 정보를 제공하는 증권사

어느 쪽이 컨셉인지 알겠는가? 답은 모두 B이다. A는 상식적인 상품이거나 서비스이며, B는 상식을 뒤엎은 상품과 서비스다.

원래 두부라 하면 주 재료(예를 들면 고기)에 덧붙여 넣는 반찬정도로 여긴다. 일반적으로 찌개요리 등의 보조 재료로 여기기 때문에 그 자체의 맛에 대해서는 별로 생각하지 않는다. 그 때문에 슈퍼에서 파는 두부라면 맛이 모두 똑같다고 생각한다. 그런데 어느 날 콩 맛이 풍부하게 나는 두부가 나타났다. 한입 먹어보니, "맛있다! 이렇게 맛있다면, 두부만 먹어도 좋다"고 생각하게 되었고, 그때까지 품었던 두부에 대한 관점이 바뀌게 된다. 그리고 앞으로 맛있는 두부를 먹어야겠다는 마음으로 바뀌게 된다.

중고품도 마찬가지다. 중고품은 편리하고 저렴하다면 약간 더럽더라도 감수해야 했다. 하지만 깔끔하게 유니폼을 입은 아리따운 아가씨가 깨끗한 점포에서 구석구석까지 손질이 잘된 중고품을 팔고 있다면 생각이 바뀔 것이다. 즉, "이렇다면 반드시 신제품일 필요는 없다"고 생각해 중고품을 구입하는데 망설임이 덜할 것이다.

이발소의 경우 모두들 서비스가 지나치게 많다고 투덜거리지 않는가? 머리를 깎아주고, 감아주고, 면도를 해주고, 어깨도 주물러주고, 마지막에는 드라이어로 머리까지 다듬어준다. 이발하는 데만도 1시간 30분에서 2시간 가량 걸린다. 쓸데없는 시간낭비라고 생각하면서도 머리가 자라면 잘라야 하므로 어쩔 수 없이 이발소에 간다. 게다가 일본의 경우에는 돈도 무척 많이 받는다(3~4만원). 그런데 10분 동안 커트만 해주고 만 원짜리 한 장 받는 이발소가 나타났다고 하자. 그러면 모두들 "이거야말로 바라고 바라던 서비스"라 기뻐할 것이며, 지금까지 품어왔던 상식을 뒤엎고 모두 그 서비스를 이용하게 될 것이다.

증권회사의 경우 꼼꼼하고 친절한 투자상담사가 좋긴 하지만, 하나에서 열까지 알아서 해주면 스스로 판단할 틈이 없어진다. 이런 방식으로 투자를 하다가 만약 손해라도 나면 원인도 모른 채 화만 내게 된다. 그러던 차에 인터넷을 이용한 증권서비스가 등장했다. 이것을 이용하면 필요한 정보를 충분하게 얻을 수 있으며, 스스로 판단하고 결정해 직접 사고 팔 수 있을 뿐만 아니라 매매 수수료까지 아낄 수 있다. 즉, 주식 매매를 남에게 맡긴다는 생각을 버리고, 스스로 하는 것으로 생각하게 된다. 그 결과 주식을 즐기는 개인투자자들이 늘어났음은 두말할 나위도 없다.

이렇게 보면 B그룹과 같은 상품이나 서비스가 등장하자 사람들이 사물을 보는 관점이 바뀌면서 새로운 구매 패턴이 생겨났음을 알 수 있다. 이처럼 사물에 대한 관점이 바뀌는 것을 인식 변환이라고 하며, 그것을 초래하는 한마디의 메시지를 컨셉이라 한다. 즉, 똑같은 한마디 메시지라도 인식이 바뀌면 컨셉, 그렇지 않으면 컨셉이라 하지 않는다. 그러므로 A그룹은 컨셉이 아니다.

확실한 이해를 돕기 위해 인식의 변환과정을 살펴보자.

❶ 두부 - 맛이야 맛이야 어찌되어도 좋다 → 두부만 먹어도 맛있다 → 그렇다면 반찬으로 두부만 사도 좋다

❷ 중고품 - 값이 싸지만 지저분하다 → 신제품과 똑같다 → 그렇다면 중고품이라도 좋으니 구입하자

❸ 이발소 - 서비스가 지나치게 많다 → 필요한 서비스(컷트)만 제공한다 → 간편하고 저렴하니 이용하자

❹ 증권사 - 투자상담사 권유에 따른 위탁 매매 → 투자자 스스로의 의사결정에 따른 직접 매매 → 그렇다면 스스로 투자해보자

이와 같이 사물에 대한 인식 변환은 적극적인 소비 행동을 유발한다. 히토쓰바시대학 명예교수인 노나카 이쿠지로 씨는 이런 행동을 "새로운 관점에서 현실을 무시하고 관점의 변화를 초래하는 것"이라고 표현했다. ❶부터 ❹의 사례를 살펴보면, 모두 새로운 관점에서 생각하며, 사물을 보는 관점이 바뀌었음을 알 수 있다.

❶은 시노자키야(대두 가공판매 및 외식업), ❷는 생활창고(재활용 전문 프랜차이즈), ❸은 큐비네트(이발소 프랜차이즈), ❹는 마쓰이증권이다. 모두 뛰어난 컨셉을 구축해 크게 성공한 기업이다.

이와 같은 식으로 생각하면 컨셉 구축은 특별한 것이 아니다. 단지 사람들의 인식이 바뀌도록 만들면 된다. 컨셉이라 하면 거창한 센스와 독창성이 요구된다고 생각하지만, 명확한 방법론에 근거하면 누구든지 쉽게 만들 수 있다.

이 책에서는 탁월한 컨셉을 '파워 컨셉'이라 부를 것이며, 이에 근거해 파워 컨셉의 구조를 이해하는 것부터 시작해 누구든지 파워 컨셉을 구축할 수 있는 방법까지 소개할 것이다.

SKILL OF
POWER CONCEPT

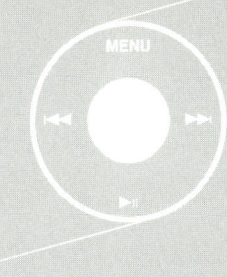

| 1장 |

인식을 바꾸는 것이 컨셉이다

컨셉이란 사고방식이며,
독특한 것이며,
새로운 관점에서 현실을 무시하거나
따로 떼어냄에 따라 관점이 바뀌는 것이다.

1
새로운 의미를 설계하라

먼저 컨셉이 무엇인지 자세히 살펴보자. 우선 세 가지 상품을 제시한 다음 그 차이점을 통해 컨셉이 무엇인지 설명하기로 한다.

상품군 A – 아사히 슈퍼드라이, 헬시어녹차, 아이팟

아사히맥주의 슈퍼드라이는 1987년 일본 최초로 선보인 고농도 맥주다. 그 후 1998년 시장 점유율 20%를 차지하면서 그 해 기린맥주를 제치고 시장 섬유율 1위를 차시했나. 아사히 슈퍼드라이의 특징은 당도를 낮추고 발효도와 알코올 도수(5.0%)를 높여, '톡 쏘는' 맛으로 완성한 데 있었다. 선도를 유지하기 위해 제조부터 출하까지 사흘 동안에 완료하여, 갓 만든 신선한 맛이 오래 지속되도록 한 것도 특징이었다.

다음은 '헬시어녹차'다. 헬시어라는 이름은 영어의 헬시healthy와 어시스트assist를 합친 말이다. 이 상품은 녹차 음료로는 처음으로 체지방 관련 표시허가를 취득한 건강기능식품이었다. 일반 녹차 음료보다 3~4배 많은 녹차 카테킨이 들어 있는 이 제품은 2003년 5월부터 판매를 시작해 1년 후인 2004년 연간 1,800억 원의 매출액을 기록했다. 처음에는 수도권, 그것도 세븐일레븐에서만 판매했지만, 체지방이 쌓이는 것을 걱정하는 40대 중심의 남성층 사이에서 '체지방 연소', '살 빠지는 녹차'로 소문이 나면서 크게 히트했다.

아이팟은 애플컴퓨터가 선보인 휴대용 MP3 플레이어다. 처음에는 맥킨토시 운영체제 전용으로 판매하다가, 2002년에 나온 두 번째 모델은 윈도우 운영체제에도 대응하게끔 만들었다. 특징은 '음악 1,000곡을 CD품질 그대로 호주머니에 넣고 다닐 수 있는 185g 되는 초소형 MP3플레이어'였다. 가장 최근에 나온 모델은 2006년부터 판매한 'iPod nano RED'로 최대 2,000곡 저장, 최장 24시간 배터리 구동, 초박형 경량 디자인 등을 특징으로 한다.

상품군 B - 젊은무사, 하루사메 즉석 스프, 델 노트북

'젊은무사'는 '찻잎전쟁'이라 불릴 정도로 치열한 판매 경쟁을 벌

이는 상황에서 아사히음료가 2005년 4월 선보인 제품이다. 이 제품은 2003년 제57회 '일본 차 품평회'에서 우승한 다도 명인이 선별한 찻잎만을 사용하여 만들었다. 또한 신제품 발표회에서는 제품 개발에 얽힌 뒷이야기를 다큐멘터리로 꾸민 인터넷 영화 '젊은무사 탄생 이야기'를 상영하는 등 제품의 특징과 맛을 알려 브랜드 선호도를 높였다.

하루사메 즉석 스프는 여성층을 타깃으로 한 저칼로리 컵 스프로서 특히 20대와 40대 여성들의 호응이 높았다. 20대는 다이어트 식품으로서, 40대는 건강식품으로서 선호했기 때문이다. 이 제품은 일반적인 컵 스프보다 볼륨감이 있으며, 지방질이 적고 수분을 흡수하여 포만감을 준다. 또한 스프의 맛을 듬뿍 냄으로써 '저칼로리=맛이 없다'는 이미지를 없앴다. 2005년 4월~9월 판매량은 8,302만 개로서 2002년 같은 기간보다 4.5배 늘어난 수치를 보여줬다.(일본의 시장조사 회사인 인테지 조사)

델컴퓨터의 노트북은 판매가격 90만 원 이하로 저렴하면서도 충실한 기능과 사양을 갖춘 게 특징이다. 또한 용도에 맞춰 주문제작할 수 있으며, 인터넷으로 간단히 주문할 수 있다. 제품은 주문하면 열흘에서 2주일 정도면 받을 수 있다. 일본에서 델컴퓨터의 2006년 1/4분기 PC출하내수는 NEC, 후지쓰에 이어 3위인 13.7%이며, 노트북은 50%를 넘는다. 2005년 대비 성장률은 일본 내에서도 가장 높은 24.3%를 기록하고 있다.

상품군 C – 듀, 이가닌차, 호리에몬

'듀'는 싱싱하고 깔끔한 맛이 나는 과실주다. 2005년 5월 판매 시, '듀~~'하는 소리가 8초가량 계속되는 광고로 화제를 모으기도 했으나 광고에 대해 "상품 이름을 부르는 소리가 큰 탓에 불쾌감을 느꼈다"는 불만이 들어왔고, 이에 부랴부랴 광고내용을 바꾸기까지 했다. 결국 2006년 4월부터 판매가 부진해 생산을 중단했다.

다음은 2004년 8월부터 판매한 '이가닌차'다. 인기그룹 SMAP의 멤버 가토리 신고가 주인공을 맡은 영화 'NIN×NIN 닌자 하토리군'의 협찬상품으로 선보였다. 닌자의 필수품인 '수리검'을 크게 디자인한 사진과 영화의 타이틀 로고를 새긴 사진을 용기 앞뒤로 붙여 시선을 끌도록 했다. 이가닌차는 단맛이 나지만 카페인이 적은 '호지차'를 기본으로 몸에 좋다 하여 닌자가 지니고 다녔다는 '참깨'를 섞은 것이 특징이다. 그리하여 몸에 좋고 어린이도 마시기 쉬운 건강차로 만들었다.

마지막은 '호리에몬'이다. 이는 주식회사 라이브도어가 캠페인을 열어 호리에 전 사장이 소유한 경마말에 닉네임을 모집한 것이 그의 애칭으로 바뀐 것이다. 이 애칭은 2005년 4월 호리에 씨의 닛폰방송 매수를 계기로 매스컴에 사용되면서부터 단번에 퍼졌다. 그러나 호리에는 프로야구단 매수 소동, 닛폰방송 매수 소동, 총선 입후보 등을 거쳐 2006년 1월 증권거래법 위반 혐의로 체포되어 그해 2월 기소, 4월

하순 보석금 24억 원에 석방, 2006년 12월 징역 4년 구형을 통해 인터넷 산업의 총아에서 범죄자의 신분으로 급추락 했다.

만약 '상품 내용을 한마디로 표현하는 것'을 컨셉이라 한다면 여기서 제시한 모든 상품은 컨셉의 요건을 충족한 것이 된다. 그러나 자세히 보면 상품군A는 크게 히트한 후에도 오랫동안 판매가 지속되었으며, 상품군B는 히트한 후 판매가 어느 정도 꾸준했으며, 상품군C는 화제를 불러일으켰지만, 어느새 사라져 버렸다.

따라서 이처럼 차이가 있는데도 불구하고 모든 상품을 컨셉이라는 말로 표현하기에는 무리가 따른다. 이는 ①일시적인 자극성 상품과 ②중장기적으로 사랑받는 가치를 지닌 상품을 똑같이 컨셉이라 부를 때 생기는 것이다. 상식적으로 생각하면 후자야말로 컨셉이라 불러야 마땅하다.

여기서 우선 양자를 서로 갈라놓는 '가치'라는 것이 무엇인지 생각해볼 필요가 있다. 가치라는 말도 컨셉과 마찬가지로 의미에 대한 깊은 해석 없이 사용하기 쉬운 말이므로 이번 기회에 정확하게 설명하고자 한다.

2
의미가 드러나지 않으면
컨셉이 아니다

가치를 설명하기에 앞서 기호론의 창시자 페르디낭 드 소쉬르의 이론을 소개하고자 한다. 스위스 제네바 출신의 언어학자인 소쉬르는 예를 들어 '개'라는 말이 가치를 지니려면 두 가지 요소가 떠오를 것이라고 했다(〈그림1-1〉 참조).

하나는 이미지 영상이다. 소쉬르는 이를 가리켜 형태라 불렀다(이후 형태라 부르기로 한다). 개라는 말을 들으면 누구든지 '크기가 1m 남짓 되고 네발로 걸으며 잘 짖고 꼬리를 흔든다'고 연상할 것이다. 또 하나는 개념이다. 소쉬르는 이것을 의미라 불렀다(이후 의미라 부르기로 한다). '사람을 잘 따르고, 후각과 청각이 발달해 애완용으로 기른다'고 연상할 것이다.

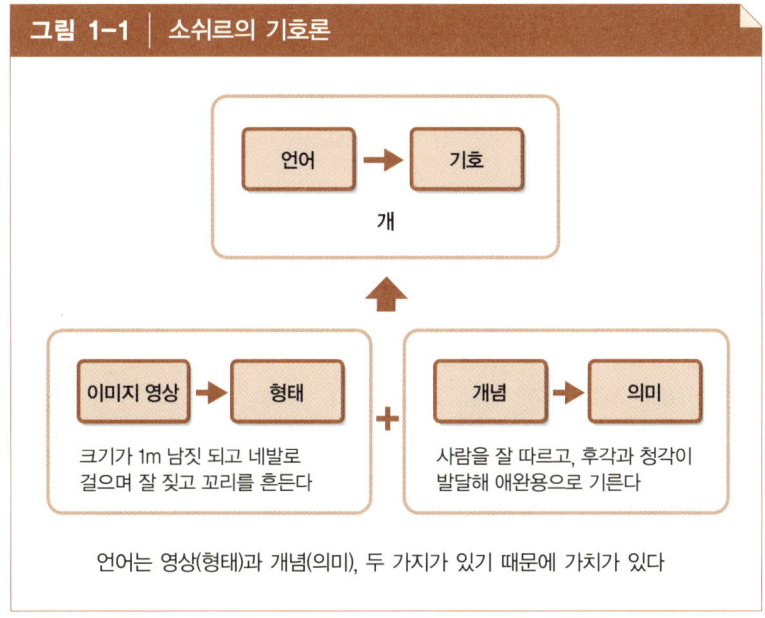

그림 1-1 | 소쉬르의 기호론

언어는 영상(형태)과 개념(의미), 두 가지가 있기 때문에 가치가 있다

소쉬르는 형태와 의미가 있는 언어를 기호라 불렀으며, 그것에 가치가 있다고 했다. 바꿔 말하자면, 가치란 형태와 의미를 지니는 것을 요건으로 한다.

반면, 여기서 '뽀토톤뻰'이라는 말을 생각해보자. 이 말의 형태와 의미를 알 수 있는가? 알 리가 없다. 왜냐하면 지금 즉석에서 만든 말이기 때문이다. 즉, '뽀토톤뻰'에는 형태도 의미도 없다. 때문에 가치가 없다.

우리가 사용하고 있는 말, 예를 들면 쌀, 얼음, TV, 컴퓨터, 그 어느 것도 형태와 의미가 저절로 떠오른다. 때문에 가치가 있다고 생각하

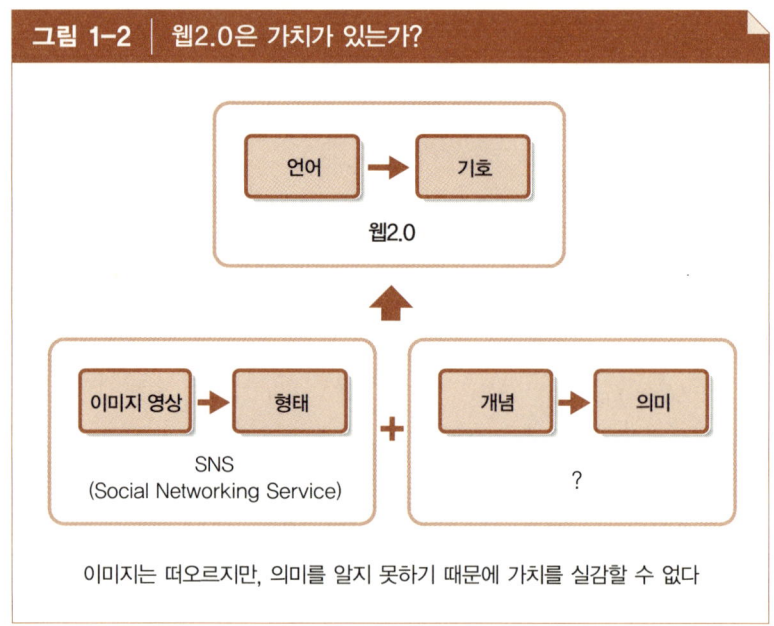

는 것이 소쉬르의 기호론이다.

그러면 최근 화제를 모은 웹2.0[1]은 가치가 있을까?

아무리 앞으로는 웹2.0이 대세라고 말하지만, 그것이 의미하는 바를 들어보면 블로그, 롱테일, 집단지성 등 눈에 보이는 것에 대한 이야기밖에 나오지 않는다. 형태는 떠오르지만 그것이 무엇을 의미하는지는 알지 못한다. 그러므로 사람들은 웹2.0이라는 것이 자신에게 어떻

---

[1] 모든 사람이 제공되는 데이터를 활용하여 다양한 신규 서비스를 생산해낼 수 있는 플랫폼으로서의 웹 환경.

게 도움이 되는지 알지 못한다. 그들은 스스로 웹2.0의 가치를 실감하지 못하기 때문에 그것이 무언가 굉장한 것이라는 것은 알고 있어도 그 단계에서 끝나버리고 만다. 따라서 형태는 떠오르더라도 의미를 알 수 없는 것은 가치가 없다고 결론을 내릴 수 있다(〈그림1-2〉 참조).

반대로 '의미는 있지만, 형태가 없는' 것은 무엇인지 의문이 생긴다. 그러나 잠시 생각해보면 의미는 있지만 형태가 없는 것(상품과 비즈니스는 반드시 형태가 있음)은 존재하지 않는다는 사실을 알게 된다. 따라서 의미는 있지만, 형태가 없는 경우는 결코 있을 수 없다.

이처럼 의미와 형태의 관계를 이해할 수 있으면 앞에서 언급한 상품군C가 어째서 팔리지 않았는지도 알 수 있다. 상품군C에는 강한 형태가 있었지만, 안타깝게도 의미가 없었다. '듀~~' 하고 큰 소리로 광고하더라도 그 의미를 알 수 없다. '상쾌한 탄산 과실주'라 하더라도 그것이 자신을 어떻게 '상쾌' 하게 하는지 알지 못했다.

이가닌차 역시 마찬가지다. 영화 협찬 상품으로서 영화의 타이틀 로고로 포장한 녹차라는 사실은 알고 있지만, 그것이 어떤 맛인지, 또 자신에게 어떤 느낌을 주는지는 알지 못했다.

호리에몬의 경우 호리에 다카후미라는 사람이 TV에 자주 출연해 돈을 많이 벌고 있다는 사실만 알 뿐, 그 사람이 무슨 짓을 하여 돈을 벌고 있고, 세상에 어떻게 이바지했는지는 아무도 알지 못했다.

위 상품들의 공통점은 강한 형태는 남기고 있지만, 중요한 의미를 알리지 못했다는 점이다. 따라서 가치를 형성할 수 없었다. 즉, 컨셉이 이렇다 하기도 전에 의미가 없었으며, 그 때문에 가치를 형성하지 못해 결국 시장에서 사라지게 되었다.

반대로 이번에는 크게 히트한 상품의 형태와 의미에 대해 살펴보자.

예로 든 상품은 출시 후 엄청나게 팔리면서 크게 히트한 산토리사의 흑우롱차다(〈그림1-3〉 참조). 이 상품은 혈중 중성지방의 상승을 억제하는 건강기능식품 우롱차로서 350ml 페트병으로만 판매되었다. 2006년 5월부터 판매를 시작해 겨우 3주 동안 판매수량 100만 개를 돌파했다. '우롱차 중합폴리페놀' 성분이 리파아제의 활동과 지방 흡수를 억제하여 지방을 몸 밖으로 배출하게 하며, 식후 혈중 중성지방치의 상승을 억제한다는 점이 특징이다. 흑우롱차는 기존 상품과는 달리, '지금보다 살이 찌지 않는 녹차'라는 획기적인 의미를 담은 상품이었다.

그때까지 녹차라는 카테고리에서 강조되었던 의미는 '찻잎이 좋기 때문에 맛있는 녹차'였다. 이른바 '찻잎전쟁'이라 불릴 정도로 치열한 판매 경쟁을 벌이는 상황에서 다양한 상품이 요란스럽게 북적거렸다. 산토리사의 '이에몬'이라는 녹차는 교토에서 215년의 역사를 지니는 후쿠주엔의 다장이 엄선한 일본 국내산 찻잎을 100% 사용한다고 자랑했으며, 일본 코카콜라의 '하지메'라는 녹차는 다원농가들만이 마셨던 비장의 찻잎으로 만들었다고 자랑했다. 또 앞서 언급했듯이 아사히음료의 '젊은무사'도 찻잎으로 승부했다.

그러던 중, 헬시어녹차가 시장에 뛰어들었다. 헬시어녹차는 '체지

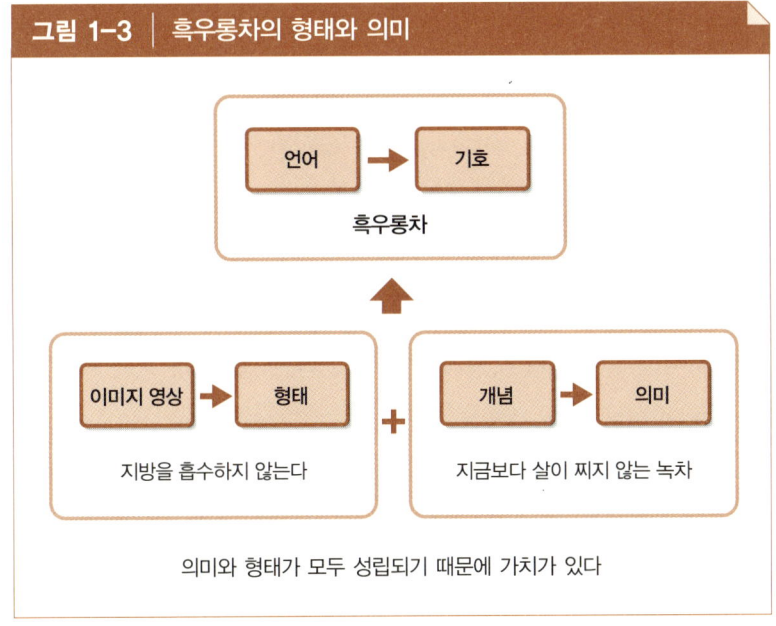

그림 1-3 | 흑우롱차의 형태와 의미

의미와 형태가 모두 성립되기 때문에 가치가 있다

방을 태운다'는 전혀 새로운 의미를 내세웠다. 녹차는 찻잎에 따라 맛이 좌우된다고 이러쿵저러쿵 싸우고 있는 와중에 헬시어녹차가 체지방을 태운다고 강조하자 소비자들은 모두 그 새로운 의미에 호응했고, 상품은 크게 히트했다.

보다 새로운 의미를 나타낸 것이 바로 흑우롱차였다. 흑우롱차는 헬시어녹차와 마찬가지로 건강에 무게를 두지만, 체지방을 태울뿐만 아니라, '지금보다 살이 찌지 않는다'는 사실을 강조했다. 가령 기름진 음식을 즐겨 먹는 사람도 흑우롱차와 함께 먹으면 지방을 흡수하지 않기 때문에 그 이상 살이 찌지 않는다는 의미였다. 이와 같이 흑우롱차는 명확한 의미를 지니고 있었을 뿐 아니라, 그 의미는 녹차라는 카테고리, 나아가 그것에서 확대된 건강 카테고리 양쪽에서 전혀 새로웠다.

한편, 흑우롱차는 의미가 뛰어났을 뿐만 아니라 형태도 뛰어났다. 왜냐하면 '지금보다 살이 찌지 않는 녹차'라는 의미를 그대로 형태화하기보다는 아이디어를 발휘해 '지방을 흡수하지 않는다'고 표현했기 때문이다. 무엇보다 녹차라는 카테고리에 '지금보다 살이 찌지 않는다'는 의미를 담은 상품이 없었기 때문에 그 표현만으로도 새로움을 부여할 수 있었다. 그리고 '지방을 흡수하지 않는다'는 관점에 근거하여 약간 쓴맛, 새까만 포장, 건강기능식품 지정 등이 더해져 흑우롱차의 형태가 완성되었다. 그리고 소비자들은 흑우롱차의 형태를 보면 단번에 와 닿기 때문에 소비욕구가 생기는 것이다.

정리하면 흑우롱차라는 상품에는 '지금보다 살이 찌지 않는 녹차'라는 명확한 의미가 있었으며, 그 의미를 가장 잘 이해하게 하는 '지방을 흡수하지 않는다'는 형태가 있었다. 그리고 의미와 형태가 모두 있었기 때문에 가치가 있었으며, 폭발적으로 히트했다. 즉, 상품에는 의미와 형태라는 이원성이 있으며, 그 양자를 지니는 것에 가치가 있다. 반면, 의미와 형태가 없는 것에는 가치가 없다. 또한 형태가 있더라도 의미가 없는 것에도 가치가 없다. 그러므로 지금으로서는 의미를 알 수 없는 웹2.0은 가치가 없다. 단, 앞으로 점차 의미를 알게 되면 가치가 나타날 것이다.

3
기존 관점에서 벗어나라

가치가 무엇인지 알았다면, 이 책의 본 주제인 컨셉이란 무엇인지에 대해 살펴보자.

컨셉이란 무엇인가? 와세다대학의 온조 나오토 교수는 "기업 경영에 있어 필요한 시장에 대한 생각 또는 접근방법"이라 정의를 내렸다. 또 게이오대학의 시마구치 미쓰아키 교수는 "제품과 사업이 독특하게 충족하는 니즈"라 했으며, 히토쓰바시대학의 노나카 이쿠지로 교수는 "현실을 무시하거나 따로 떼어내어 새로운 관점에서 인식의 변화를 초래하는 것"이라 했다.

위의 정의를 종합해 보면, 컨셉이란 사고방식이며, 독특한 것이며, 새로운 관점에서 현실을 무시하거나 따로 떼어냄에 따라 관점이 바뀌는 것이다.

앞에서 언급한 녹차의 사례를 보면, '찻잎이 좋기 때문에 맛있는 녹차'라는 접근은 기존 녹차의 관점에서 접근했기 때문에 컨셉에 해당하지 않는다. 그렇지만 헬시어녹차의 '체지방을 태운다'와 흑우롱차의 '지방을 흡수하지 않는다'는 기존 녹차의 관점을 뛰어넘는 새로운 관점에서 접근한 것이기 때문에 컨셉에 해당한다. 이러한 컨셉에 동의하는 소비자들의 관점이 바뀌면서, '녹차를 마시는 것만으로도 살이 빠진다', '녹차를 마시면 기름진 음식을 먹어도 지방이 흡수되지 않는다'고 여겨, 그 상품을 이용하고자 하는 마음이 생기게 된다. 이처럼 관점이 바뀌는 것을 인식 변환이라고 한다.

최근에 히트한 상품으로 브레오라는 사탕이 있다. 이것은 혀의 설태를 제거함으로써 입 냄새를 없애는 데 효과가 있는 사탕이다. 2005년 7년부터 판매를 시작해 여섯 달 만에 90억 원이라는 매출을 기록했다. 키위 열매에 들어 있는 단백질분해효소인 악티니딘, 소취작용을 하는 카테킨, 환상 올리고당 등을 배합하여 생리적 구취의 원인 가운데 약 60%를 차지한다고 알려진 설태를 없애는 상품이지만, 그보다는 오히려 입 냄새를 없애는 사탕으로 인식되고 있다.

금연을 위한 사탕이라든지, 단맛이 적은 사탕이라는 기존의 관점에서 접근하면 새롭지 않지만, 브레오 사탕처럼 입 냄새가 사라진다는 새로운 관점에서 접근하면 인식이 바뀐다. 따라서 컨셉을 구축하겠다고 마음을 먹는다면, 대상 카테고리를 무시한 새로운 관점에서 접근

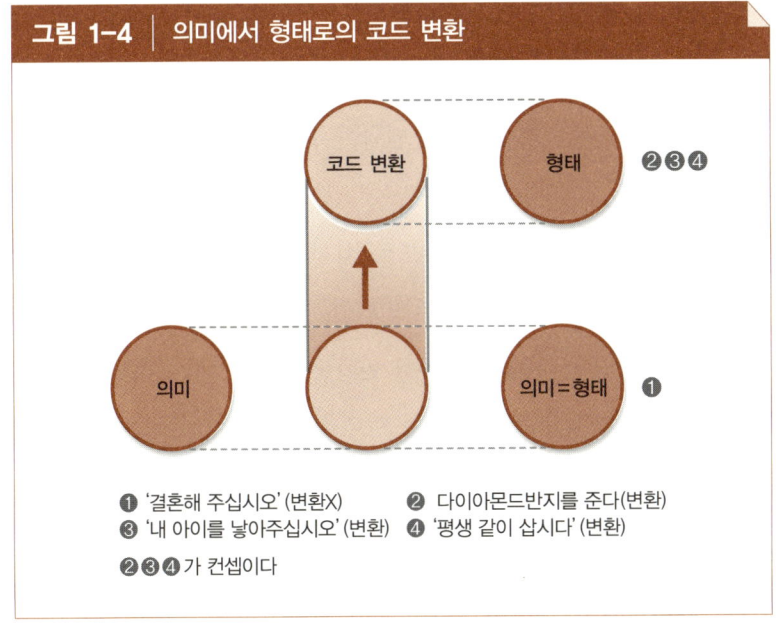

할 필요가 있다.

이것을 알기 쉽게 설명하기 위해 〈그림 1-4〉를 제시한다. 이것은 '결혼하고 싶은 마음=의미'를 '사람에게 전달한다=형태'로 변환한다는 전제로서, 의미에 관한 몇 가지 형태를 고려한 것이다. 첫 번째의 '결혼해 주십시오'라는 형태는 의미를 그대로 말로 표현한 것이다. 결혼하고 싶다는 마음을 그대로 결혼해 달라고 말하고 있기 때문에 아이디어가 없다.

두 번째의 '다이아몬드반지를 준다'는 형태는 '결혼하고 싶다'는 의미를 크게 바꾸고 있다. 예를 들면 5,000만 원짜리 반지를 조용히

내민다. 그렇게 하면 대부분의 여성들은 "이만큼 해주니 진심이네, 그러면 결혼해도 좋겠다"고 생각할 것이다. 그것은 결혼해달라는 의미를 다이아몬드라는 형태로 크게 변화를 주었기 때문에 인식이 바뀌는 것이다.

또한 세 번째의 '내 아이를 낳아주십시오' 라는 형태도 다이아몬드만큼 느낌이 대단하지는 않지만, 변화를 주고 있다. 내 아이를 낳아달라는 것은 '결혼한 후 아이를 낳고 싶다' 는 의미이지만, '결혼하고 싶다' 는 의미가 '결혼하고 싶다' 는 형태를 뛰어넘어 '아이를 낳아 달라' 는 형태가 되기 때문에 인식이 바뀐다.

또한 네 번째의 '평생 같이 삽시다' 는 의미도 세 번째와 구조는 동일하다. 결혼하고 싶다고 말하고 평생 같이 있어 달라고 말하기 때문에 인식이 바뀐다.

이와 같이 보면 첫 번째에 비해 두 번째, 세 번째, 네 번째가 인식의 자극도가 커진다는 사실을 알 수 있다. 왜냐하면 첫 번째는 생각하고 있는 것을 그대로 말하고 있지만, 두 번째, 세 번째, 네 번째는 모두 의미에 변화를 주고 있기 때문이다.

이 부분을 좀 더 전문적으로 설명하면 다음과 같다. 사람이 개념적인 존재라고 느끼는 이유는 '의미에서 형태로 바꾸는 기교에 있으며, 그것을 크게 바꾸면 인식을 바꿀 수 있다' 는 것에 있다. 앞에서 언급한 흑우롱차의 사례에서, 만약 '더 이상 살이 찌지 않기 위한 녹차' 라고 하면, 의외성은 있지만 변환이 없기 때문에 인식이 바뀌지 않는다.

그러나 그것을 크게 변환하여 '지방을 흡수하지 않는다'고 표현하면 인식이 크게 바뀐다.

바꾸어 말하면, 의미 그대로인 정상적인 형태, 즉, 생각하고 있는 것을 글자 그대로 표현하기보다는 새로운 형태로 바꿔놓으면 심적 감흥이 커진다. 피부가 매우 흰 여성에게 그냥 '피부가 희다'는 것과 변환을 하여 '당신은 눈처럼 희다'는 것, 더욱 변환을 하여 '당신은 형광등처럼 희다'고 하면 심적 감흥이 전혀 다를 것이다. 똑같이 피부가 희다고 하더라도 형광등에 비유하면 의미에서 형태로 변환하는 폭이 커지기 때문에 상대방의 인식을 크게 바꿀 수 있다.

그러면 의미를 크게 변환하여 심적 감흥을 크게 해야 하는 이유는 무엇인가? 첫째는 이미 익숙해 있는 상태에 충격을 줄 수 있기 때문이다. 대다수 사람들은 익숙해진 것들에 싫증이 나 있다. 그런 상태에서 벗어나야 인식을 바꿀 준비를 할 수 있는 것이다. 둘째는 사람들의 의식을 정적인 상태에서 동적인 상태로 변화시킬 수 있기 때문이다. 사람들은 이미 익숙해 있는 상태에는 정적이며 무료하게 반응하지만, 심적 감흥이 생기면 동적인 상태(=두근두근, 울컥 등)로 바뀌고, 인식이 바뀐다. 즉, 심적 감흥을 의식적으로 이끌어 내면 소비자의 인식을 바꿀 수 있다. 이런 프로세스를 통해 만들어지는 컨셉이어야 '파워 컨셉'이라 불릴 수 있다.

4
소비자의 **잠재욕구**를 발견하라

여기서는 머리말에서 소개했던 네 가지 사례를 지금 의미의 변화와 비교해 재차 확인해볼 것이다. 물론 컨셉의 구조를 이론적으로 이해하는 것이 목적이다.

> 두부
> A – 슈퍼에서 반듯하게 팔고 있는 두부
> B – 콩 맛을 제대로 느낄 수 있는 두부

대두 가공판매 및 외식업체 시노자키야의 사장인 다루미 시게루 씨는 두부가게 아들로 태어났다. 원래 그는 슈퍼에 두부를 1,000원에

그림 1-5 | 시노자키야의 인식 변환

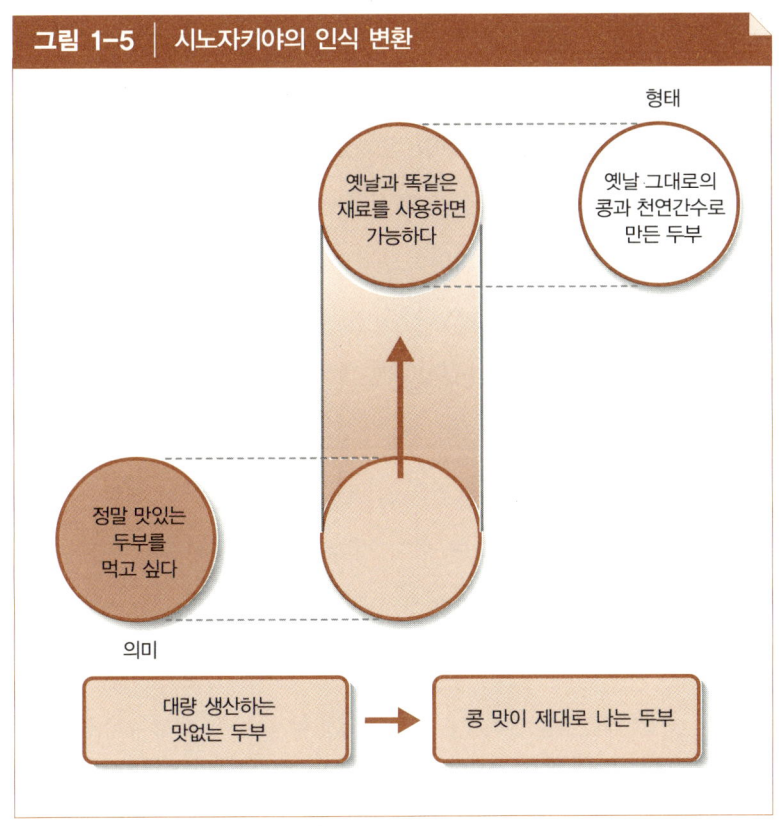

납품했는데, 그러려면 원료비가 100원을 넘지 않도록 해야 했다. 그러나 원료비를 100원까지만 투입하면 맛있는 두부를 만들 재간이 없었다. 그 당시 두부는 안정적인 공급을 우선시했기 때문에 맛을 제대로 낼 수 없었다. 그 때문에 두부는 전골요리에 넣어 가장 나중에 먹는 것, 어머니가 한가할 때 만드는 것으로 여겼다.

모두들 그렇게 생각하고 있을 때, 다루미 씨는 전혀 새로운 의미를 생각했다. 그는 '정말 맛있는 두부'를 만들겠다는 일념하에 슈퍼에 납품한다는 전제조건을 염두에 두지 않고, 비용이 제아무리 많이 들더라도 맛이 제대로 나는 두부를 만들겠다고 생각했다. 그 때문에 슈퍼와의 거래까지 끊었던 사실은 유명한 이야기다.

'정말 맛있는 두부'라는 의미를 '천연콩과 천연간수를 사용하여 만든 두부'라는 형태로 바꿔놓았다. 맛있는 두부를 만드는 방법은 얼마든지 있었지만, 비용이 많이 들더라도 천연콩과 천연간수만 사용한다는 형태를 선택한 것이다.

결론적으로 다루미씨는 요리의 조연이였던 두부를 요리의 주인공으로 바꾸고자 결심했다. 그리하여 정말 맛있는 두부를 만든다는 의미를 설계했고, 그 의미를 천연콩과 천연간수라는 형태로 변환했다. 그렇게 되면 소비자의 인식이 바뀌고, 대량생산하는 맛없는 두부가 아니라 옹골차게 만든 맛있는 두부를 선택할 것이라고 생각하게 되었다(〈그림1-5〉 참조).

> **중고품**
> A – 편리하고 저렴한 중고품
> B – 신제품처럼 깨끗한 중고품

'생활창고'는 중고품 유통으로 크게 성공한 회사다. 요즘 소비자들은 중고품이라도 물건만 좋으면 상관없다고 여긴다. 그러나 아직도

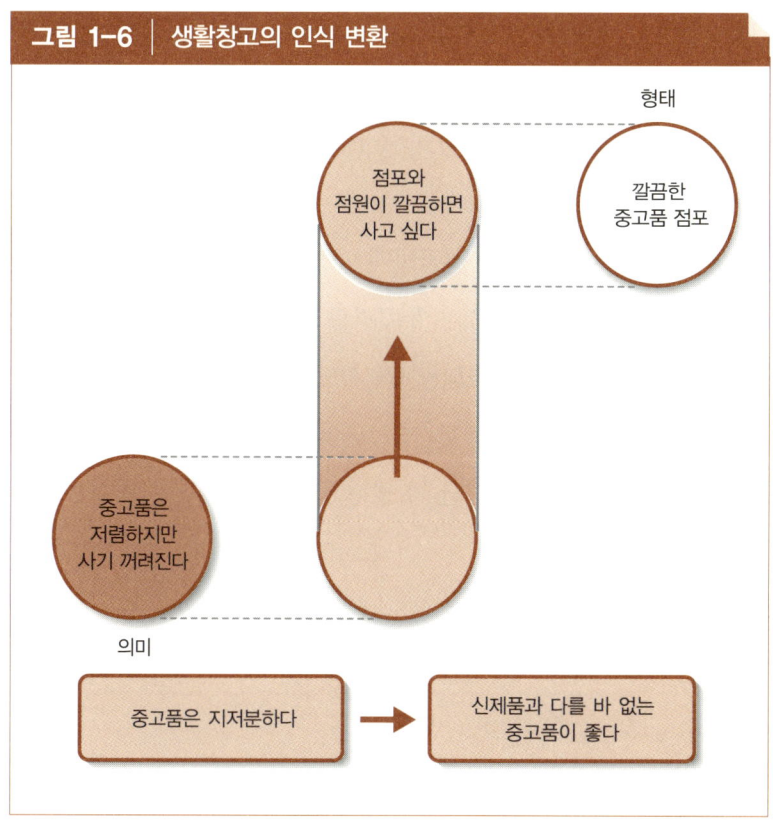

그림 1-6 | 생활창고의 인식 변환

나이 많은 어른들의 경우는 돈이 있으면 신제품이 낫다고 생각한다. 최근 젊은 층에서는 헌옷이 크게 유행인데, 그와 같은 가치 전환에 대해 어른들은 좀처럼 이해하지 못하는 것이다.

생활창고의 설립자 호리노우지 씨는 그러한 사실을 꿰뚫어 구입을 꺼리던 중고품을 사고 싶도록 만들었다. 이전까지 중고품은 그다지 깨끗한 곳에서는 파는 물건이 아니었다. 또 그것을 파는 사람들도 그다지 깨끗한 차림을 하지 않았다. 때문에 여성들의 경우 선뜻 사고 싶은 마음이 생기지 않았다. 그래서 호리노우치 씨는 중고품을 쉽게 살 수 있도록 만들겠다고 생각했고, 중고품이라는 카테고리에서 새로운 의미를 만들었다.

그는 그 의미를 '점포를 말끔하게 단장하고, 유니폼을 입은 여성을 두는 형태'로 바꿨다. 그것은 누구라도 생각할 수 있었지만, 아무도 시도하지 않았었다. 결국 그가 처음 시도함으로써 소비자들의 인식을 바꿀 수 있었다. 그렇게 되자 '중고품이 지저분해서 선뜻 사기 힘들다'는 인식이 '신제품과 다를 바 없는 중고품이 좋다'는 인식으로 바뀌었다(〈그림1-6〉 참조).

이발소
A - 서비스가 다양한 이발소
B - 서비스 없이 10분에 커트 만 원

큐비네트의 고니시 구니요시 씨가 시도했던 것은 지금까지 이발소에서 제공하던 서비스를 대폭 줄이는 것이었다. 일본의 경우, 대다수 이발소 요금은 3만원에서 4만원 사이로 비싸다. 게다가 높은 요금만큼 지나친 서비스, 즉 커트, 면도, 어깨 마사지, 드라이 등을 해주었다. 그렇지만, 단지 머리만 자르고 싶어 하는 사람들도 많았다.

고시니 씨는 이러한 사실을 꿰뚫어 이발소라는 카테고리에 적용될

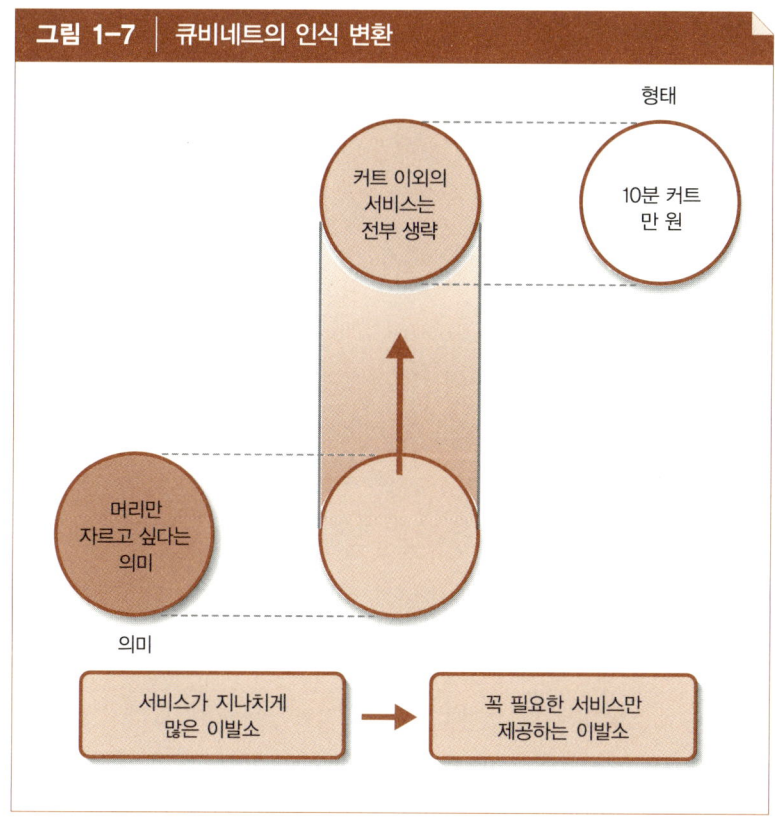

것 같지 않았던 머리만 자른다는 전혀 새로운 의미를 설계했다. 게다가 이발소에서 제공하는 서비스를 대폭 줄이는 대신, 10분 동안 머리만 잘라주고 만 원만 받기로 했다.

여느 사람들이라면 '그래노 샴푸는 해야 되지 않을까?', '머리는 다듬어야 하지 않나?' 라고 망설인다. 그러나 고니시 씨는 오히려 잔돈조차 거슬러주지 않기로 한다는 방침 아래, 자동판매기를 두어 만

원짜리 지폐를 갖고 있지 않으면 머리를 깎지 못하게 했다. 그렇게 함으로써 '서비스가 지나치게 많은 이발소'가 '꼭 필요한 서비스만 제공하는 이발소'로 바뀌었다. 그리고 지금까지 이발소를 이용했던 고객뿐만 아니라 이발소에 가지 않았던 사람과 여성들까지 고객으로 끌어들이는데 성공했다(〈그림1-7〉 참조).

> **증권사**
> A – 친절한 투자상담사가 관리해주는 증권사
> B – 스스로 판단할 수 있는 정보를 제공하는 증권사

버블 전성기에는 투자상담사라는 영업사원이 있어 고객들은 투자상담사와 상대했다. 그러나 고객들 중에는 투자상담사의 말대로 하기보다는 스스로 판단해 투자하고 싶은 사람들이 많이 있다. 그렇지만 투자상담사들은 많은 정보를 갖고 있기 때문에 그들을 제쳐놓고 직접 투자하기란 어려운 일이었다.

그래서 마쓰이증권의 마쓰이 미치오 씨는 스스로 주식투자를 하고 싶어하는 사람들에게 인터넷으로 정보를 제공하겠다고 생각했다. 게다가 마쓰이 씨가 그런 비즈니스를 생각했을 때는 이미 미국 월가에서 인터넷 주식투자가 주류를 이루고 있었기 때문에 일본에도 쉽게 보급될 것으로 생각했다.

이로써 증권회사라는 카테고리에 스스로 판단하여 투자한다는 새

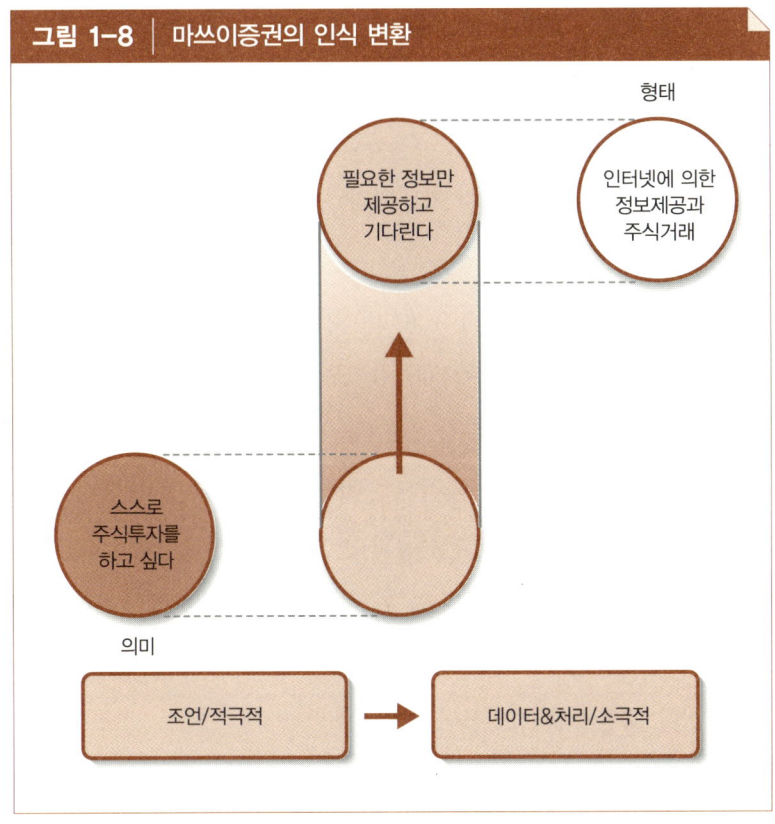

그림 1-8 | 마쓰이증권의 인식 변환

로운 의미를 설계해 인터넷으로 정보를 제공하고 거래를 하는 형태를 만들었다. 마쓰이 씨가 인터넷 주식거래를 먼저 시도함으로써 투자상담사가 직접 조언하는 증권 비즈니스가 점차 철저하게 데이터처리를 하는 비즈니스로 변해갔다. 그렇게 되자 지금까지 주식에 흥미가 없었던 사람들까지 주식투자를 하게 되었다(〈그림1-8〉 참조).

지금까지 살펴본 컨셉의 사례에서 몇 가지 공통점을 발견할 수 있다. 그 중 하나는 컨셉이 단순한 의미가 아니고, 전혀 새로운 의미를 만들고 있다는 것이다. '정말 맛있는 두부를 만든다', '중고품을 사고 싶게 한다', '머리만 자른다', '스스로 투자하기를 원하는 사람들에게 정보를 제공한다' 는 기존의 카테고리와는 전혀 다른 새로운 의미를 담고 있음을 알 수 있다.

그리고 또 하나는 의미에서 형태로 변환하는 폭이 크다는 것이다. 그 때문에 형태를 보면 지금까지 품었던 생각이 새로운 생각으로 전환된다. '정말 맛있는 두부를 만든다', '중고품을 사고 싶게 한다', '머리만 자른다', '스스로 판단해 투자하기를 원하는 사람들에게 정보를 제공한다' 는 의미를 '천연콩과 천연간수를 사용한 두부', '말끔한 중고품 가게', '10분 커트 만 원', '인터넷에 의한 정보제공과 직접 주식투자' 라는 형태로 크게 변환했기 때문에, 보고 듣자마자 인식이 바뀌어 그것을 즐기고 싶어진 것이다.

지금까지 언급한 내용을 정리하여 컨셉 구축 절차를 살펴보자(〈그림 1-9〉 참조). 우선 당해 카테고리에서 끄집어낼 수 있는 새로운 의미가 무엇인지 생각해야 한다. 새로운 의미란 소비자가 잠재적으로 원하고 있는 욕구다. 욕구가 이미 겉으로 드러나 있으면 새로운 의미를 제시해도 인식이 바뀌지 않는다. 그러나 욕구가 숨어 있으면 새로운 의미를 제시하기만 해도 '그래, 바로 이것을 갖고 싶었어!' 라고 깨닫게 된다.

여기서 숨어있는 잠재적인 욕구는 원츠 wants, 겉으로 드러난 현재

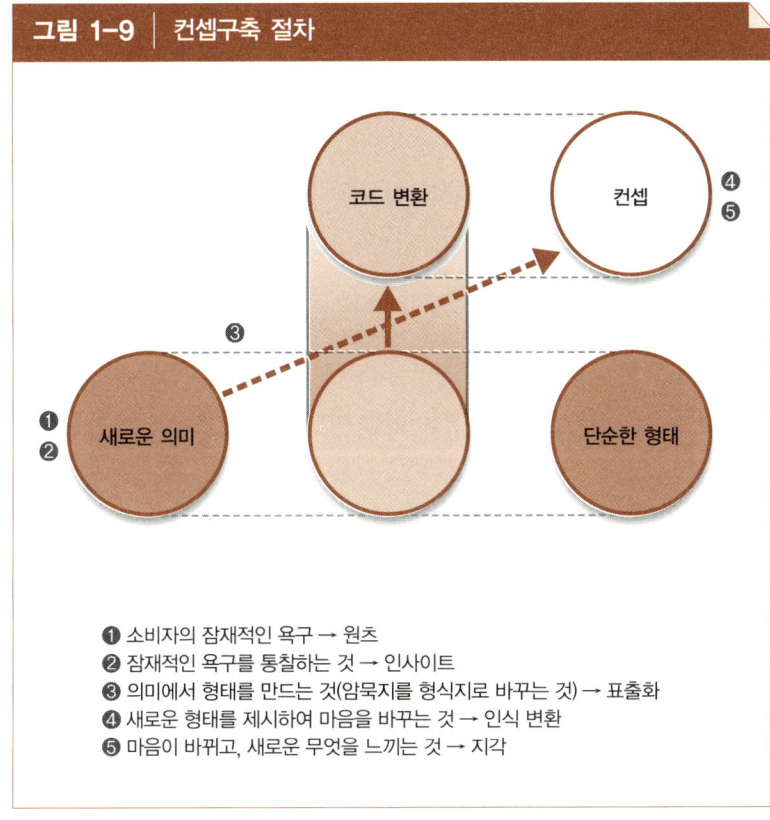

적인 욕구는 니즈needs라고 한다. 그리고 원츠를 찾아내는 능력을 인사이트insight라고 한다. 인사이트는 통찰력을 말한다. 즉, 원츠를 찾아내는 사물에 대한 관점을 인사이트라고 한다.

그리고 의미를 형태로 만드는 것은 표출화externalization라고 한다. 표출화는 앞에서 언급한 노나카 이쿠지로 명예교수가 주장하는 이론으로서 암묵지tacit knowledge를 형식지explicit knowledge로 바꾸는 것이다. 나아가 표출화를 통해 제시된 형태, 그것에 의해 관점이 바뀌는 것을 인식 변환이라고 한다. 그와 더불어 '아, 이 사탕 때문에 입 냄새가 사라진다' 고 무언가를 깨닫는 것을 지각이라고 한다.

지금까지의 설명을 종합하여 컨셉에 대한 정의를 내린다면, "소비자가 잠재적으로 원하는 것을 통찰하여, 잠재적인 욕구를 형태로서 나타낸다. 그 과정에서 소비자의 인식을 바꾸게 하여 지각을 일으키게 하는 것"이라고 할 수 있다.

그러면 여기서 잠시 앞에서 언급한 암묵지와 형식지에 대해 자세히 살펴보도록 하자.

인식론의 대가인 헝가리의 사회과학자 마이클 폴라니와 일본의 '피터 드러커' 라 불리는 경영전문가 노나카 이쿠지로에 따르면, 인간의 지식에는 암묵지와 형식지 두 가지가 있다고 강조한다. 암묵지라는 개념은 마이클 폴라니가 제창한 개념이며, 형식지는 노나카 이쿠지로가 제창한 개념이다.

암묵지란 말이나 문장으로 표현하기 어려운 주관적이고 개인적인 지식이다. 즉, 세계관, 신념, 개인적인 관점 등이 포함된다. 또 기술적 측면에서 암묵지는 반복된 경험을 통해 얻어진 사고력과 숙련도 또는 자신만의 노하우를 뜻한다. 쉽게 말하자면 '○○와 같은 느낌', '○○와 같은 이미지' 라는 흐릿하게 표현하는 지식이다.

이에 비해 형식지는 암묵지와는 반대로 사회적이며 객관적인 지식이다. 형식지란 말이나 문장으로 분명하게 표현할 수 있는 지식이며 어떤 이론이나 매뉴얼, 문제 해결 방법 또는 데이터베이스 등이 여기에 해당된다. 예를 들어 '매출액이 작년보다 10% 늘어났다'는 식으로 구체적으로 표현할 수 있는 지식이다.

지식은 암묵지와 형식지라는 두 가지 지식의 끊임없는 시너지 작용을 통해 창출된다. 이러한 과정을 설명한 것이 'SECI모델'이다. SECI모델이란 지식 창조 프로세스를 뜻한다. 지식 창조 프로세스는 개인에 내재되어 있는 지식, 즉 ❶암묵지가 다른 사람들에게도 전달되어 또 다른 암묵지를 만들어내는 과정인 공동화, ❷암묵지가 형식지로 바뀌는 표출화, ❸형식지가 또 다른 형식지를 만들어내는 과정인 연결화, ❹이렇게 만들어진 형식지가 개인에게 받아들여져 새로운 암묵지를 만들어내는 과정인 내면화로 진행되는 네 가지 과정을 말한다.

❶ 암묵지 → 암묵지(공동화)

공동화는 한 사람의 암묵지를 여러 구성원들이 함께 이해하고 공유하는 것이다. 암묵지는 다른 사람들에게 언어 등으로 전달하기 어려운 지식이지만, 그것을 구성원들이 함께 공유하고 이해하는 것은 어느 정도 가능하다. 예를 들어, 훌륭한 기술을 지닌 대가가 자신의 기술을 제자에게 말로는 설명할 수 없어도, 제자가 그 기술을 배우고 흉내냄으로써 기술을 습득할 수는 있다. 또 브레인스토밍 등을 통해 한 사람의 암묵지에 대해 서로 이야기를 나누다보면 다른 구성원들이 그것을 이미지로 이해할 수 있게 된다.

❷ 암묵지 → 형식지(표출화)

표출화는 언어로 전달하기 어려운 지식을 언어로 표현하는 것이다. 구성원들이 암묵지를 이해하고 공유하면 그것을 언어로 표현할 수 있게 된다. 각자가 이해한 암묵지를 언어로 표현하고 그것을 서로 수정함으로써 함께 공유할 수 있는 형식지가 생기게 된다. 예를 들어, 제품디자인에 대한 어느 한 사람의 암묵지를 구성원들이 이미지로 이해할 수 있다고 가정하자. 그리고 그 암묵지에 대해 구성원들끼리 스마트한 디자인, 세련된 디자인, 유선형 디자인 등등 자신의 이미지를 언어로 표현하고 수정해 나가면 마침내 공통의 이미지를 언어로 표현할 수 있게 된다. 구체적으로는 이 책의 핵심 주제인 '컨셉'이라 불리는 형태로 정리해 나가는 작업이 표출화에 해당한다.

❸ 형식지 → 형식지(연결화)

연결화는 다른 사람들에게 문자나 도형 등으로 전달할 수 있는 형식지에서 더욱 새로운 형식지를 만들어내는 것이다. 예를 들면 표출화작업을 통해 도출한 컨셉을 구체적인 형태로 만들기 위해 현재 기술을 토대로 새로운 기술을 만들어내는 것을 말한다. 기존 정보의 의미를 읽어내어 새로운 판매방식을 만드는 것이 이에 해당한다.

❹ 형식지 → 암묵지(내면화)

내면화는 혁신이 연속적으로 이어지게 하기 위해 형식지를 더욱 새로운 암묵지로 만드는 것이다. 예를 들어, 고객의 불만이 누구나 볼 수 있도록 데이터베이스화되어 있다고 가정하자. 이 정보는 형식지라 할 수 있다. 그리고 이 형식지는 고객의 불만에서 새로운 제품의 아이디어를 만들어내는 암묵지 생성의 계기가 된다. 만약 이때 새로운 암묵지가 생겨나지 않으면, 고객의 애프터서비스를 처리하는 작업에서 일단락 지어져 다음 신제품에 고객의 목소리가 반영되지 않을 수 있다.

이 두 지식은 연속적인 혁신의 근원인 '가치 창조'를 해명하는 열쇠가 된다. 예를 들어, 어떤 구성원이 신제품에 관한 아이디어를 갖고 있다고 가정하자. 만약 그것이 다른 구성원들에게 제대로 전달할 수 없는 암묵지라면, 그 아이디어를 제품화하기는 어려울 것이다. 하지만 그 암묵지가 다른 구성원들이 제대로 이해할 수 있는 형태로 바뀐다면 제품화될 가능성이 생긴다. 즉, 암묵지를 형식지의 형태로 능숙하게 바꿀 수 있다면, 한 구성원의 지식을 효과적으로 회사 전체의 지식으로 이용할 수 있게 되는 것이다.

5
새로운 **의미**와 **형태**를 부여하라

지금까지 설명한 내용에 근거하여 서두에서 제기한 문제에 대한 해답을 도출해보자.

우선 상품군C를 보면 '듀'에는 분명히 '상쾌한 탄산 과실주'라는 형태는 있지만, 의미가 없다(〈그림 1-10〉 참조). 똑같은 상품으로 기린 음료의 '빙결'이라는 탄산 과실주가 있는데, 이것은 짜낸 과즙에 열을 가하지 않고 과즙을 그대로 얼렸기 때문에 과일 맛이 아주 좋다는 의미가 있다. 그 때문에 빙결이라는 이름이 확실히 와 닿는다. 그러나 듀에는 형태는 있지만, 의미가 없다. 그러므로 컨셉 이전에 가치가 없다. 이와 마찬가지로 이가닌차도 호리에몬도 의미가 없기 때문에 가치가 없다.

그림 1-10 | 상품군C → 의미가 없고 형태만 존재

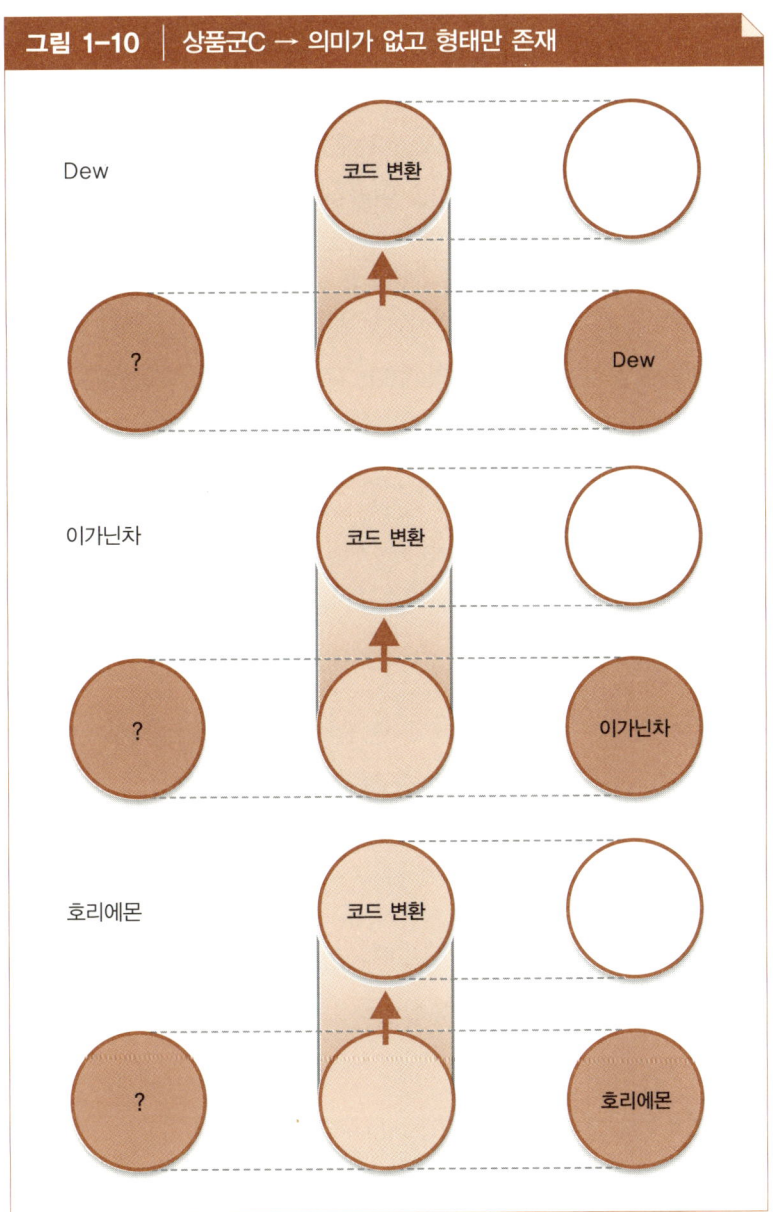

다음은 상품군B다(〈그림 1-11〉 참조). 녹차상품인 '젊은무사'도 '하루사메 수프'도 델 노트북도 의미와 형태가 있기 때문에 가치를 발견할 수 있다. 그 때문에 단기적으로 히트했고 그 후에도 꾸준히 팔렸다. 그러나 의미 설계의 참신함이나, 변환된 형태의 측면에서 봤을 때 부족한 면이 있다.

'젊은무사'는 일본산 찻잎을 사용하고 있으므로 맛있다는 의미이다. 그렇지만 의미에 참신함이 없다. 그리고 의미를 '개운하다'라는 형태로 나타냈는데, 그것은 맛있다는 것을 '개운하다'고 바꿔 말한 것에 불과하다. 또한 '칼로리가 적은 식사'라는 하루사메 스프이 의미는 익숙한 의미를 하루사메라는 저칼로리식품으로 바꿔놓은 것에 지나지 않는다.

'사기 쉽다'라는 델 노트북의 의미 역시 새롭지 않다. 본디 컴퓨터의 가치라고 하는 것은 사용하기 쉽거나 조작하기 편리한 데 있는데, 델 노트북에는 그것을 기대할 수 없다. 이런 저런 이유로 노트북을 사기 귀찮기 때문에 인터넷으로 판매하고 있는 델 노트북을 선택하는 것이다.

상품군B는 의미도 형태도 있기 때문에 가치가 있다. 그러나 의미가 새롭지 않으며, 형태도 바뀌지 않았다. 그러므로 컨셉을 구축하지 못했다.

마지막으로 상품군A를 보자(〈그림 1-12〉 참조).

아사히 슈퍼드라이는 '맥주 맛'에 의미를 부여했던 시장에 '품질이

그림 1-11 | 상품군B → 의미가 새롭지 않으며, 형태도 바뀌지 않음

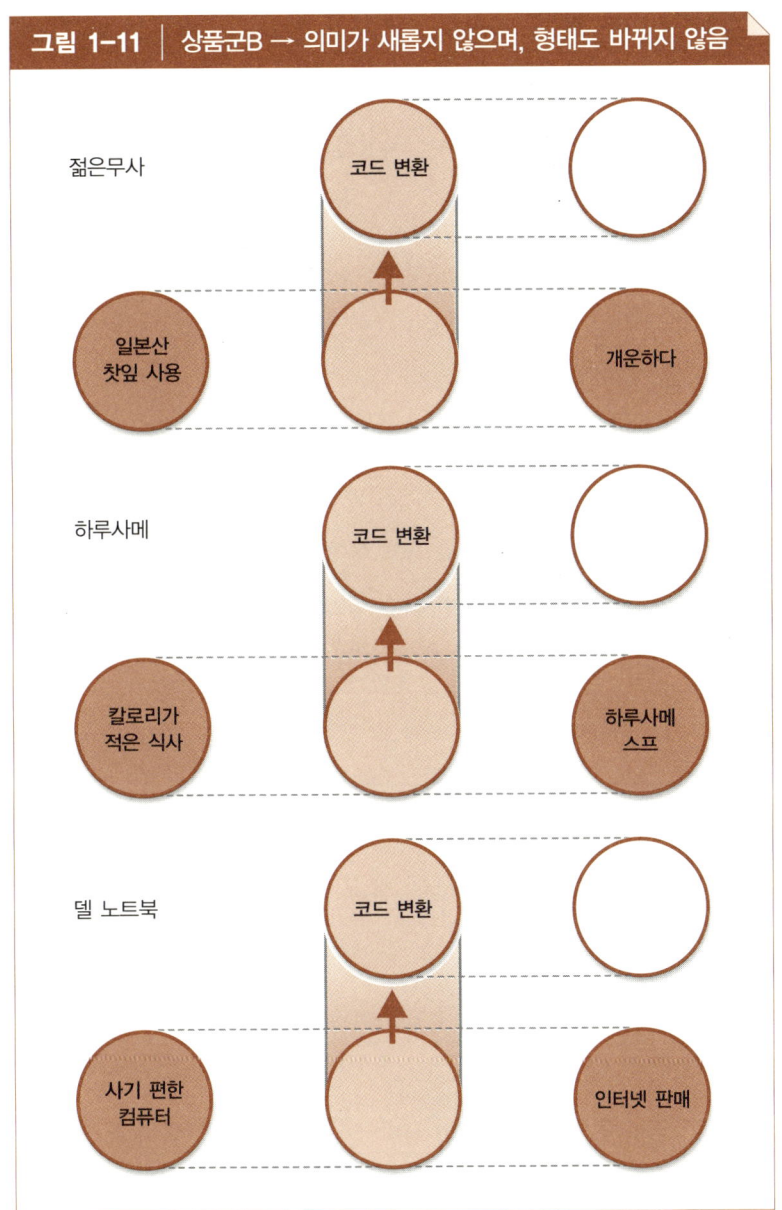

1장 • 인식을 바꾸는 것이 컨셉이다

좋은 맥주가 진정한 맥주'라는 새로운 의미를 설계했다. 그리고 품질을 신선도 하나에만 압축해 형태화했다. 즉, 당해 카테고리에 대해 '품질이 좋은 맥주'라는 새로운 의미를 설계하고, 그 품질을 변환하여 신선도로 형태화한 것이다.

또한 '헬시어녹차'도 기존 카테고리에는 '좋은 찻잎'이라는 의미밖에 없었기 때문에 '살이 빠지는 음료'라는 의미를 설계했다. 그리고 그 의미를 '체지방을 태우는 녹차'라는 형태로 변환했다.

아이팟의 의미는 '음악을 대량으로 지니고 다닐 수 있다'는 것이다. 그 의미를 '소형 하드디스크에 이어폰을 꽂고 음악을 듣는다'는 형태로 표현한 것이 뛰어났다. 그렇게 함으로써 음악을 항상 지니고 다니며 생활하는 것이 가능해지며, 일찍이 워크맨이 가능하게 했던 '언제 어디서나 음악을 들을 수 있다'는 가치를 '언제 어디서나 음악을 한없이 들을 수 있다'는 정도로까지 높였다.

이처럼 상품군A는 당해 카테고리에 새로운 의미를 설계하며, 그 의미를 변환하고 탁월한 형태로 만들어 전혀 새로운 가치를 창출했다. 따라서 그 형태를 '파워 컨셉'이라 부를 수 있다.

어떤 카테고리에 대해 새로운 의미를 설계하고, 그 의미를 변환하고 형태화하여 전혀 새로운 가치를 창출하면 그 형태가 '파워 컨셉'이 된다고 설명했다. 여기서 중요한 사실은 ①새로운 의미를 설계하는 것, ②의미를 변환하는 것이 된다. 이것을 효과적으로 실행하기 위해 이 책에서는 〈그림 1-13〉과 같은 프로세스로 진행할 것이다. 파워

그림 1-12 | 상품군A → 새로운 의미와 코드 변환된 형태

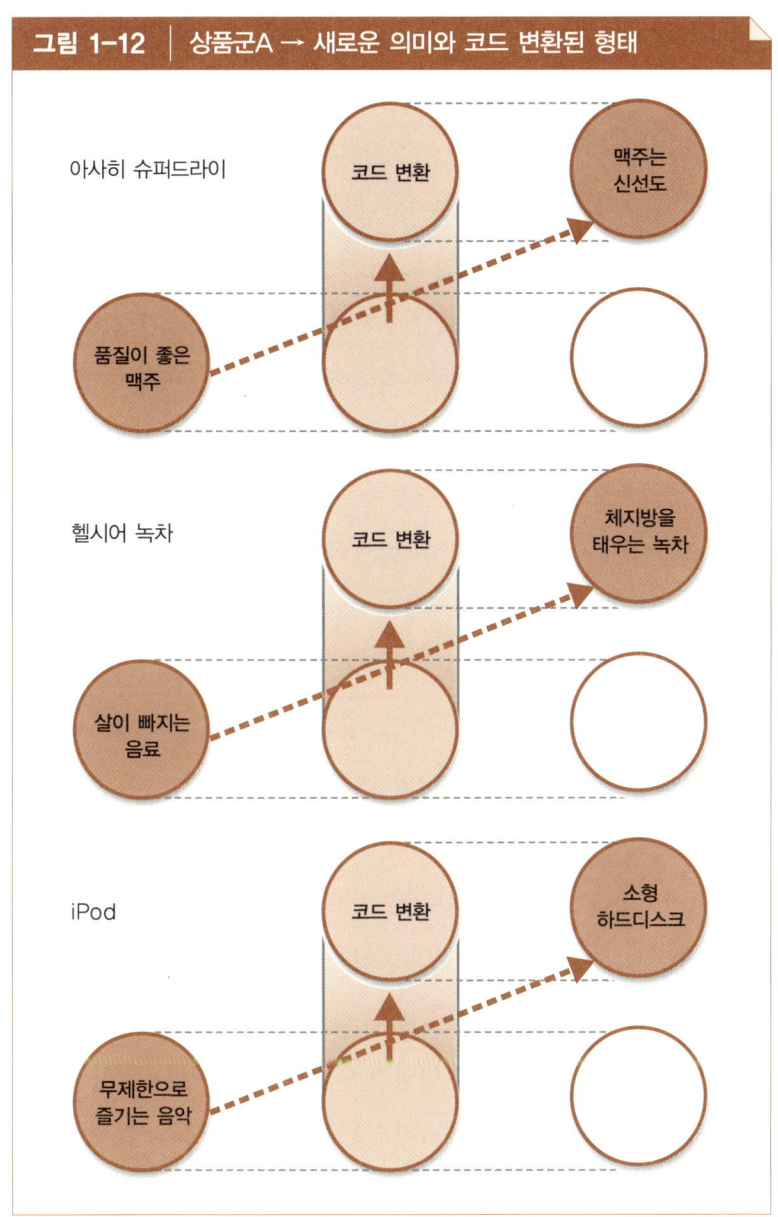

컨셉을 구축하는 상세한 방법론은 다음과 같은 순서에 따라 설명하기로 한다.

먼저 2장에서는 컨셉을 구축하는데 필요한 착안점을 찾아낸다. 현재 히트하고 있는 상품이나 서비스, 기업 등을 골라 그것이 왜 히트하고 있는지 히트 요인을 분석한다. 이를 위해 히트 상품 선정기준을 정하고 나아가 히트 분석 시트를 이용하여 히트 요인을 도출한다.

3장에서는 히트 요인을 가공하여 새로운 의미를 설계한다. 히트 요인을 가공하기 위해 히트 요인을 변형하거나 결합하여 다른 것으로 변환한다. 예를 들면 '많은 사람들이 오가는 역의 히트 요인'에 '한곳에서 원스톱 쇼핑을 하게 하는 백화점의 히트 요인'을 결합한다. 그러면 많은 사람들이 백화점에 머물게 되며 거기에 커다란 상권이 형성된다. 이것은 역이라는 카테고리에 사람들을 의식적으로 머물게 한다는 새로운 의미를 설계한 것이다. 그 좋은 사례가 나고야역에 생긴 JR 다카시마야 백화점이다. 나고야의 상권 구도를 바꾸어 놓았을 정도로 크게 히트한 것은 유명한 이야기이다.

그리고 4장과 5장에서는 의미를 변환하는 방법에 관해 설명한다. 이 책에서는 변환에 치료법과 인지행동요법을 적용하는 '테라피 발상법'(4장)과, 변환에 수사법을 적용하는 '레토릭 발상법'(5장)을 소개한다. 테라피 발상법과 레토릭 발상법은 일정한 법칙 아래에서 의미를 변환하는 작업을 통해 컨셉을 구축하는 방법이다. 레토릭 발상법 가운데, 티슈페이퍼라는 카테고리에 '아무리 코를 풀어도 괜찮다'라는 새

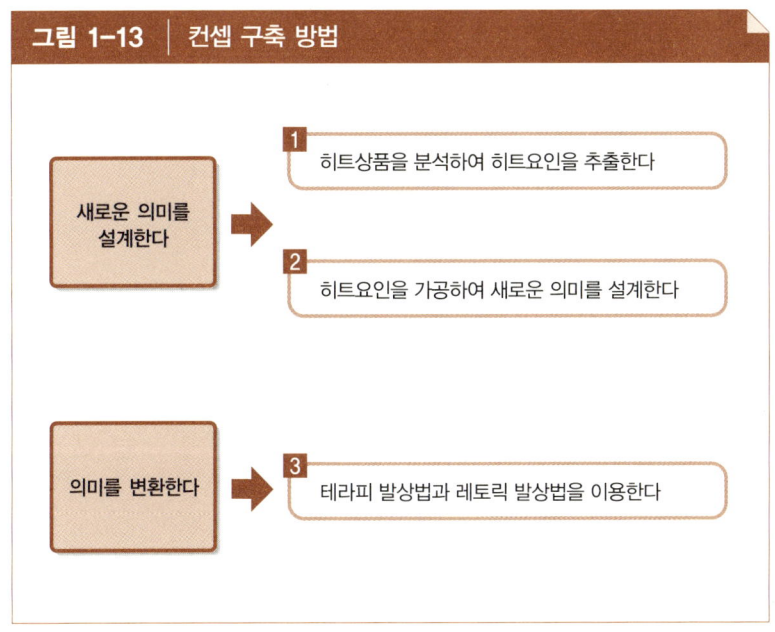

그림 1-13 | 컨셉 구축 방법

로운 의미를 설계하여, 그것을 수사법의 하나인 비유법을 이용하여 '노즈 셀레브리티 nose celebrity(아무리 코를 풀어도 코가 깨끗한 상태로 있음)'로 변환한 사례가 있었다. 이 경우는 컨셉과 네이밍이 일치한 것인데, 이 컨셉(네이밍)이 소비자의 인식을 바꾸어 크게 히트했다. .

SKILL OF
POWER CONCEPT

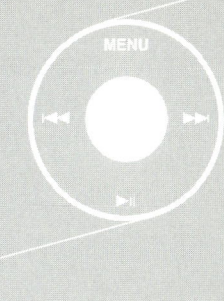

2장

히트 상품은
이렇게 다르다

결국 의미가 이해되지 않는 상품은
팔리지 않게 되었다.
아니, 의미가 이해되는 상품만이 팔리게 되었다고 하는 편이 맞다.
즉, 내면 깊숙이 있는 의미가 합의나 동의를 얻지 못하면
그 상품은 장기적으로 사랑받지 못한다.

1

얼리 어댑터부터 매혹시킨다

히트 상품의 정의는 무엇일까? 히트 상품을 생각하는 근거로서 먼저 미국의 사회심리학자인 에버릿 로저스의 혁신확산모델을 소개한다. 로저스는 옥수수 신품종 보급 과정을 분석하는 연구를 통해 신기술이 확산되는 과정을 정량화하고, 1962년 '이노베이션 확산'이라는 책을 출간했다. 저서에 따르면, 신제품을 구입하는 수용자 수는 〈그림 2-1〉과 같은 혁신파급곡선을 이룬다고 한다.

혁신파급곡선은 세로축을 수용자 수, 가로축을 시간으로 설정하여, 혁신을 수용하는 속도에 따라 혁신 수용자, 초기 수용자, 전기 다수 수용자, 후기 다수 수용자, 지각 수용자 등 다섯 가지 유형의 소비자로 분류한다. 그리고 그 특징을 요약한 것이 〈표 2-1〉이다.

그림 2-1 | 로저스의 혁신확산모델

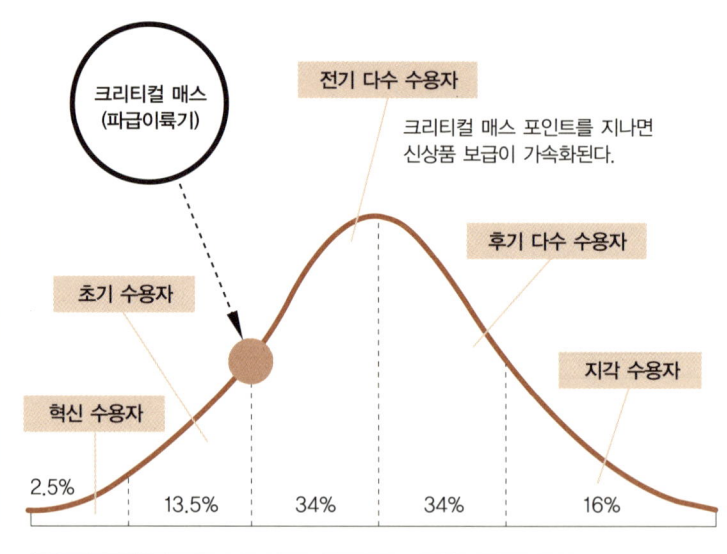

초기 수용자는 새로움을 넘어 효용도 고려해 상품을 수용한다.
따라서 16% 벽을 넘어선 상품 즉, 초기 수용자에게 인정받은 상품은
히트 상품이 될 가능성이 높다

❶ 혁신 수용자 = 기술 애호가 technology enthusiasts

새로운 기술이 우리의 삶을 개선시켜 준다는 신념 하에, 제품을 초기에 수용하는 소비자들로서 효용과는 관계 없이 기능을 중시하여 구입한다. 이들은 신기술의 복잡 미묘함을 터득하고 신기술 자체를 탐구하는 것을 즐기며, 최신 기술을 가장 먼저 접하고 수중에 넣기를 선호한다.

혁신 수용자들은 '기술 애호가' 또는 '테키techie'라고 불리는데, 로저스의 주장에 따르면, 시장 전체의 2.5%를 차지한다고 한다. 예를 들어 게임기라면 플레이스테이션을 가지고 있더라도, 그 기능에 매력을 느껴 PSP도 사며, 닌텐도 DS도 사는 사람들이다.

또는 MS오피스의 새로운 워드 프로그램 버전이 나오는 즉시 내려받아 사용해보고, 결함과 오작동 등의 자신의 애정어린 평가와 의견을 게시판에 도배하다시피 하는 사람들, 그러면서도 다음 번 '베타 테스터' 모집에 적극적으로 참여하는 극소수의 사람들이 그들이다. 또는 사무실에서 유일하게 VTR의 예약 녹화 기능 등을 무리 없이 작동할 수 있는 사람들이다.

마케팅의 관점에서 볼 때, 혁신 수용자들은 첨단기술 공급자의 입장에서는 자신의 기술을 최초로 사용해주는, 그리고 신기술의 잠재력을 평가하고 비평해주는 고마운 이들이다. B2B마케팅 관점에서 보면 이들은 예산 권한이 없거나 충분하지 않다는 단점이 있다. 그러나 혁신 수용자는 초기 수용자에게 기술의 잠재 가능성과 편익에 대한 조

표 2-1 | 로저스의 혁신파급모델에 따른 수용자 분류

수용자분류	특성	행동태도
혁신 수용자 innovators (기술 애호가)	새로운 아이디어와 행동양식을 제일 먼저 수용하는 첨단족. 그들은 사회의 다른 구성원들이 새로운 아이디어와 행동양식을 수용하기 이전에 먼저 수용할 것을 결정한다. 따라서 그들은 사회의 가치에 적응하지 않는 이탈자이며 모험자이다.	· 신기하다 · 시험해보자 · 지적 호기심
초기 수용자 early adaptors (진보적 성향의 선구자)	진취적인 기상이 넘치지만, 혁신 수용자에 비해 사회의 가치에 대한 적응도가 높으며, 새로운 아이디어와 행동양식이 가치에 적합한지 어떤지를 판단한 후 수용한다. 혁신 수용자만큼 사회의 평균적인 구성원과 동떨어져 있지 않다. 때문에 그들은 가장 강한 오피니언 리더십을 발휘한다.	· 무리보다 앞서 간다 · 극적인 경쟁우위 확보
전기 다수 수용자 early majority (실용주의자)	상대적으로 빨리 혁신을 수용하는 편이며, 시장에서 검증된 제품을 선호한다.	· 무리와 함께 간다 · 점진적 생산성 향상
후기 다수 수용자 late majority (보수주의자)	사회의 평균적인 구성원들이 수용한 직후 수용한다. 새로운 아이디어의 효용성에 관해 확신을 품더라도 수용하기로 마음을 먹으려면 동료들에 의해 동기부여를 받는 것이 필요한 대세 순응형이다.	· 버틸 만큼 버텨본다 · 경쟁자와 현상유지
지각 수용자 laggards (회의론자)	혁신을 가장 늦게 수용하는 사람들이며, 그들 대부분은 고립자에 가깝다. 의심이 많으며, 전통을 지향하는 경우가 많다.	· 어쨌든 싫다 · 무사태평 · 현상유지

언자와 수문장 역할을 담당한다. 특히 그들의 추천이 있어야만 불연속적 혁신[2]은 비로소 주목을 받게 된다.

❷ 초기 수용자 = 진보적 성향의 선구자 visionary

혁신 수용자의 행동을 보고, 효용도 고려하여 구입하는 소비자들로서 전체의 13.5%를 차지한다. 초기 수용자는 혁신 수용자처럼 새로운 제품이라고 해서 무조건 구입하는 것이 아니라, 위의 게임기 사례에서 말하자면 PSP와 닌텐도 DS를 비교하여 자신이 선호하는 소프트웨어가 어느 쪽에 많은지를 고려한 다음 구입한다. 소프트웨어(=사용 가치)라는 편익을 고려하여 구매한다는 점이 혁신 수용자와 다르다.

초기 수용자는 예산 동원력과 투자 의지도 있고, 실제로 불연속적 혁신에 투자되는 최초의 지지자들이기 때문에 첨단기술 분야에 막대한 영향력이 있다. 또한 미성숙 단계의 불연속적 혁신을 초기 수용에 따르는 인프라 교체와 구축 그리고 조직의 행동과 태도 전환에 따르는 비용까지도 기꺼이 감당하려 한다. 이들은 특히 초기시장 형성에 필요한 자금원의 역할을 한다는 점에서 주목할 필요가 있다. 또한 새

---

[2] 구매자들의 소비 패턴에 상당한 변화를 일으키는 상품을 말한다. TV가 없던 시대에 흑백TV가 나온 것은 불연속적 혁신에 해당한다. 컴퓨터, VCR, 비디오 상품, 전자 오븐 등의 출현은 소비 패턴에 상당한 영향을 끼쳤다.

로운 혁신 제품을 대중을 상대로 홍보함으로써 시장 진입에 유리한 분위기를 조성한다. 그러나 그들은 공급자가 제공하는 제품 그대로에 만족하지 않고 상당히 어려운 맞춤형 수정 보완을 요구하기도 한다. 이러한 요구는 신생 벤처기업의 연구개발 자원에 큰 부담이 되며, 이로 인해 공급 기업은 진보적 성향의 선구자와는 다른 유형의 고객을 찾아 나서게 된다.

❸ **전기 다수 수용자 = 실용주의자**pragmatists

주류 고객이자 가장 실용적인 소비자군으로서 전체 구매의 3분의 1인 34%를 차지하며, 시장에서 검증된 제품을 선호하는 것이 특징이다. 이들은 혁신 수용자들과 달리 기술 자체만을 위한 기술을 좋아하지 않으며, 개선은 믿지만 혁명은 믿지 않는다. 신기술에 대해 중립적 태도를 보이며, 신기술 제품의 안정성·호환성·신속성 등 기능과 신뢰성이 확인되고 업계 동료들 사이에 검증된 참조 사례 혹은 생산성 향상이 검증된 뒤에야 비로소 혁신기술을 받아들이는 신중한 부류이다. 따라서 이들은 새로운 패러다임으로 이동할 때 다루기 힘겨운 상대가 된다. 그러나 이들이 일단 새로운 패러다임으로 이동하기로 결정하면, 누구보다도 적극적으로 제품을 구입하려고 한다.

❹ **후기 다수 수용자 = 보수주의자**conservatives

전기 다수 수용자와 똑같이 34%를 차지하는 후기 다수 수용자는 절반이 넘는 사람들이 해당 상품을 사용할 때야 비로소 관심을 보이는 보수적인 소비자군이다. 혁신기술에 대한 이해가 전기 다수 수용자보다 뒤지고, 혁신기술로부터 무엇을 얻어낼 수 있을지에 대해 자신이 없다. 주위 사람 대부분이 신기술 제품을 사용한 후에야 비로소 마지못해 불연속적인 혁신을 수용한다.

이들은 자신이 불편해지기 전에는 선뜻 신기술·신제품을 이용하지 않는다. 가격에 매우 민감하고 요구사항이 많다. 그들은 VTR을 사면서 사용하지도 않을 구매 사양과 추가 서비스들을 요구하고, 대가는 지불하지 않으려 하기 때문에 그들의 욕구가 충족되는 경우는 드물다. 이미 대중화된 상품을 사는 이들이 가장 중시하는 선택 요인은 바로 가격이다.

그러나 대규모 집단을 새로운 고객으로 끌어들일 가능성과 함께 신기술에 투자할 수 있는 비용을 제공하기도 한다. 보수적인 고객들로부터 호응을 얻어 거래를 성사시키고 거래처를 확보하며 수익을 올릴 수 있는 방법은 제품이나 시스템을 쉽게 설치 및 활용할 수 있는 수준으로 단순화하거나 대중화하는 것이다.

❺ 지각 수용자 = 회의론자 skeptics

마지막으로 지각 수용자는 혁신을 가장 늦게 수용하는 사람들이며, 그들 대부분은 고립자에 가깝다. 의심이 많으며, 전통을 지향하는 경우가 많다. 또한, 첨단기술 분야에 대해 도발적인 언동을 하거나 방해

하는 사람들이다. 전체 시장의 6분의 1인 16%를 차지하고 첨단기술에 대해 비판적인 시선을 갖고 있으며, 이들은 잠재고객이라기보다는 상존하는 비평가들이다. 따라서 첨단기술 마케팅의 목표는 회의론자들을 설득하는 것이 아니라 그들을 피하면서 판매를 시도하는 것이다.

혁신기술이 대중화되는 완전 동화단계에는 지각 수용자(회의론자)가 포진해 있다. 지각 수용자는 신기술을 거부하는 사람들로 시장에서 비판세력이 되기 쉽다. 흔히 인터넷의 역기능을 주장하거나 컴퓨터가 생산성 향상을 저해한다는 주장을 펴는 부류이다. 마케팅 업계에서는 '지각 수용자를 대상으로 한 마케팅 노력은 시간과 돈 낭비일 뿐'이라 일축할 정도로, 이들은 하이테크 마케팅의 대상이 아니다. 하지만 이들이 제기할 수 있는 반론을 미리 차단해야 한다는 점에서 그냥 지나칠 수도 없는 사람들이다.

여기서 로저스는 혁신 수용자와 초기 수용자를 한데 묶어 크리티컬 매스critical mass라는 개념을 주장했다. 이것은 두 카테고리 수용자인 혁신 수용자와 초기 수용자에 도달한 시점을 보급이 확산되는 시기로 삼는다는 생각으로서, 그 시기가 지나면 수용자는 대중으로 이행하며, 상품은 가속적으로 보급된다. 그러므로 크리티컬 매스를 가름하는 것이 무척 중요하다.

이러한 사실을 고려해 이 책에서는 혁신 수용자와 초기 수용자를 합한 보급률 '16%(2.5%+13.5%)'를 히트 상품의 요건으로 삼기로 한다. 나아가 그 16%를 조기에 달성한 상품을 히트 상품이라 정의한다.

다시 말하자면 비교적 빠른 단계에서 100명 중 16명이 구입했다고 가름할 수 있는 상품을 히트 상품이라 한다. 예를 들면 선술집이 유행하고 있는데, 세 달 안에 자기 주위 16명 정도가 이용한다고 느꼈다면 그것은 히트 상품이라 할 수 있다.

2
상품의 **존재 의미**를 분명히 전달한다

　히트 상품이 무엇인지 정의를 내렸으므로 더 나아가 히트 상품의 무엇이 히트 요인인지 살펴보자. 연말이 가까워지면 여러 잡지에서 히트 상품을 특집으로 다루며, 신문 등에서도 히트 상품의 순위를 발표한다. 그런 기사를 볼 때마다 언제나 생각하지만, 히트 상품이 잡지마다 다르며, 히트 요인에 관한 설명도 제각기 다르다. 어째서 그럴까?
　예를 들면 '생차'라는 상품의 히트 요인이 무엇이냐고 물어보면, "새싹을 사용한다", "마쓰시마 나나코라는 아주 유명한 탤런트가 광고 모델이다", "기린이라는 브랜드다"라고 즉시 대답할 것이다. 그 중 어느 것이 정답일까?
　실은 모두 정답이다. 왜냐하면 상품이라는 것이 다양한 요소로 구성되어 있기 때문이다. 포장, 네이밍, 성분, TV광고, 상품의 편익 등과 같은 다양한 것으로 구성되어 있기 때문에 사람에 따라 대답이 달라진다.

"새싹을 사용한다"고 대답한 사람들은 상품의 차별성을 확실히 인지하고 마시는 사람들일 것이다. 녹차는 종류가 무척 많이 있으며, 그 상당수가 찻잎을 자랑거리로 삼고 있다. 그 중에서도 생차는 새싹을 사용하고 있다는 것을 강조하고 있기 때문에 "새싹을 사용한다"고 대답한 사람들은 그 사실을 분명히 인지하고 즐겨 마시고 있으므로 히트 요인에 대한 답이 된다.

또한 "마쓰시마 나나코라는 아주 유명한 탤런트가 광고 모델이다"고 대답한 사람들은 마쓰시마 나나코라는 탤런트를 좋아하는 사람들일 것이다. 녹차라는 것은 상품의 특성을 알기 힘들며(예를 들면 맛에 차별화를 두기 어려움), 가격도 저렴하기 때문에 상품 자체의 차별성이 낮다. 따라서 상품 이외의 요소(상품의 디자인, 광고, 기업의 자세 등) 때문에 선호하는 경우가 있다. 그 한 예가 "마쓰시마 나나코라는 아주 유명한 탤런트가 광고 모델이다"는 대답이다.

그리고 "기린이라는 브랜드다"고 대답한 사람들은 어릴 때부터 '기린'이라는 브랜드에 영향을 받았을 가능성이 크다. 옛날에는 맥주라 하면 기린맥주였기 때문에 그때부터 영향을 받은 사람이 많았다. 이처럼 사람들은 상품을 여러 각도에서 인지하고 호감을 갖게 되므로 히트 요인도 그에 따라 변한다. 그렇지만 상품이 눈에 들어오는 순서

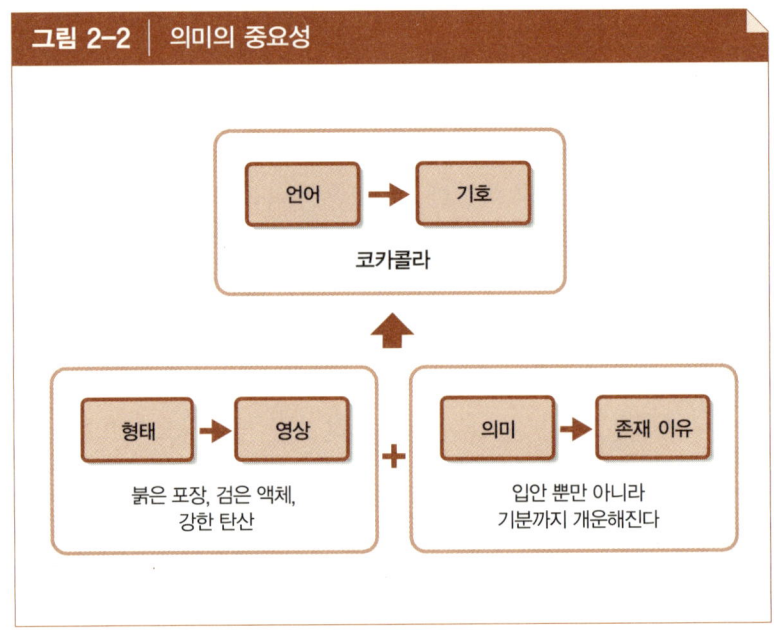

는 모두 동일하다. 누구나 상품의 형태부터 인지하기 시작한다.

상품을 처음 대할 경우를 상상하기 바란다. 먼저 상품의 포장과 네이밍, 성분표시 등에 눈이 갈 것이다. 처음부터 상품의 편익을 고려하는 사람은 그리 많지 않다.

코카콜라를 예로 들어 보자(〈그림 2-2〉 참조). 코카콜라를 처음 대하면 우선 '붉은 포장'이 눈에 들어오고, 콜라를 따르면 '검은 액체'가 눈에 들어오며, 마시면 '단맛'이 나는 '강한 탄산'에 깜짝 놀란다. 그리고 '개운해지는 기분'이 들며, 여러 차례 마시면 '기분 전환하고 싶을 때 찾게 되는 필수품'이 될 것이다. 이런 식으로 인지하고, 감상하며, 편익을 느낄 것이다. 바꿔 말하자면 우리들은 상품의 표면적인 것부터 인지한 다음 내면적인 것을 인지한다. 이것을 앞의 소쉬르의 이론에 따라 분류해보면, '붉은 포장', '검은 액체', '강한 탄산'은 형태가 되며, '개운해지는 기분', '기분 전환하고 싶을 때 찾게 되는 필수품'은 의미가 된다.

이런 식으로 인지하고, 감상하며, 편익을 느끼는 단계에서 특히 개인적으로 와 닿는 부분을 사람들은 히트 요인이라 생각한다. 그러므로 사람마다 느끼는 방법에 따라 히트 요인이라고 생각하는 핵심이 다르다.

그렇다 하더라도, 히트 상품과 히트 요인에 대한 정의를 뚜렷하게 내리기는 어려워졌다. 그렇다면 2008년이라고 하는 오늘날의 관점을 전제로 하여 어떤 기준에서 히트 상품과 히트 요인을 규정해야 하는지 생각해보자.

결론부터 말하자면, 코카콜라의 경우에는 '기분 전환을 위해 찾게 되는 필수품'이라는 의미가 가장 깊은 것을 기준으로 선택해야 한다. 그 기준은 기능과 성능에서 느낄 수 있는 편익이나 그 순간 느낄 수 있는 편익이 아니라, 계속 마시고 있기 때문에 느낄 수 있는 편익이다. 계속 마시고 있기 때문에 느낄 수 있다는 것은 그만큼 많은 사람들이 느끼고 있는 편익이라 할 수 있다. 그렇다면 많은 사람들이 공감대를 형성하는 근원이 되는 것, '기분 전환을 위해 찾게 되는 필수품'을 히트 요인으로 삼아야 할 것이다.

그 반대의 경우를 생각해보자. '빨간 포장'은 기준이 될 수 있을까?

만약 '빨간 포장'이 히트 요인이라면 코카콜라는 '빨간 포장'을 하여 팔렸기 때문에 이번 상품도 '빨간 포장'을 하면 히트하게 된다. 그러나 그런 일은 당연히 있을 수 없으므로 '빨간 포장'은 히트 요인이 되지 않는다.

또 소비자의 성숙한 의식수준도 히트 요인에 강하게 작용한다. 1950년대~1970년대, 상품이 그다지 없었을 무렵에는 기능이나 광고 등과 같은 표면적인 것에서 히트가 생겨났다. 1950년대 당시 3대 신상품이라 일컬었던 흑백TV, 세탁기, 냉장고, 그 후 1960년대의 3대 신상품인 컬러TV, 에어컨, 자동차 등은 그 기능에서 히트했으며, 금연 상품인 금연 파이프 등은 기능에 대한 언급 없이 "저는 이래서 회사를 그만두었습니다"하고 새끼손가락을 들면서 고백하는 광고가 인기를 얻으면서 크게 히트했다. 금연 상품이 별로 없었고 또한 광고와 같은 표면적인 정보로 상품이 히트하는 시대였기 때문에 가능했던 일이다.

그러나 최근의 소비자들은 의식수준이 성숙한 탓에 여러 가지 것을 평가할 수 있게 되었다. 기능이라는 점에서 말하자면, 대부분의 기능을 숙지하고 있으며, 어지간한 혁신이 없는 한 놀라지도 않는다. 또한 가격이라는 점에서도 저가에 아주 익숙해 있으며, 모든 상품의 가격을 인터넷으로 조사해 적절한 시세도 숙지하고 있다. 이처럼 소비자들은 의식수준이 높기 때문에 그냥 얼핏 보고 반응하는 사람이 점차 적어지고 있다. 즉, 형태만 보고 합의나 동의를 하지 않는다는 것이다.

결국 의미가 이해되지 않는 상품은 팔리지 않게 되었다. 아니, 의미가 이해되는 상품만이 팔리게 되었다고 하는 편이 맞다. 즉, 내면 깊숙이 있는 의미가 합의나 동의를 얻지 못하면 그 상품은 장기적으로 사랑받지 못한다. 그 때문에 오랫동안 사랑받기 위한 요인인 '의미가 가장 깊은 것'을 발견해야만 한다.

1장에서 언급했듯이, 의미란 '그 상품이 존재하는 이유'다. 형태가 포장·디자인·네이밍·내용물·가격 등을 표시하는 반면, 의미는 상품이 필요한 이유, 상품이 가져오는 편익, 자신과의 관계를 나타낸다. 즉, 의미란 편익의 집합체라 할 수 있다. 이 분야에 있어서는 브랜드 이론의 제1인자인 데이비드 아커와 수단-목적 연쇄 모델(1982년)을 제시한 가트만이 가장 앞서 있다. 여기서는 그들의 이론을 바탕으로 하여 의미를 다음과 같이 규정한다(〈그림 2-3〉 참조).

의미란 기능적 편익, 정서적 편익, 정신적 편익이라는 세 가지 편익으로 구성되며, 형태와 더불어 가치가 된다. 바꿔 말하면, 세 가지 편익의 집합체가 의미이며, 그 의미가 말, 네이밍, 패키지와 같은 형태로 표현되었을 때 가치가 된다.

기능적 편익은 소유 또는 이용함으로써 얻을 수 있는 편리함이나 효용 등, 상품의 기능을 통해 얻는 편익이다. 예를 들면 선풍기는 날개가 놀면서 바람이 나오는 것이 주된 기능이기 때문에 거기서 얻을 수 있는 기능적 편익은 '시원하다'이다.

정서적 편익은 소유 또는 이용한 결과 소비자가 단기적으로 얻는

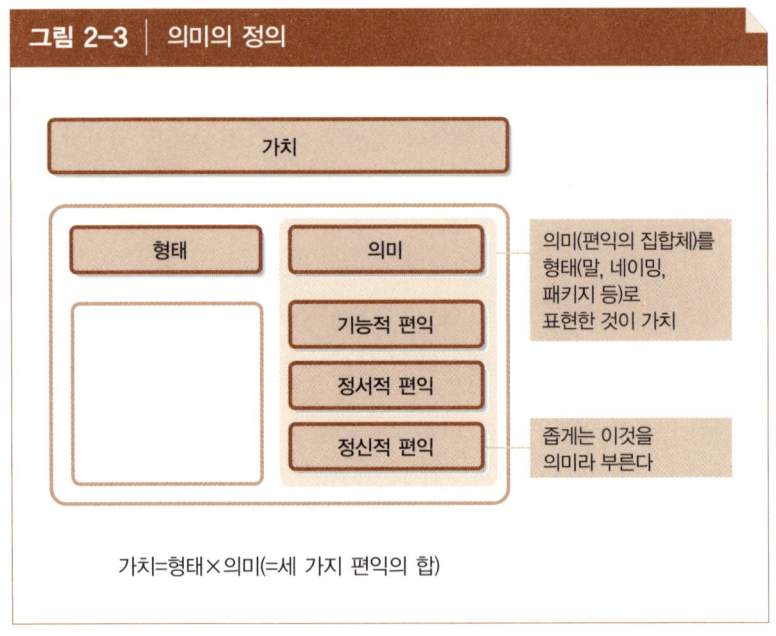

감각상의 편익이다. 선풍기를 예로 들면 '시원하다'고 느꼈을 때 어떤 기분이 되느냐이다. 만약 여름이라면 '상쾌하다'고 여길 것이며, 겨울이라면 '추워서 기분이 나쁘다'고 여길 것이다. 이것이 기능적 편익과 정서적 편익의 차이다. 기능적 편익은 기능을 통해 얻을 수 있는 편익이기 때문에 한 가지 뜻만 지니지만, 정서적 편익은 기분 또는 감정의 문제이기 때문에 환경에 의존하며 여러 가지 뜻을 지닌다. 선풍기를 통해 기능적 편익을 느낄 때의 기분은 여름과 겨울, 에어컨을 같이 사용할 경우와 그렇게 하지 않는 경우 등에서 차이가 생긴다.

정신적 편익은 소유 또는 이용의 결과보다는 행위 그 자체를 통해 얻을 수 있는 편익이다. 선풍기 바람을 쐬어 '시원하다', '기분이 좋다'는 상태가 일정 기간 지속된다면 선풍기 바람을 계속 쐰다는 행위에 편익을 느끼게 된다. 즉, 선풍기가 있는 생활에 편익을 느끼게 된다.

정리하면 기능에 대해 느끼는 단기적인 기분이 정서적 편익, 나아가 정서적 편익을 중장기적으로 기대함으로써 얻을 수 있는 편익이 정신적 편익이다. 즉, 기능적 편익 → 정서적 편익 → 정신적 편익으로 심화되며, 앞 장에서 설명했던 '의미가 가장 깊은 것'에 해당하는 것이 정신적 편익이 된다. 그리고 이 책에서는 정신적 편익을 히트 요인이라 부르기로 한다. 왜냐하면 정신적 편익은 단기적으로 느낄 수 있는 편익이 아니라, 일정 시간, 일정한 사람들(크리티컬 매스=혁신 수용자+초기 수용자)에게 사랑받지 않으면 느낄 수 없는 편익이기 때문이다.

3
매력적인 **감성적 편익**을 제공한다

〈그림 2-4〉는 형태부터 시작하여 정신적 편익까지 분석할 수 있도록 양식화한 '히트 상품 분석 시트'다. 시트에 있는 흐름을 살펴보면 누구나 정신적 편익 → 의미가 가장 깊은 것 → 히트 요인까지 도달할 수 있다.

히트 상품 분석에 있어 가장 중요한 점은 USP_{Unit Selling Proposition}[3]이다. 히트 상품 분석을 처음 하는 사람들은 여러 개의 USP를 도출하는 경향이 있다. 예를 들면, 〈그림 2-5〉에서 있는 '액정TV 아쿠오스'

---

3 차별화된 제품의 특징을 하나로 압축하는 것을 말한다.

그림 2-4 | 히트 상품 분석 시트

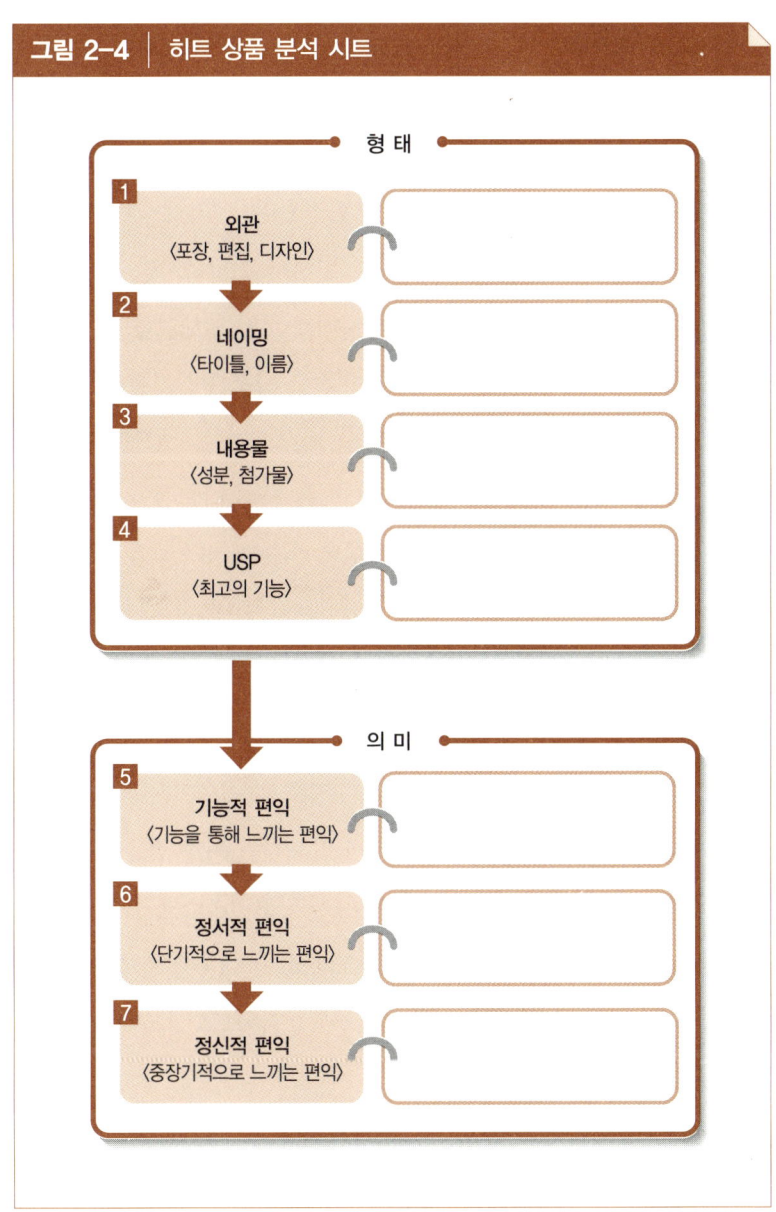

의 USP를 '액정 넘버원 브랜드 샤프의 환경 친화적인 순수 일본산 액정TV' 등으로 도출하는 것과 같다. '액정 넘버원 브랜드', '환경 친화적인', '순수 일본산 액정TV'라는 세 가지 USP가 뒤섞여 있어, 어느 USP를 사용하여 분석하고 있는지 혼란스럽다. 그렇게 되지 않도록 하기 위해 USP를 '액정 넘버원 브랜드' 하나로 압축하면 '우승마를 타고 있는 우월감을 맛볼 수 있다'라는 히트 요인에 도달할 수 있다.

이해를 돕기 위해 2005년~2006년의 히트 상품을 살펴보자.

〈그림 2-5〉는 '액정TV 아쿠오스'의 히트 요인을 분석한 도표다. '아쿠오스'란 아쿠아aqua와 퀄리티quality를 합친 말로서 2001년 1월부터 샤프사가 판매한 액정TV다. 2006년 5월말까지 1,000만 대를 돌파했다. 일반 소비자를 대상으로 13인치부터 최대 65인치까지 폭넓은 상품을 갖추고 있다.

2005년 액정TV, 플라즈마TV, 브라운관TV의 일본 내 출하 대수는 각각 422만 대, 47만 대, 398만 대였다(일본 전자정보기술산업협회 조사). 그 중 샤프사는 액정TV에서 약 40%의 압도적인 시장 점유율을 차지하고 있다. 그 뒤를 소니, 마쓰시타전기가 잇고 있다. 액정TV는 지상파DMB 방송을 시청하기 위해 TV를 교체하거나 TV를 또 한 대 구입하려는 사람들이 많이 찾았다. 그 때 선택 기준으로 삼는 것이 가격, 액정 성능, 음질, 디자인이었다.

액정TV는 얼핏 보면 액정 넘버원 브랜드라는 USP가 히트 요인처럼 생각되지만, 소비자들의 의식수준을 봤을 때 그런 이유만으로는

그림 2-5 액정TV 아쿠오스 분석 시트

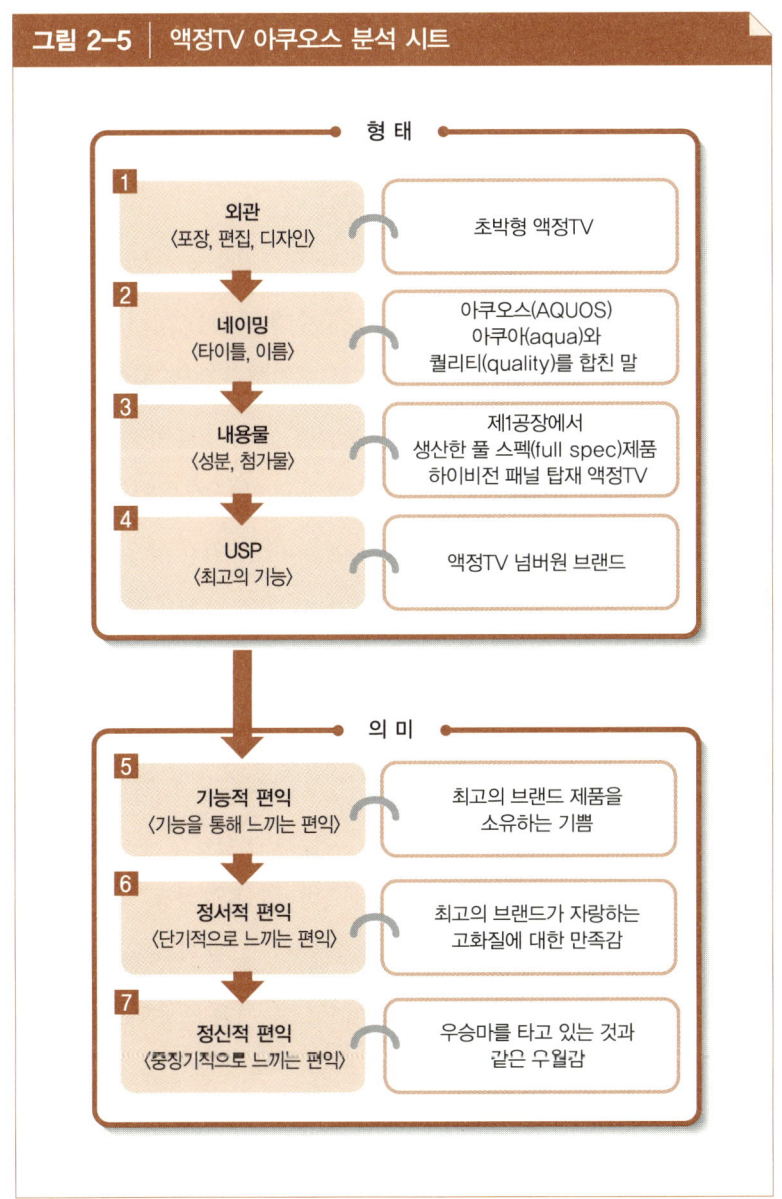

2장 • 히트 상품은 이렇게 다르다　79

구매하지 않는다. 그러므로 세 가지 편익을 고려해 보면, 기능적 편익은 넘버원 브랜드를 소유하는 기쁨이고, 정서적 편익은 넘버원 브랜드를 통해 실감할 수 있는 고화질의 만족감이며, 정신적 편익은 '우승마를 타고 있는 것과 같은 우월감'이 된다.

분명히 혁신 수용자라면 액정 기능이나 월드컵축구 시청 등의 이유 때문에 구입할지도 모른다. 그러나 대중층에 가까운 초기 수용자는 비싼 액정TV를 그런 단순한 이유만으로 구입하지 않을 것이다. 순간적으로는 '넘버원 브랜드를 소유할 수 있다', '역시 넘버원은 화질이 다르다'는 편익을 느끼겠지만, 거기서 한걸음 더 나아가 액정TV를 가지고 있는 주위 사람들에게 의견을 물어본 다음, "역시 샤프사의 액정TV를 가지고 있는 사람은 우월감에 빠져 있다"는 사실을 확인해야 구입하기로 결정할 것이다. 기능적, 정서적 편익뿐만 아니라 정신적 편익까지 피부로 느껴야 구입하게 된다.

이러한 히트 요인은 휴대전화 au의 히트 사례와 매우 비슷하다. au는 다양한 기능을 거듭 선보이며 소비자들의 우월감을 부추겼다. 우월감에 반응한 사람들은 젊은이들이었으며, 그들은 기능·사양·브랜드와 같은 기능적·정서적 편익을 실감하면서도 우월감(=정신적 편익)도 실감하여 제품을 수용하였다. 휴대전화를 처음 소유하는 그들은 기능적 편익보다는 오히려 정신적 편익을 선택 기준으로 삼았다. 이로써 au는 젊은이들에게서 압도적인 지지를 받아 크게 히트할 수 있었다.

〈그림 2-6〉은 '로케이션프리'의 히트 요인을 분석한 도표다. 로케이션프리는 소니의 네트워크 대응 베이스스테이션(TV튜너)이다. 실내에서는 무선랜, 실외에서는 인터넷에 접속하여 PC와 PSP로 디지털 방송이나 AV기기의 동영상 등을 볼 수 있다. 또한 HDD레코더에 녹화한 TV프로그램 등을 외부 또는 외국에서 볼 수 있다.

2005년 10월부터 판매하기 시작했는데, 판매 가격은 33만원 안팎이었다. 이후 3개월 동안, 생산 계획으로 잡은 1만 대보다 5배 많은 5만 대를 팔았다고 한다. 공장은 증산체제를 갖추고 있지만 공급이 수요를 따라가지 못하는 상황이 계속되고 있다.

로케이션프리는 PSP를 가지고 있고, 언제 어디서나 자기 집에 있는 동영상 콘텐츠와 TV를 보고 싶은 사람들이 구입하고 있다. 따라서 단순한 휴대용TV와는 뚜렷하게 구분되는 맞춤형 개인 방송국이다. 소니의 로케이션프리 사이트에 있는 개인 블로그를 보면, 회사, 해외 출장지 등 다양한 사용 화면이 소개되고 있다. 여기에서 자신이 녹화해 두었지만 겨를이 없어 보지 못했던 영상 콘텐트 등을 마치 자신의 방에 있는 것처럼 그 자리에서 보는 것이다.

로케이션프리를 그냥 얼핏 보고선 '가지고 다닐 수 있는 소형TV'라 여기면, 표면적인 것밖에 보이지 않는다. 로케이션프리의 USP인 '평소 같으면 시청할 수 없는 장소에 자신의 AV기기를 가지고 갈 수 있다'는 사실을 고려하면, 기능적 편익은 '평소 시청할 수 없는 장소에서 자신이 보고 싶어서 녹화해 둔 영상 콘텐트를 볼 수 있다'가 된다.

그림 2-6 | 로케이션프리 분석 시트

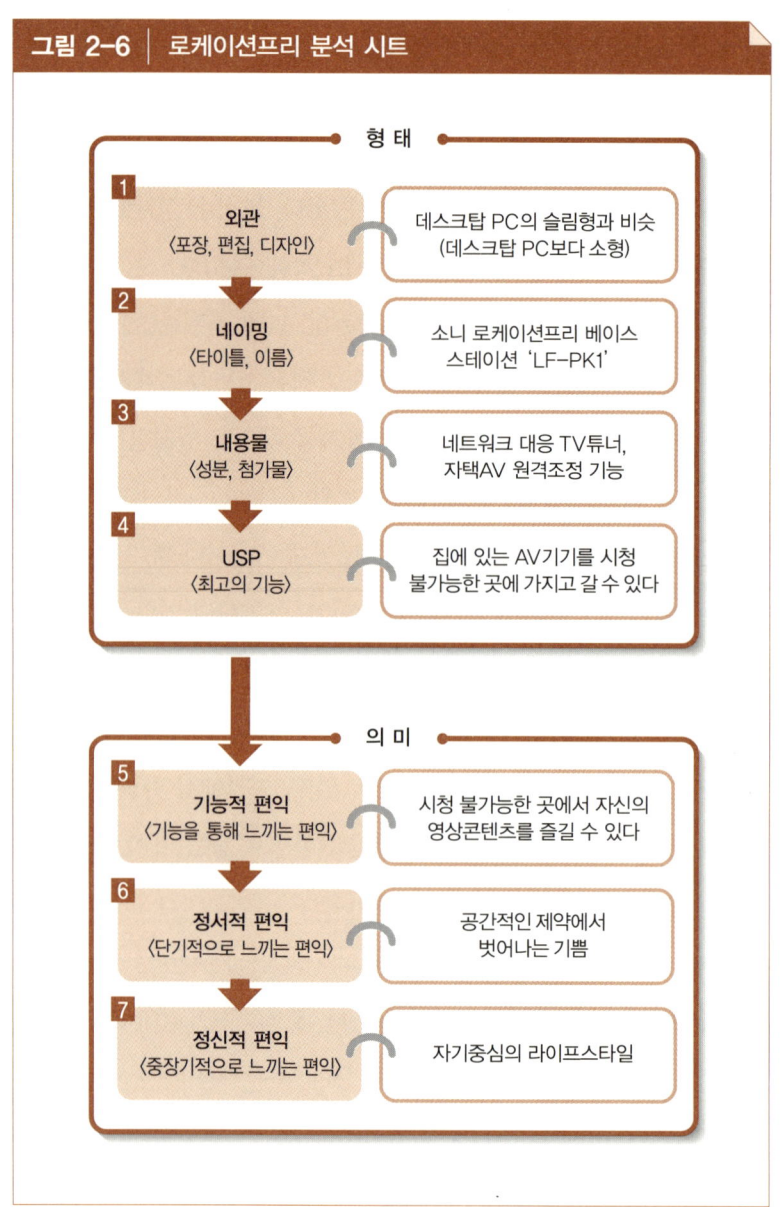

82

이것이 가능해지면, 해외 출장을 갔을 때 알아듣지도 못하는 TV를 그냥 봐야만 하는 고통에서 벗어나 자신이 보고 싶은 것을 볼 수 있다. 이를 바꿔 말하자면 구속 공간에서 해방되는 기쁨이라 할 수 있다 (정서적 편익).

그리고 그 정서적 편익을 쭉 누릴 수 있게 된다. 단지 한 번의 해외 출장뿐만 아니라, 앞으로 쭉 외국에 있더라도 자신이 보고 싶은 영상 콘텐트를 볼 수 있기 때문이다. 거기서 느끼는 정신적 편익은 자기중심의 라이프스타일이다. 즉, 장소라고 하는 제약을 없앤 것이 로케이션프리의 히트 요인이라 할 수 있다.

로케이션프리의 히트 요인은 HDD레코드와 PSP의 히트 요인과 비슷하다. 여기서 우리는 현대인들이 시간을 합리적으로 사용하고 싶어 하는 강한 욕구를 갖고 있음을 잘 알 수 있다. 최근의 히트 상품에는 이처럼 '시간의 합리화'가 많이 작용하므로 그것을 응용하면 히트 상품을 낳을 확률이 높아질 것이다.

〈그림 2-7〉은 '매일매일 DS 두뇌 트레이닝'의 히트 요인을 분석한 도표다. '매일매일 DS 두뇌 트레이닝'은 간단한 계산과 문장 낭독을 하여 두뇌에 효과적인 자극을 줄 수 있는 닌텐도 DS전용 게임소프트웨어다. 난이도가 적절한 편이며, 1회당 게임 시간이 짧기 때문에 회사나 학교에 오갈 때 짬을 이용해 가볍게 두뇌를 단련할 수 있다.

2005년 5월부터 판매하기 시작했으며 가격은 28,000원이었다. 도호쿠대학 미래과학기술 공동연구센터 교수인 가와시마 류타 씨가 감

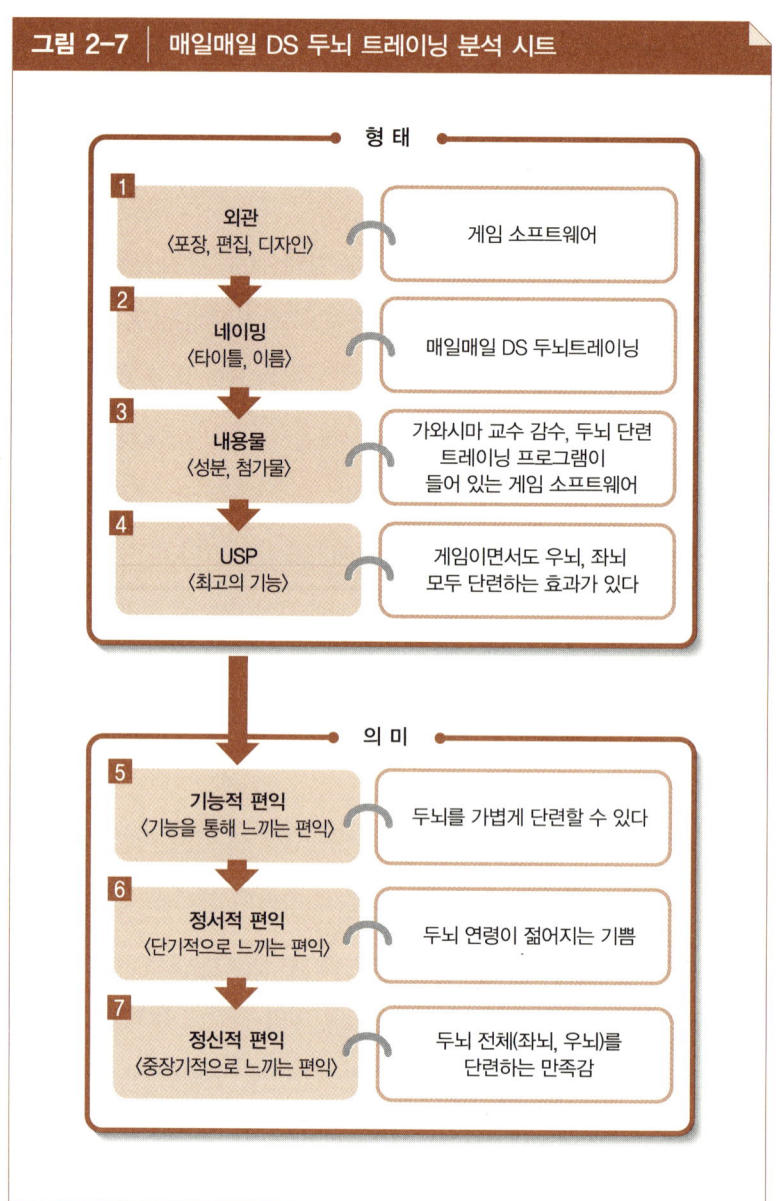

그림 2-7 | 매일매일 DS 두뇌 트레이닝 분석 시트

수했다. 미디어 크리에이트사가 조사한 2006년 7월까지의 누적 판매 대수를 보면, '매일매일 DS 두뇌 트레이닝'이 250만 개, '두뇌를 더욱 단련하는 DS트레이닝'이 270만 개에 이르렀다. '매일매일 DS 두뇌 트레이닝'이 나온 후 두뇌활성화 관련 상품들이 잇따라 나온 만큼, '매일매일 DS 두뇌 트레이닝'은 이 분야의 선두주자라 할 수 있다.

일본의 경우 휴대용 게임기인 닌텐도DS의 누적 출하 대수가 570만 대(2005년 말 기준)인 점을 고려하면 닌텐도DS를 가지고 있는 사람의 50% 이상이 '매일매일 DS 두뇌 트레이닝'을 구입한 셈이 된다. 또 이 상품을 구입하는 사람들 가운데 3분의 1이 35세 이상 되는 성인들로서 그때까지 게임에는 흥미를 지니지 않았던 연령층이었다. 가볍게 두뇌 연령을 체크하고 싶거나, 두뇌를 단련하고 싶은 사람들이 구입하고 있다. 그 밖에도 자녀가 정년퇴직한 부모에게 사주는 경우도 많았다.

'매일매일 DS 두뇌 트레이닝'의 USP는 '우뇌, 좌뇌 모두 골고루 단련할 수 있다'는 것이다. 그때까지 나온 상품들을 보면 오로지 좌뇌만을 활용하는 것, 우뇌만을 활용하는 것이었지만, '매일매일 DS 두뇌 트레이닝'처럼 두뇌 전체를 단련할 수 있는 상품은 없었다. 그리고 USP로부터 도출되는 기능적 편익은 '두뇌를 가볍게 단련할 수 있다'이다. 두뇌 트레이닝의 결과는 즉시 수치화되어 나타나므로 '자신의 두뇌 연령이 젊어진다'는 것을 실감할 수 있다. 이것이 정서적 편익이다. 또 두뇌 트레이닝을 계속함으로써 '두뇌 전체를 단련하고 있다는 만족감'을 맛볼 수 있다. 게다가 자신의 두뇌가 단지 젊어진다는 것에 그치지 않고 활성화되고 있다는 정신적인 만족감도 생긴다. 일본에서 예전에 히트했던 '헤이세이 교육위원회'라는 TV프로그램 역시 그냥 재미있다는 것만이 아니고 그 프로그램을 보고 있으면 두뇌 활성화가 된다고 여기는 것과 똑같은 이치다.

〈그림 2-8〉은 '후와린카'의 히트 요인을 분석한 도표다. 후와린카는 크라시에사가 2005년 8월에 선보인 기능성 과자다. 향기 성분이 입속과 소화관에 흡수되어 땀샘에서 장미 향기와 바닐라 향기를 낸다. 이것은 마늘을 먹으면 몸에서 마늘 냄새가 나는 것과 똑같은 원리다. 후와린카는 사람의 땀샘에서 나오기 쉬운 게라니올, 리날로올, 바닐린이라는 '달콤한 향 성분'을 배합한 것이다. 먹고 나서 1~3시간 내에 향기가 나기 시작하며 두 시간 정도 향기가 지속된다.

경쟁상품은 8×4, 개츠비, 시브리즈 등의 방취제, 브레스케어, 브레오 등의 구취 예방과 구강 청결제 등이 있다. 당초 고객은 10~40대 여성들이었지만, 점차 중년 남성들에게도 확산되고 있다. 이런 고객들의 주된 선택 기준은 '손쉽고 부담 없이 할 수 있고, 다른 사람들이 모르게 사용할 수 있다는 일석이조'인 점을 들 수 있다.

'후와린카'는 '몸내보다는 오히려 나이가 들면서 나는 냄새와 겨드랑이에서 나는 냄새 때문에 고민하는 사람들이 먹으면 좋은 냄새가 난다'는 점이 편익이다. USP가 '향기를 발산한다'이므로 기능적 편익은 '몸에서 달콤한 향기가 나게 된다'이다. 따라서 몸내를 손쉽고

그림 2-8 | 후와린카 분석 시트

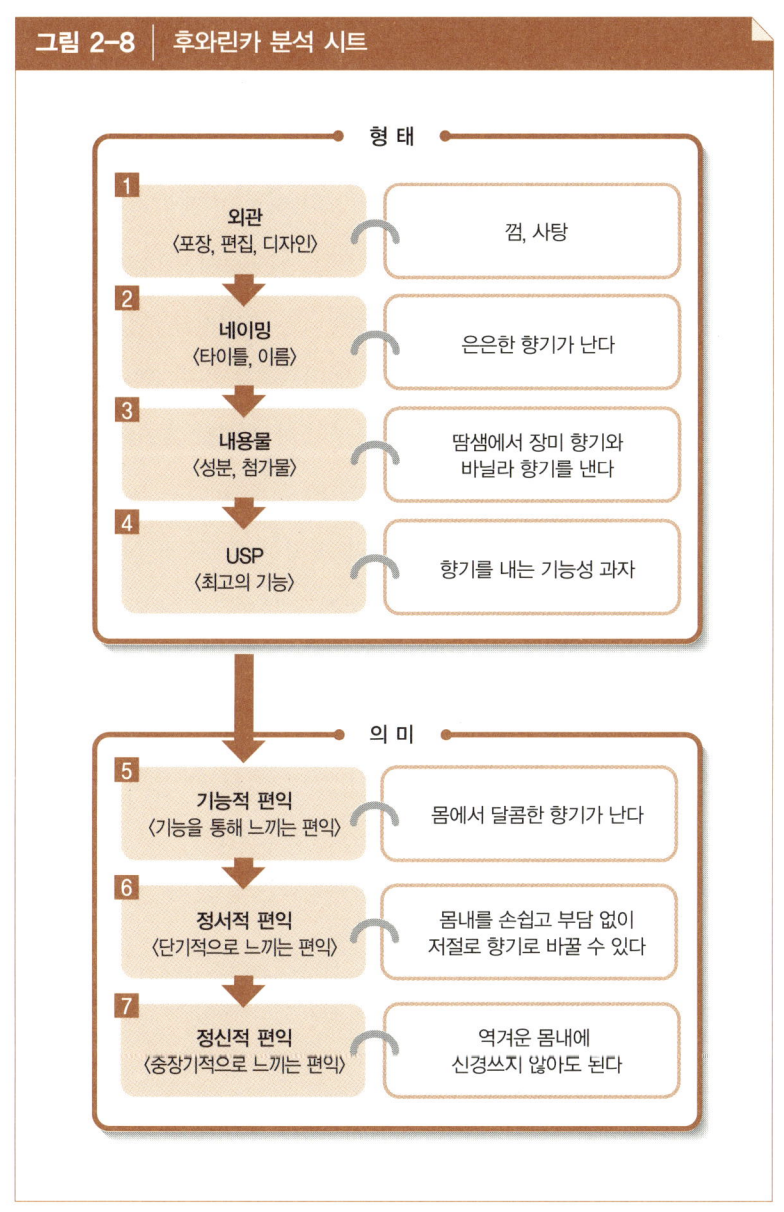

2장 • 히트 상품은 이렇게 다르다 87

부담 없이 저절로 향기로 바꿀 수 있다(정서적 편익). 이것이 과자를 먹는 것만으로 지속될 수 있다면 역겨운 몸내에 신경쓰지 않아도 된다(정신적 편익). 이것이 히트 요인이다.

'후와린카'는 초히트 상품인 페브리즈의 히트 요인과도 비슷하다. 페브리즈는 구린 냄새가 나는 방에 향기를 내는 것이 아니라, 방에 배여 있는 구린 냄새를 근본적으로 없애버리는 것이다. 후와린카 역시 구린 냄새가 나는 몸에 화장수를 뿌려 얼버무리는 것이 아니라, 몸 안에서 나오는 냄새를 향기로 바꾼다. 이것이 바로 히트 요인이 되었다.

〈그림 2-9〉는 '미쓰비시 아우트랜더'의 히트 요인을 분석한 도표다. 아우트랜더는 미쓰비시자동차의 '본격적인 온로드 SUV'다. 닛산자동차의 세레나와 혼다자동차의 스텝웨곤 등으로 대표되는 미니밴과 비슷한 합리적인 가격대이며 SUV의 실용성뿐만 아니라 이미지까지 새롭게 하는 날렵한 주행을 자랑한다.

다임러클라이슬러와 공동으로 개발했으며, 2.4*l* 4기통의 소형경량 올 알루미늄 엔진, 6단 스포츠모드[4] 부착 무단변속기CVT[5], 신개발 4륜구동4WD시스템을 채택했다. 좌석은 5인승 또는 7인승을 선택할 수 있다.

---

[4] 수동 변속기처럼 운전자의 의도대로 체인지레버를 이용하여 변속하는 기능.
[5] 도로 상황에 따라 연비효율이 가장 좋은 속도를 선택하도록 고안한 자동 변속장치.

그림 2-9 | 아우트랜더 분석 시트

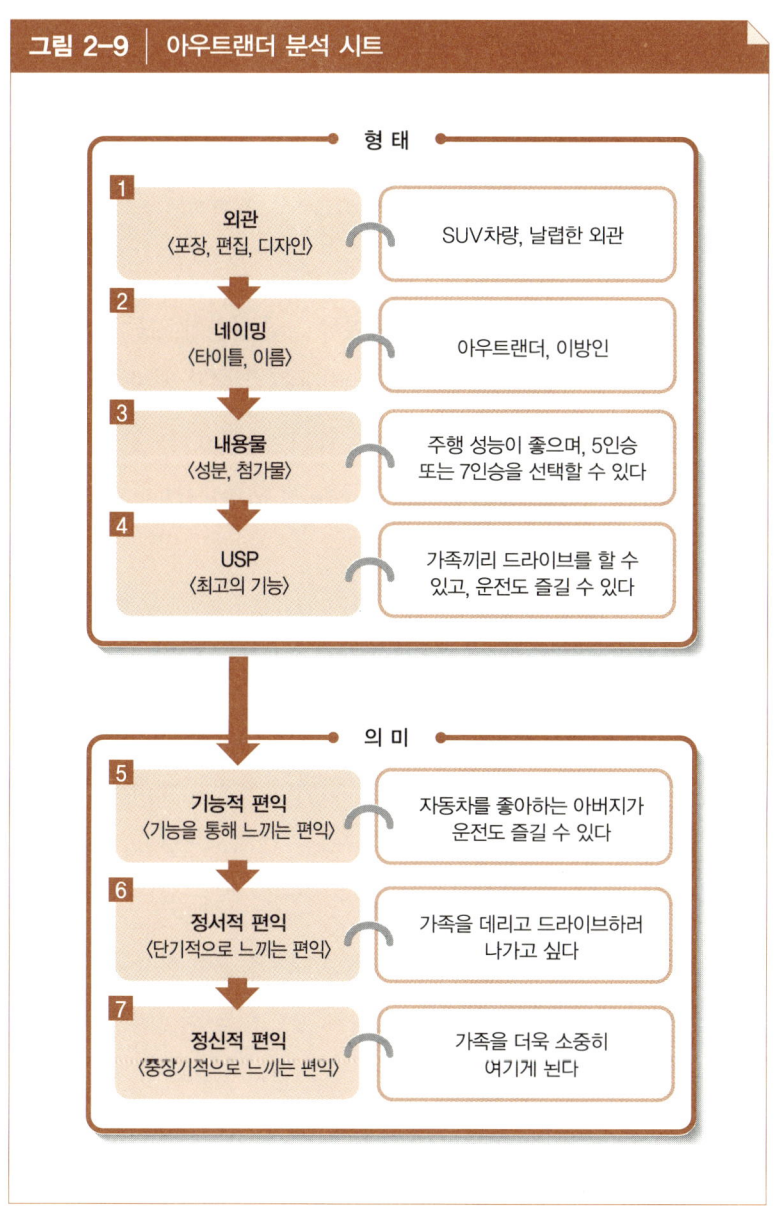

2장 • 히트 상품은 이렇게 다르다

경쟁 차종으로는 도요타의 RAV4, 스즈키의 에스쿠도, 닛산의 엑스트레일, 혼다의 CR-V, 후지의 포레스터 등이 있을 정도를 시장에서 치열한 경쟁을 벌이고 있다. 아웃랜더 고객은 30대 가장으로서 자동차 애호가이며 운전을 즐기는 사람이다. 주된 선택기준은 외관, 주행 상태, 좌석수이다.

그때까지는 가족끼리 드라이브나 운전을 즐길만한 자동차가 없었다. 그렇지만 아웃랜더는 많은 사람을 태울 수 있을 뿐만 아니라 단연 승차감이 좋은 자동차이며, 가족을 데리고 다닌다는 것과 자신의 운전 욕구를 충족한다는 것을 동시에 실현할 수 있었다. 이것이 아웃랜더의 USP다.

또 USP로부터 도출되는 기능적 편익은 '자동차를 좋아하는 아버지가 운전도 즐길 수 있다' 이다. 그때까지는 가족 서비스라 하면 운전을 즐기고 싶은 아버지는 참아야만 했지만, 아웃랜더의 등장으로 자신도 운전을 즐길 수 있게 되었다. 그렇게 되면 가족을 데리고 더욱 더 드라이브하러 나가고 싶어진다(정서적 편익). 나아가 그것이 언제라도 가능하게 되면 가족을 보다 소중히 여기고 있다고 실감할 수 있다. 가족을 소중히 여기고 있다는 실감보다도 더 큰 정신적 편익은 없다. 얼핏 보면 자신의 운전 욕구 충족이 히트 요인으로 여겨지지만, 실은 '자신의 운전 욕구가 충족됨으로써 가족을 보다 소중히 여기게 된다'는 것에 히트 요인이 있었다.

〈그림 2-10〉은 '우콘의 힘'의 히트 요인을 분석한 도표다. '우콘의

그림 2-10 | 우콘의 힘 분석 시트

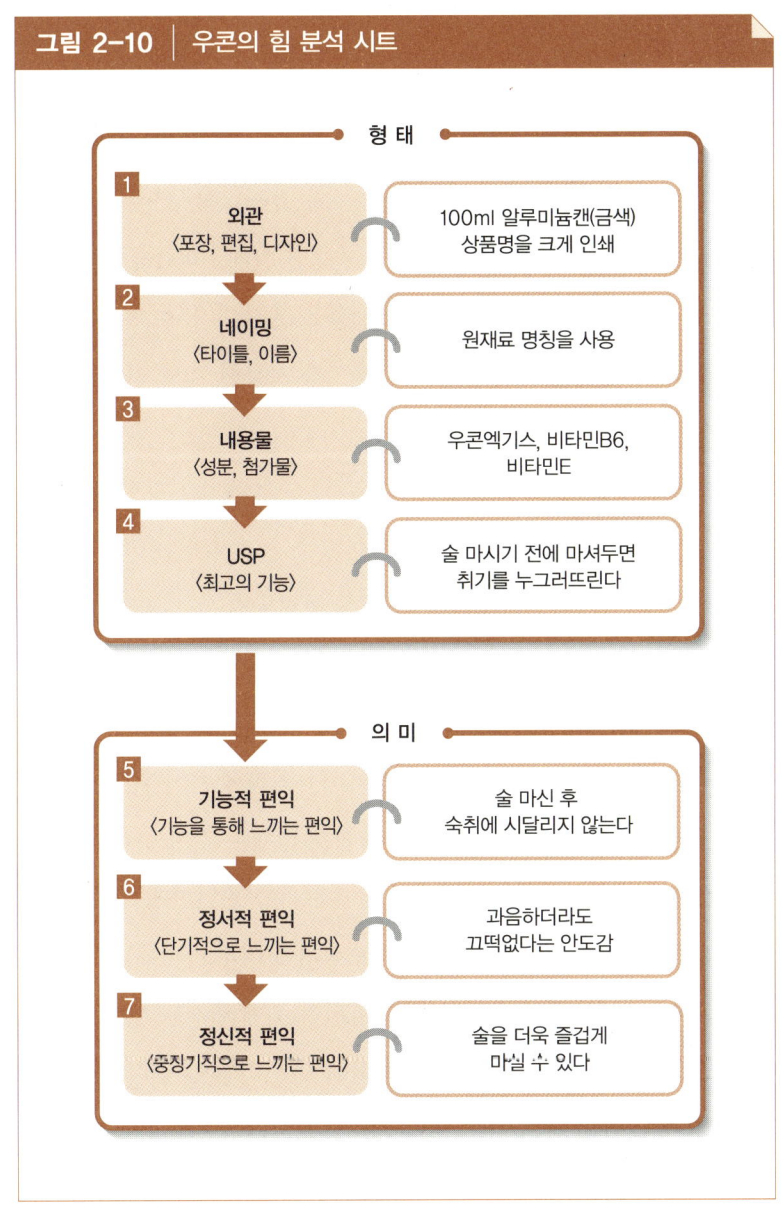

'힘'은 2005년 10월 하우스식품이 판매하기 시작한 상품으로 커큐민 curcumin을 많이 포함하는 우콘엑기스 turmeric, 비타민B6, 비타민E가 들어 있다. 우콘 특유의 쓴맛이 없으며, 상큼하면서도 부드러운 맛이 난다. 술 마실 기회가 많은 남성들이 즐겨 찾았는데, 2004년 송년회 시즌에 크게 히트했다. 판매를 시작한지 1년 만에 1,000억 원대 되는 우콘 시장에서 35% 즉, 350억 원의 매출을 올렸다. 유효 성분을 보존하기 위해 자외선을 차단하는 특수 용기를 사용한 것도 커다란 장점이었다.

경쟁 상품으로는 세사민E플러스, 우콘차, 굴 엑기스 등을 들 수 있다. 고객은 20~40대의 술 마실 기회가 많은 샐러리맨들이며, 주된 선택기준은 '마시기 쉽고, 효과가 빠르며, 언제든지 살 수 있다(편의점에서 살 수 있음)'는 것이다.

'우콘의 힘'이라는 상품을 '술 마실 기회가 많은 시기를 무사히 넘기기 위한 상품'으로 여긴다면, 개스터10솔맥과 같은 숙취 제거 상품과 구분할 수 없다. '우콘의 힘'은 숙취를 없애는 것이 아니라, 술을 마시기 전에 '우콘의 힘'을 마셔두면 술자리를 편안하게 보낼 수 있다는 컨셉이다. 즉, 나중을 대비하는 보험처럼 여겨 마셔두는 것이다.

따라서 '우콘의 힘'의 USP는 '술 마시기 전에 마셔두면 취기를 누그러뜨린다'이다. 술 마시기 전에 우유를 마시면 술에 취하지 않는다든지, 두부를 먹으면 좋다는 이야기는 들었지만, '우콘의 힘'만큼 효과가 있는 것은 없었다.

이것을 형식지로 바꾼 것이 무엇보다 훌륭했다. USP로부터 도출되는 기능적 편익은 '술 마신 후 숙취에 시달리지 않는다'이다. '우콘의 힘'이 있으므로 '과음하더라도 끄떡없다'는 안도감을 느낄 수 있다(정서적 편익). 그 다음 얻게 되는 정신적 편익은 '술을 더욱 즐겁게 마실 수 있다'이다. 과음한 다음 날 닥쳐올 괴로움과 회식의 즐거움을 참아야 하는 괴로움에서 벗어나지 못해 고민하고 있었던 차, '우콘의 힘'이라는 상품이 등장했기 때문에 히트한 것은 당연했다.

〈그림 2-11〉은 '동백나무'의 히트 요인을 분석한 도표다. 동백나무는 '일본 여성들은 아름답다'를 컨셉으로 2006년 3월 선보인 시세이도사의 헤어케어 브랜드다. 머리 본래의 아름다움을 더하는 '고농축 동백나무기름 EX'를 섞었으며 동백꿀 냄새가 난다.

일본의 헤어케어 시장 규모는 40조 원 규모(후지경제연구소 조사)에 이르며, 카오사, 유니레버사, P&G사가 시장을 주도하고 있다. 시세이도사는 4위에 머물고 있었지만, 2006년 첫 해에 광고비 450억 원을 투입해 샘플 1,000만 개 이상을 돌리고, 인기 여배우 여섯 명을 모델로 내세워 TV광고를 내보낸 결과, 판매를 시작한지 5개월 만에 900억 원의 매출을 올렸다. 이는 시세이도사의 연간 매출액과 비슷한 금액이었다. 그리하여 1998년 말부터 샴푸 판매에서 수위를 지키던 '럭스 슈퍼리치'를 제치고 1위에 올라섰다.

가격을 보면 샴푸와 컨디셔너의 경우 550ml 7,000원, 220ml 3,400원, 트리트먼트(200g) 7,000원이었다. 고객은 고등학생부터 30대 중반

그림 2-11 | 동백나무 분석 시트

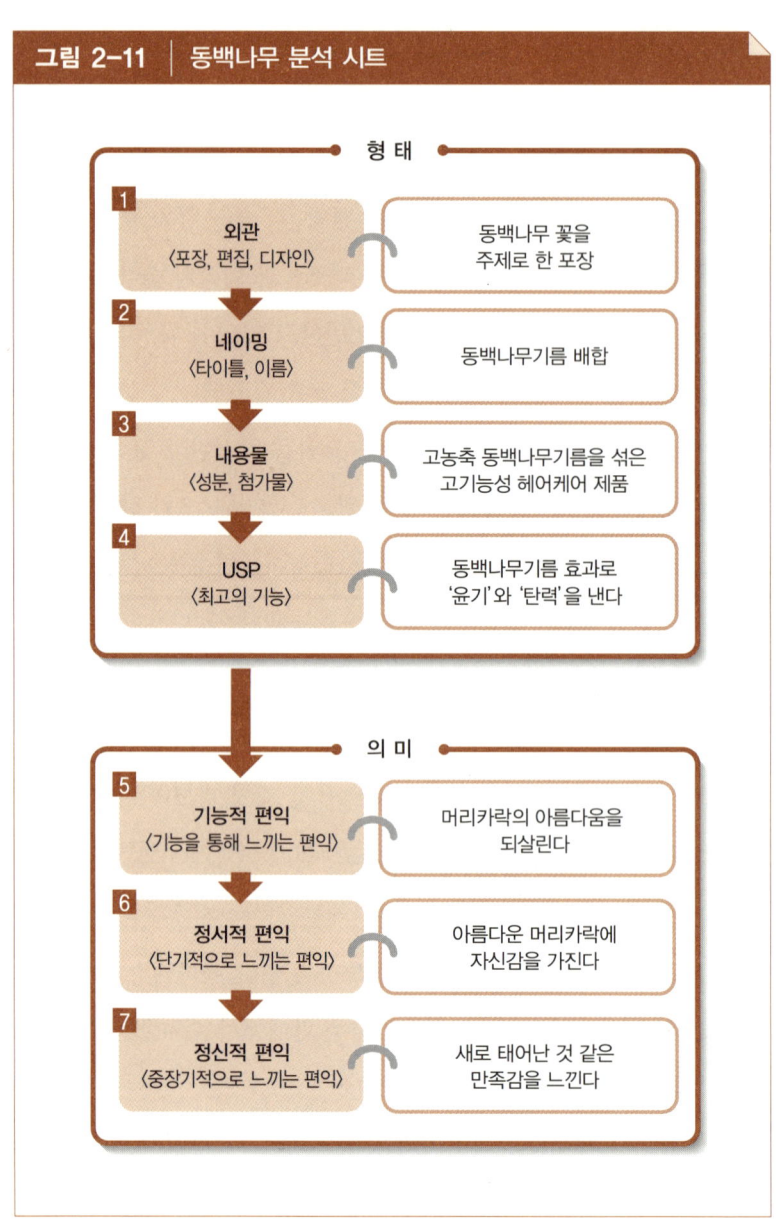

의 여성이었으며, 선택기준은 '머리에 윤기를 내는 것'이었다. 이 상품은 시세이도의 브랜드 통합 방침에 따라 상품군과 고객의 접점을 넓히기 위해 시도한 메가 브랜드 전략[6]의 제4탄으로 선보인 것으로써, 다양한 연령대의 여성을 모델로 기용해 브랜드 개성[7]을 뚜렷하게 나타내고 있다. 타깃은 주로 머리카락이 부스스한 사람들로 이 상품을 사용하면 머리카락이 촉촉해져 머리 세팅을 자유자재로 연출할 수 있다는 점을 내세우고 있다. 이 상품의 USP는 '머리카락의 윤기와 탄력을 낸다'이다. 또 USP로부터 도출되는 기능적 편익은 '머리카락의 아름다움을 되살린다'이다. 그렇게 하면 자신의 아름다운 두발에 자신감을 가질 수 있게 된다(정서적 편익). 나아가 그런 상태가 줄곧 이어지면 새로 태어난 것 같은 기분을 느낄 수 있다(정신적 편익). 즉, 머리카락에 열등감을 느끼고 있는 사람들에게 자신감을 심어주었을 뿐만 아니라 새로운 자신을 표현할 수 있게 했던 것이 히트를 낳았다.

〈그림 2-12〉는 '키즈 휴대전화'의 히트 요인을 분석한 도표다. '키즈 휴대전화'는 NTT도코모가 2006년 3월에 선보인 '아동 배려와 보호'를 컨셉으로 삼은 휴대전화다. 스위치를 위로 당기기만 하면 100데시벨 정도의 경보음이 울리는 '방범 버저 연동 기능', GPS 측위 기

---

[6] 브랜드 관리 방식의 하나로서 연속적인 라인 확장으로 인지도와 판매 규모가 작은 브랜드를 대형 브랜드로 육성하는 장기 전략.
[7] 브랜드의 속성을 인간적인 특성(성별, 연령, 사회계층 등)들로 표현하는 것.

그림 2-12 | 키즈 휴대폰 분석 시트

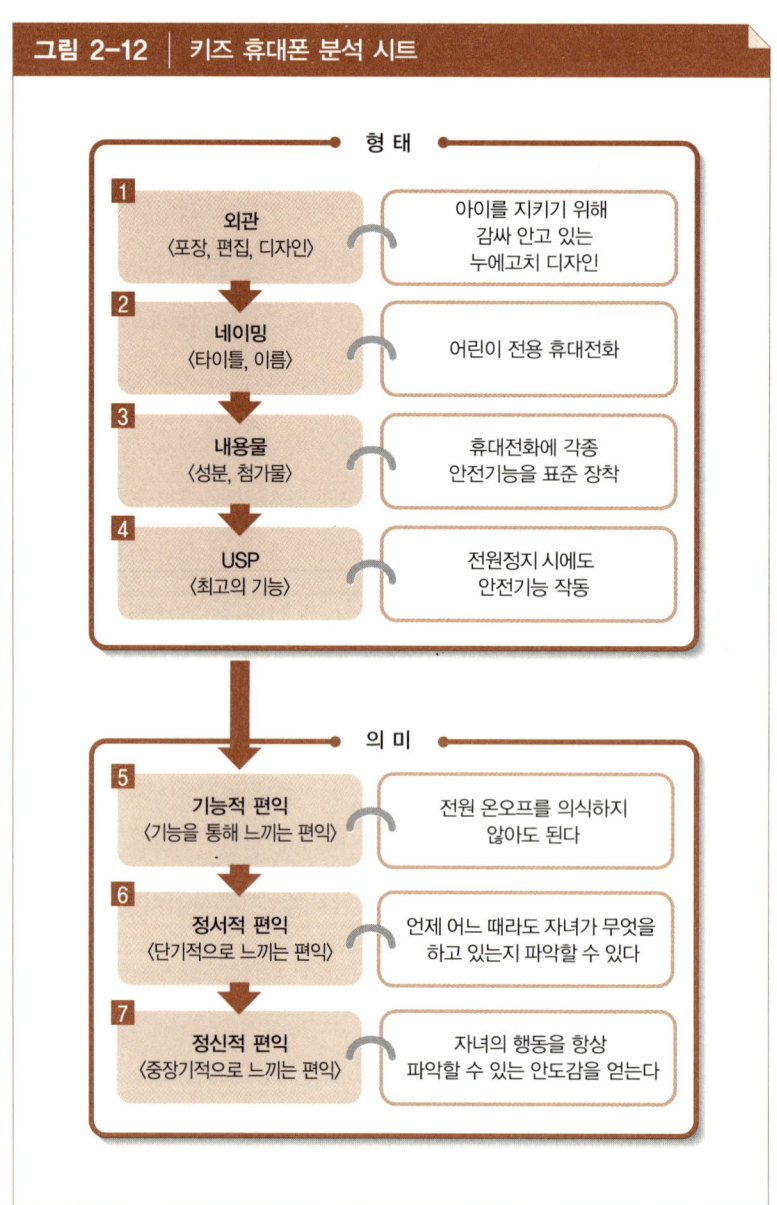

능을 이용하여 전원 정지 시 현재 위치정보를 보내는 '전원 정지 검색 기능', 배터리를 쉽게 떼어낼 수 없는 '배터리 잠금' 등의 보호기능을 탑재하고 있다. 또 메뉴와 매뉴얼을 쉬운 말로 표기했으며, 어린이 전용 콘텐트를 표준으로 등록하는 등 어린이들도 쉽게 조작할 수 있도록 아이디어를 냈다.

경쟁 상품으로는 세콤사의 '코코세콤', KDDI의 '주니어 휴대전화', 윌콤사의 '파피포'가 있지만, 철저한 안전 기능을 갖춘 제품은 '키즈 휴대전화' 뿐이었다. 고객은 자녀의 학교와 학원 등하교에 불안을 느끼는 부모이며, 주된 선택기준은 안전성이었다.

예를 들어 어린이를 유괴한 범인이 전원을 끄더라도 일정한 간격마다 전원이 자동으로 들어와 어린이의 위치 정보를 알려줄 뿐만 아니라 전원이 꺼지자마자 부모에게 메일이 전송되며, 전원을 꺼도 보안기능이 작동하도록 되어 있다. 또 배터리는 전용 공구가 없으면 떼어낼 수 없도록 고정되어 있다.

따라서 USP는 '전원 정지 시에도 보안 기능이 작동한다'는 것이다. 그러므로 부모는 전원 온오프를 의식하지 않아도 된다(기능적 편익). 그러므로 언제 어느 때라도 자녀가 무엇을 하고 있는지 파악할 수 있다(정서적 편익). 이런 상태가 쭉 이어지면 자녀의 행동을 항상 파악할 수 있는 안도감을 얻을 수 있다(정신적 편익). 이와 같이 키즈 휴대전화는 '안전'을 철저히 배려한 것이 히트로 이어졌다.

SKILL OF
POWER CONCEPT

3장

새로운 의미를
부여하라

모방은 다른 상품의 히트 요인을
그대로 이용하는 것이기 때문에
형태를 만들어도 극적인 형태가 되지 않는다.
반면, 히트 요인을 그대로 사용하지 않고
가공을 하면 또 다른 의미가 생겨난다.

1

모방보다 **가공**에 집중하라

이 책에서 주장하는 탁월한 컨셉을 구축하는 방법이란, '어떤 카테고리에 새로운 의미를 설계하고, 그 의미를 변환하여 형태로 만드는 것'이다. 그리하여 만들어진 형태가 '파워 컨셉'이다(〈그림 3-1〉 참조).

여기서 중요한 사실은 ①새로운 의미를 설계하는 것과 ②의미를 변환하는 것이다. 앞서 히트 요인은 정신적 편익과 동일한 것이며, 의미를 좁게 정의한 것이라고 설명했다. 우리는 이러한 히트 요인을 가공함으로써 새로운 의미를 만들 수 있다. 이 장에서는 카테고리의 새로운 의미를 만들기 위해 지금까지 분석했던 히트 요인을 가공하는 방법을 설명하기로 한다.

먼저 히트 요인을 가공해야 하는 이유부터 살펴보자. 2장에서 히트

| 그림 3-1 | 파워 컨셉 |

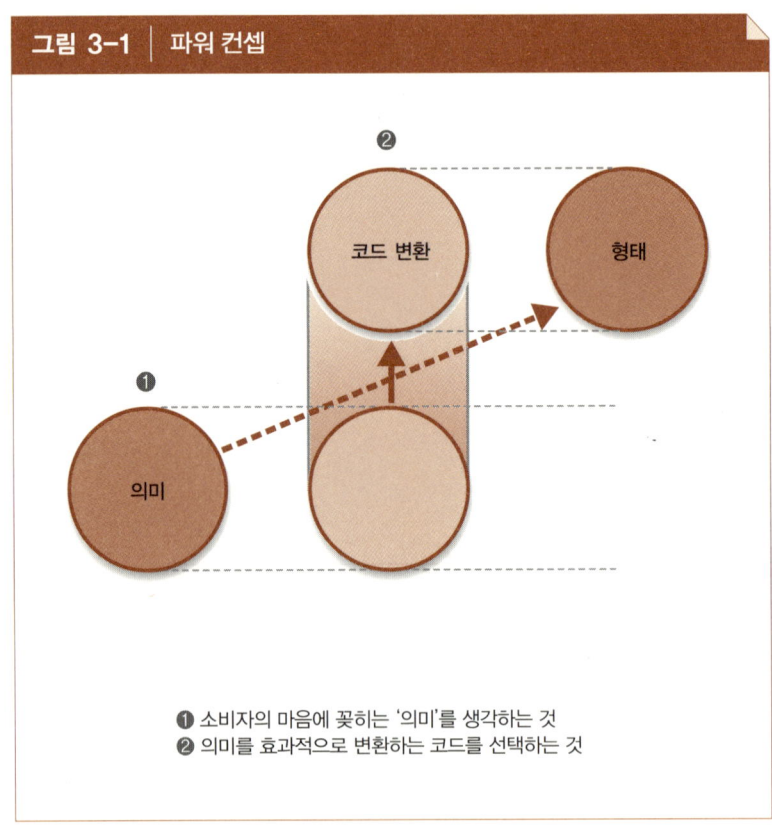

❶ 소비자의 마음에 꽂히는 '의미'를 생각하는 것
❷ 의미를 효과적으로 변환하는 코드를 선택하는 것

상품은 그것을 사용하는 소비자의 행동에까지 영향을 미친다고 설명했다. 그러한 히트 요인을 그대로 사용하여 또 다른 형태를 만들어내는 것도 나름대로 효과적이다. 이것이 소위 모방이라는 것으로 영상, 음악, 기타 모든 분야에서 효력을 발휘하고 있다.

일찍이 어느 TV방송국이 대식가들을 모아놓고 왕중왕을 가리는 대회를 연 적이 있었다. 모두들 인간의 한계에 다가서는 모습을 보고 놀라움을 금치 못했으며, 프로그램은 크게 흥행했다. 이 프로그램의 히트 요인은 '인간의 한계에 다가서는 모습이 자아내는 놀라움'이었다.

그러자 이번에는 타 방송국에서 위 히트 요인을 모방하여 프로그램을 만들었다. 단, 프로그램 형태가 이전보다 훨씬 거창했다. 화려한 세트를 만들고 출연자들에게는 턱시도와 드레스를 입혔다. 즉, 히트 요인은 그대로 두고 형태를 요란하게 꾸며 프로그램을 편성했다. 물론 그 프로그램은 이전 프로그램보다도 더욱 크게 히트했다. 이것이 바로 모방이다.

그러나 모방에 대한 세간의 평가는 낮다. 모방을 하여 제아무리 히트작을 많이 내더라도 뒤에 따라오는 이미지는 별로 좋지 않다. 따라서 우리는 히트 요인을 그대로 모방(〈그림 3-2〉의 상단)하려 하기보다는 새로운 가치를 만드는 가공에 더 집중해야 한다.

〈그림 3-2〉의 하단을 보기 바란다. 하단의 그림은 히트 사례에서 찾아낸 히트 요인을 가공하여 형태화하는 과정을 나타냈다. 상단과 하단에 있는 그림이 어떻게 다른지는 1장에서 소개했던 사례와 연결 지어 생각해보자. 1장에서 'JR 나고야 다카시마야'는 많은 사람들이 왕래하는 역의 히트 요인과 한 곳에서 원스톱 쇼핑을 할 수 있는 백화점의 히트 요인을 결합한 발상이었다.

이러한 역의 히트 요인과 백화점의 히트 요인을 결합하는 가공을 통해 시가지라는 카테고리에 많은 사람들이 한곳에 오래 머무른다는 새로운 의미가 생겨났다. 그 의미를 형식지로 바꿔 만든 것이 〈그림

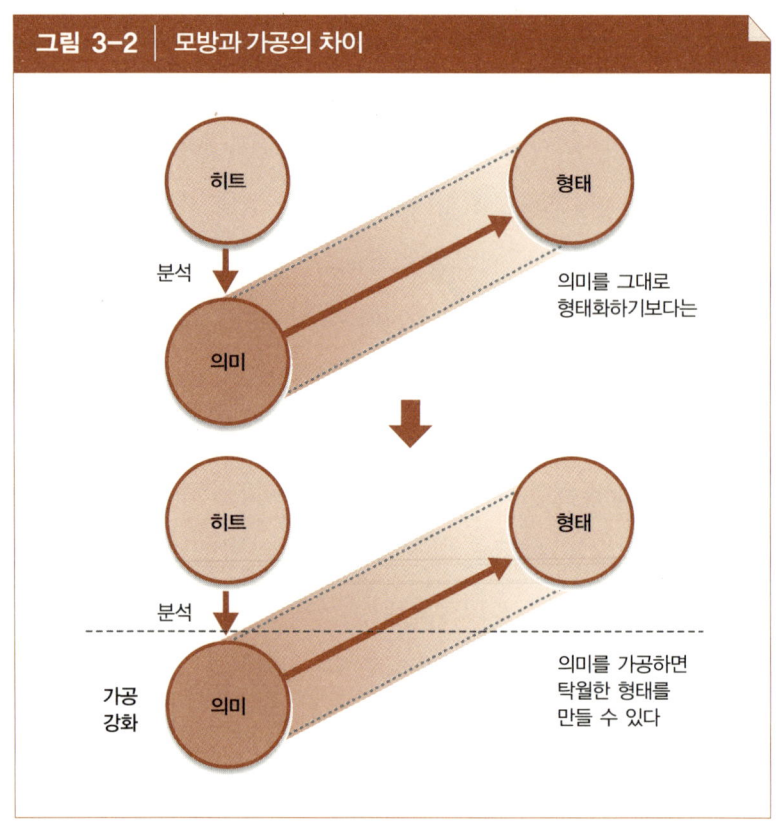

그림 3-2 | 모방과 가공의 차이

3-2〉의 하단에 해당하는 '역내 백화점=JR 나고야 다카시마야'다.

반면, 의미를 가공하지 않고 '많은 사람들이 왕래하는 역의 히트 요인'을 그대로 둔 채, 시가지라는 카테고리에 형태를 만들어보자. 그러면 역시 역을 만들거나, 대형 주차장을 만드는 정도의 선택지밖에 없다. 그렇게 하면 분명히 사람들을 끌어모을 수 있다고 생각하겠지만, 'JR나고야 다카시마야'처럼 시가지의 상권 구조를 바꿔버릴 만한 히트로는 이어지지 않는다.

　이것이 모방과 가공의 차이다. 모방은 다른 상품의 히트 요인을 그대로 이용하는 것이기 때문에 형태를 만들어도 극적인 형태가 되지 않는다. 반면, 히트 요인을 그대로 사용하지 않고 가공을 하면 또 다른 의미가 생겨난다. 방금 언급한 사례에서도 알 수 있듯이 많은 사람들이 왕래하는 역의 히트 요인과 한 장소에서 원스톱 쇼핑을 하는 백화점의 히트 요인을 결합하면 많은 사람들이 한곳에 오랫동안 머무른다는 새로운 의미가 생겨났다. 시가지라는 카테고리에는 결합한다는 의미가 없었으므로 의미를 가공하면 히트할 가능성이 커진다. 'JR 나고야 다카시마'의 경우 의미를 가공했기 때문에 크게 성공할 수 있었다.

2

발상의 전환으로
의미를 창조하는 7가지 방법

이제 의미를 가공하는 방법에 대해 구체적으로 알아보자. 여러분은 아이디어 발상법으로 유명한 알렉스 오스본의 체크리스트를 기억할 것이다(〈표 3-1〉 참조). '오스본 체크리스트'는 상품에 '용도 전환', '응용', '변경', '확대', '축소', '대체', '재배열', '전도', '결합'이라는 구분을 통해 신제품을 개발해야 한다고 주장했다. 즉, 사고의 출발점 또는 문제 해결의 착안점을 미리 정해 놓고 여러 방면에서 아이디어를 얻는 방법이다. '동일한 목적을 달성할 수 있는 또 다른 수단과 방법이 없을까?' 하는 문제들에 대해 구체적인 방향을 제시하는 방법으로서, 교육 현장에서 많이 사용되고 있는 발명의 십계명과 거의 유사한 형태를 이루고 있다.

표 3-1 | 오스본 체크리스트

구분	내용	응용 예
용도전환 put to other uses	• 새로운 용도는 없는가? • 바꾸고 고쳐 다른 용도로 이용할 수는 없는가?	자원 재생
응용 adapt	• 그와 비슷한 것은 없는가? • 예전에 비슷한 것은 없었는가? • 다른 것에서 아이디어를 빌릴 수는 없는가? • 모방할 수 있는 것은 없는가?	전기자동차, 팩시밀리
변경 modify	• 바꿔보면 어떨까? • 색다르게 만들면 어떨까? • 의미·색·움직임·소리·냄새·양식·형태를 바꿔보면 어떨까?	휴대전화
확대 magnify	• 기능을 늘리면 어떨까? • 무언가 더하면 어떨까? • 시간과 횟수를 늘리면 어떨까? • 중복하거나 결합하면 어떨까?	대형 하이비전TV
축소 minify	• 축소하면 어떨까? • 무언가 제거하면 어떨까? • 압축·소형화·분할·제거하면 어떨까? • 얇고, 가볍고, 낮고, 짧게 하면 어떨까?	트랜지스터 라디오
대체 substitute	• 다른 것으로 대체하면 어떨까?(사람·물건·에너지 등) • 다른 방법으로 하면 어떨까? • 다른 프로세스로 하면 어떨까?	금연 파이프
재배열 rearrange	• 요소를 바꾸면 어떨까? • 다른 형태로 하면 어떨까? • 순서를 바꾸면 어떨까? • 원인과 결과를 바꾸면 어떨까?	전자동 조리기
전도 reverse	• 반대로 하면 어떨까? • 뒤집으면 어떨까? • 상하를 거꾸로 하면 어떨까?	거꾸로 된 피라미드
결합 combine	• 결합하면 어떨까? • 조합하면 어떨까? • 단위로 묶으면 어떨까? • 목적을 합치면 어떨까? • 아이디어를 합치면 어떨까?	텔레비전 비디오, 라디오카세트

그림 3-3 확장

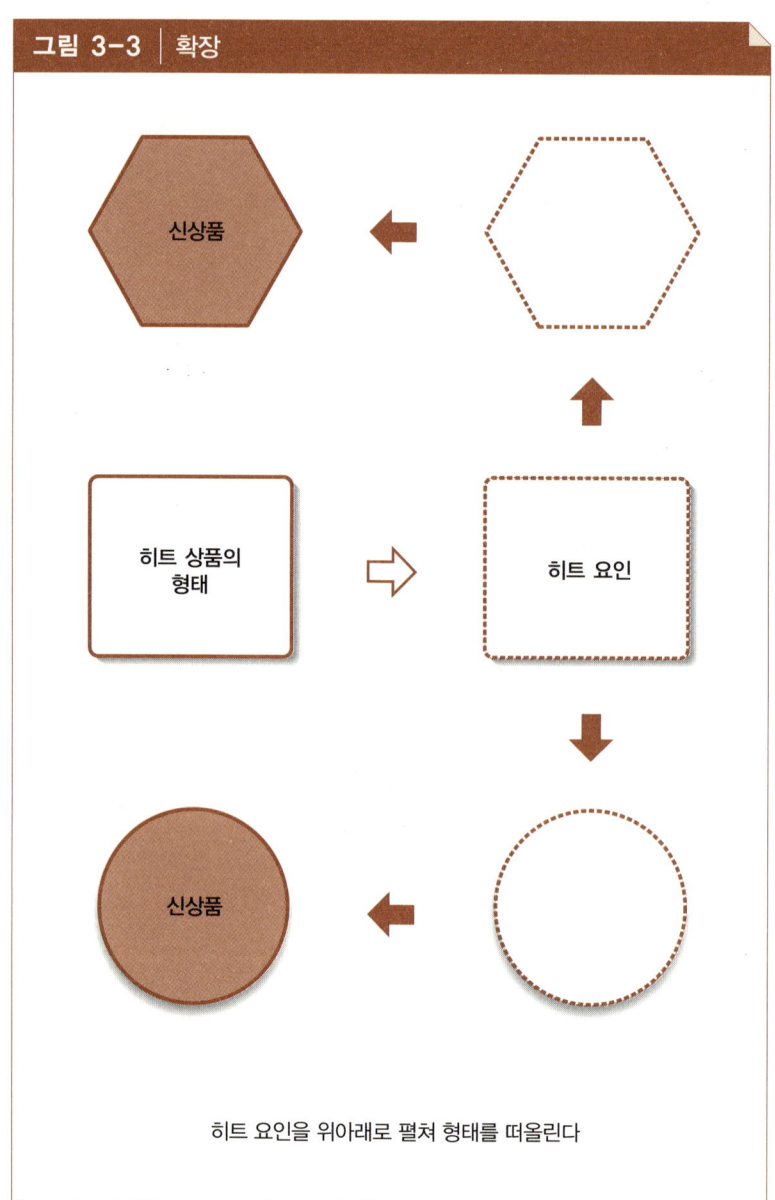

히트 요인을 위아래로 펼쳐 형태를 떠올린다

'오스본 체크리스트'는 어떤 카테고리와 제품에 대해 명확한 지침을 부여할 수 있다는 이점 때문에 아이디어 도구로써 널리 이용되어 왔다. 그러나 그것이 무엇을 대상으로 가름하는지, 상품의 형태인지, 상품의 의미인지, 그렇지 않으면 상품의 가치인지가 분명치 않아 능숙하게 다루지 못하는 사람들도 상당히 많았다. 따라서 '오스본 체크리스트'에 대해 유의할 점은 새로운 아이디어에 폭 넓게 접근하기 위해 이용하는 것이지, 발명 아이디어를 얻는 유일하고 완벽한 방법은 아니며, 어디까지나 발상법의 하나로 이용해야 한다는 것이다.

그러면 이 책에서 주장하는 것처럼 '오스본 체크리스트'의 의미를 가공하여 사용해보면 어떨까? 그렇게 하면 단순한 형태로 짜맞춘 것이 되지 않고, 전혀 새로운 의미를 만드는 체크리스트가 될 것이므로 누구든지 쉽게 이용할 수 있을 것이다. 이 책에서는 '오스본 체크리스트'를 오늘날의 상황에 맞게 일곱 가지 의미의 가공 방법으로 편집하여 소개한다.

❶ 확장

확장이란 히트 요인을 위아래로 펼쳐 형태를 떠올리는 방법이다(〈그림3-3〉 참조). 즉, 히트 요인인 연령층을 위아래로 조금 이동하여 형태를 만드는 발상법이다. 오스본 체크리스트의 '용도 전환', '응용'에 해당한다. 히트 상품의 히트 요인인 대상 연령층을 높이면 어떤 상품이 생겨나고, 낮추면 어떤 상품이 생겨나는지를 생각하는 것이다.

그림 3-4 | 포키의 발상

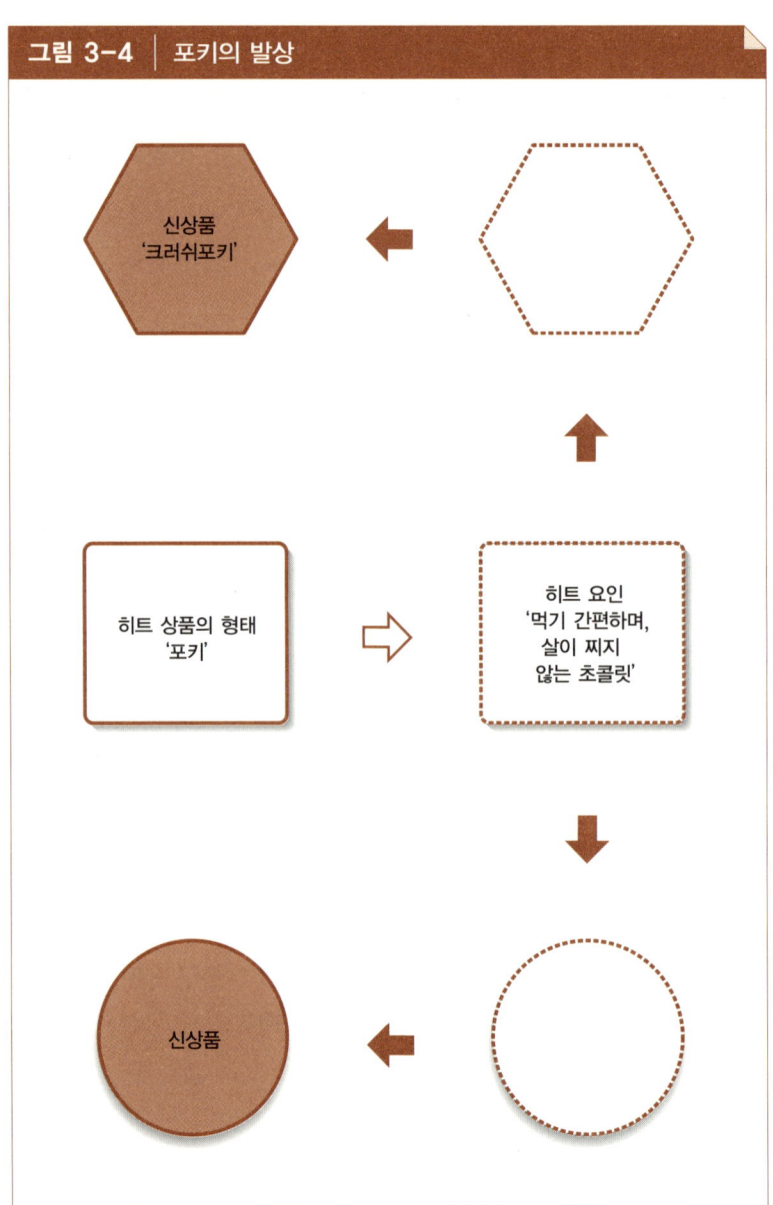

이 발상법은 브랜드 관리 전략을 밑바탕으로 하여 개발한 것이다. 어떤 뛰어난 히트 상품이 생겨나 강한 브랜드힘이 붙은 경우 연령층을 위아래로 넓혀 상품을 개발한다. 이것을 전문적인 용어로 브랜드 확장이라고 한다.

이해를 돕기 위해 구체적인 사례를 살펴보자. 〈그림 3-4〉는 포키라는 상품을 확장한 사례를 나타낸 도표다. 포키는 에자키 글리코사가 1966년부터 판매한 과자다. 포키라는 이름은 과자를 먹을 때 나는 소리인 '폿킨' 이라는 의성어에서 따왔다. 상품 개발을 할 때, 1963년부터 판매했던 프리츠라는 과자에 초콜릿을 입히되, 손을 더럽히지 않도록 초콜릿을 입히지 않은 부분을 손잡이 모양으로 만들었다. 그리고 광고에서는 초콜릿을 즐겨 먹는 모습이 아니라, 초콜릿을 많이 먹으면 살이 찌지만, '이 정도 양이면 신경 쓰지 않고 먹을 수 있는 과자' 라는 사실을 강조했다. 특히 초콜릿은 여성들이 좋아하지만, 살이 찌고 피부가 나빠진다고 여겨 먹고 싶어도 참는 경우가 많았다. 이와 같은 여성들의 심리를 꿰뚫은 상품이 포키였다. '간편하며, 살이 찌지 않는다' 는 히트 요인이 작용해 크게 히트했다. 그리고 포키의 히트 요인을 응용하여 수많은 '확장 상품' 이 생겨났다.

우선 포키의 히트 요인인 대상 연령층을 높여 선보인 상품이 달지 않은 조콜릿으로 만든 아몬드와 쿠키크런치 두 종류의 크러쉬포키였다. 이 상품은 포키의 초콜릿에 예민한 성인층을 대상으로 삼아 그 반응을 거꾸로 이용해 '단맛이 나지 않는 포키=크러쉬포키' 를 만들었다.

그림 3-5 | 투카에스의 발상

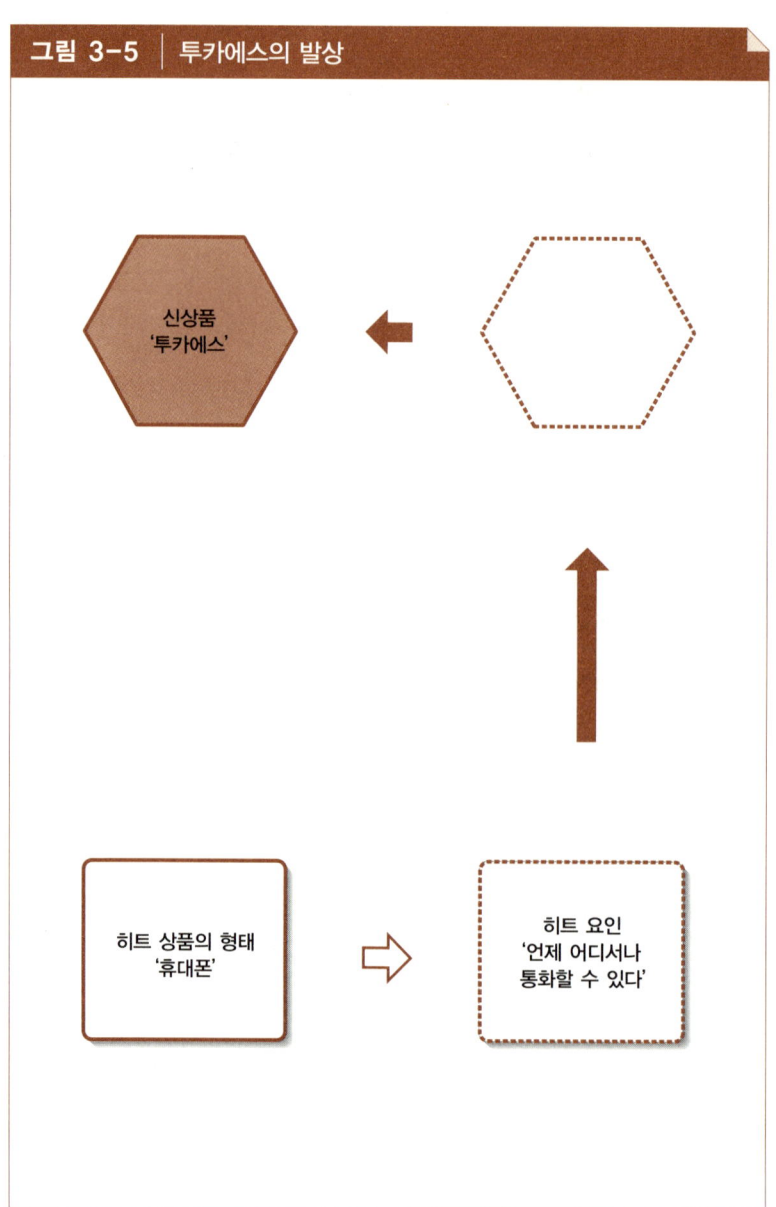

반대로 연령층을 낮추어 좀 더 단맛이 나도록 형태화한 것은 딸기 포키였다. 이쪽은 포키의 편리성에 중점을 두어 '초콜릿을 먹으면 살이 찌고 피부가 나빠지는 것'에 비교적 무관한 어린이들을 대상으로 만들었다. 그 외에도 무스포키, 밀크포키, 멜론포키 등 관련 상품이 많이 나왔는데, 모두 성공을 거두었다. 히트 요인을 올바르게 확장해 상품 개발을 했기 때문이다.

또 하나 실버층에 크게 히트한 '투카에스'를 살펴보자(〈그림 3-5〉 참조). 2004년 11월 판매를 시작한 '투카에스'는 간단한 조작과 통화를 추구한 휴대전화였다. 당시 새로운 기능 추가에만 사활을 걸고 있던 경쟁사와는 달리 '투카에스'는 '설명서가 필요 없을 정도로 간단한 휴대전화'라는 컨셉을 내세워 기능 축소로 승부했다. 대형 숫자 버튼, 통화 버튼, 종료 버튼 외에는 액정화면도 없으며, 전원 버튼은 슬라이드식으로 만들었다. 전파 강도와 배터리 잔량은 LED램프로 표시되는데, 통화 버튼을 눌렀을 때 램프에 불이 들어오면 '양호', 깜박거리면 '약함', 불이 들어오지 않으면 '통화불능 지역' 또는 '배터리 소진'을 의미한다. 최근에는 휴대전화가 통화보다는 이메일 송수신 수단으로 중요시되고 있으며, 또 패킷 통신[8]도 중요한 요소로 평가되고 있다.

---

[8] 여러 명의 발신자가 보낸 데이터를 교환기에서 모은 다음 일정한 길이로 나누어, 받는 쪽의 주소를 붙여 보내는 것.

즉, 휴대전화는 '다양한 커뮤니케이션을 가능하게 한다'는 것이 히트 요인이다.

그렇지만 초기 휴대전화의 히트 요인은 '언제 어디서나 통화할 수 있다'는 것이었다. 지금이야 다양한 커뮤니케이션을 실현하는 상품으로서 자리매김했지만, 주된 가치는 역시 '언제 어디서나 통화할 수 있다'는 것이다. 이에 실마리를 얻어 히트 요인을 실버층으로 옮겨 통화 기능을 제외한 나머지 기능을 전부 없앤 것이 '투카에스'였다. 흔히들 실버층이 유망한 사업이라고 주장하지만, 실버층에 특화한 상품은 극히 적었다. 왜냐하면 기능을 압축하지 않은 어중간한 상품을 만들었기 때문이다. 이에 반해 '투카에스'는 대부분의 기능을 모두 없애 버렸기 때문에 오히려 돋보였다. 동일하게 성공한 상품이 큐비네트의 '10분 커트 만 원'이었다. 보통이라면 샴푸를 해야만 한다든지, 드라이를 하지 않으면 개운하지 않다고 생각하지만, 큐비네트는 커트에만 초점을 두어 '10분 커트 만 원'을 실현했다. 이것도 이발소의 히트 요인인 '머리를 깎는다'는 것을 시니어층과 실버층으로 넓혀 그에 알맞은 형태로 만들었다.

❷ 이동

이동이란 히트 요인을 옆으로 옮겨 형태를 떠올리는 방법이다(〈그림 3-6〉 참조). 예를 들면 외국과 지방에서 히트하고 있는 요인을 들여온다든지, 여성에게 히트하고 있는 요인을 남성에게 적용한다든지, 인

그림 3-6 | 이동

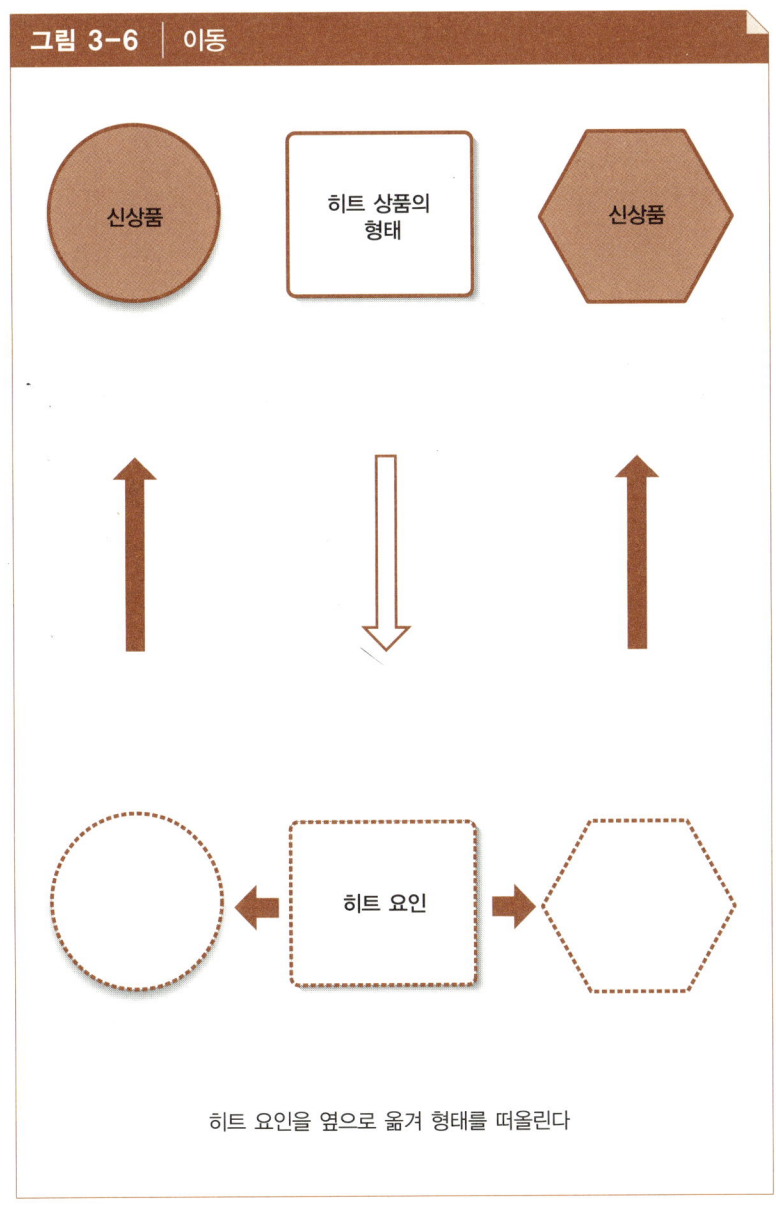

히트 요인을 옆으로 옮겨 형태를 떠올린다

간에게 히트하고 있는 요인을 애완동물에게 적용하는 것이다. 오스본 체크리스트의 '전용', '응용', '변경', '대체'에 해당한다.

일전에 친구가 말하기를, 영국의 한 TV채널에서 느끼한 얼굴을 한 사회자가 출연자에게 부담을 주는 퀴즈 프로그램을 방영했다고 한다. 그 당시 방영되었던 모든 퀴즈 프로그램은 한결같이 얼마나 빨리 대답하느냐가 관건이었지만, 그 퀴즈 프로그램은 정답을 빨리 맞히기보다는 사회자가 가하는 압박을 어떻게 견디면서 정답을 맞히느냐가 핵심이었다(영국에서의 프로그램 명칭은 'Who Whats To Be A Millionaire?').

출연자는 방청객과 친구에게 도움을 받아도 된다. 그렇지만 퀴즈 문제는 지식수준을 경쟁하는 문제보다는 아무리 생각해도 알지 못하는 문제뿐이었다. 그렇게 되면 퀴즈 프로그램 자체의 가치도 변한다. 이 프로그램은 영국에서 1998년부터 방송되었으며, 그 후 미국을 비롯한 세계 각국에서도 그것과 똑같은 프로그램이 방송되었다.

나의 친구도 그런 프로그램을 일본에 도입하면 히트할 것이라고 생각했다. 그리고 관건은 사회자라고 생각했는데, 일본이라면 코미디언 겸 사회자인 미노몬타 씨밖에 없을 것으로 생각했다. 아니나 다를까, 영국에서 방영되었던 그 프로그램은 '퀴즈 백만 달러'라는 이름으로 들여왔으며, 진행도 미노몬타 씨가 맡았다.

그리하여 2004년 4월 20일부터 후지TV에서 방송하기 시작했다. 일본에서는 원칙상 정답을 맞히는데 시간 제한을 두지 않았다. 사회자가 '정답'이라고 외칠 때까지는 몇 번이라도 다시 답할 수 있었다.

| 그림 3-7 | 퀴즈 프로그램 발상

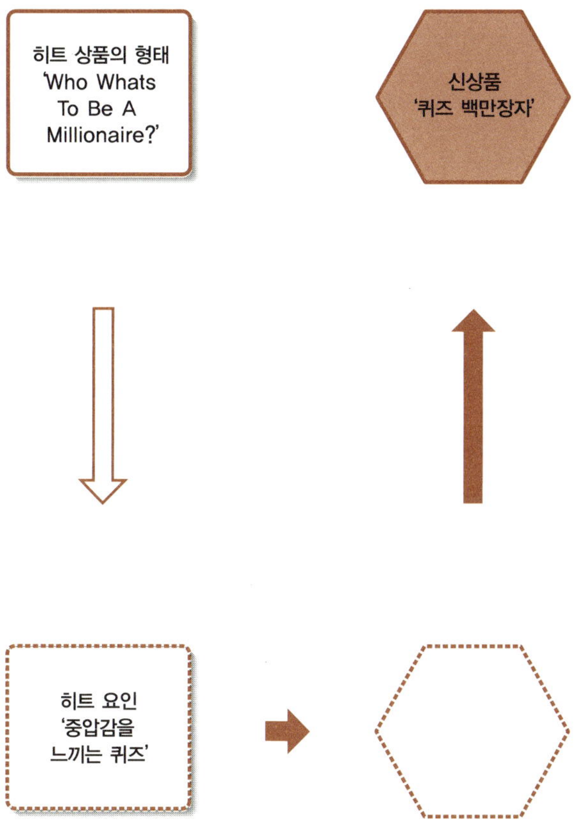

히트 상품의 형태
'Who Whats To Be A Millionaire?'

신상품
'퀴즈 백만장자'

히트 요인
'중압감을 느끼는 퀴즈'

3장 • 새로운 의미를 부여하라

또 틀렸을 때에도 반드시 '틀렸다'고 외쳐야 했다. 정답을 늦게 발표해 출연자를 초조하게 만드는 등 화제를 불러일으켰다.

〈그림 3-7〉은 '퀴즈 백만 달러'를 어떤 식으로 기획하여 방송했는지 그림으로 나타낸 것이다. 영국에서 방송한 'Who Whats To Be A Millionaire?'의 히트 요인은 중압감을 느끼는 퀴즈라는 USP로부터 도출되는데, '중압감을 뿌리치면서 정답을 맞히는 것을 보는 재미'이다. 예전의 퀴즈 프로그램에서는 보지 못했던 새로운 의미였기 때문에, 이 히트 요인이 일본에서도 충분히 통할 것으로 생각했던 TV관계자가 그것을 가져와 형태화했다.

이와 같이 다른 나라에서 히트하고 있는 요인을 가져와, 국내 정서에 맞게 형태화하는 것을 이동이라고 한다. 이동의 경우, 히트 요인은 그대로 둔 채 상황에 맞도록 바꾸는 경우가 많다. 앞의 사례에서 말하자면 느끼한 얼굴을 한 사회자로서 미노몬타 씨를 기용한다는 아이디어다.

과일의 일종인 자몽이 일본에 들어왔을 때도 그랬다. 원래는 그대로 먹는 것이었지만, 일본에서는 설탕을 뿌려서 먹었다. 시큼한 맛의 자몽이 단것을 좋아하는 일본인들의 입맛에는 맞지 않았기 때문이다.

그래서 외국의 경우, 자몽의 히트 요인이 '시큼하여 새로운 맛을 느낄 수 있다'는 것이었지만, 그것을 일본에 들여온 사람은 시큼한 맛이 일본인들에게는 지나치게 새로울 것으로 판단해 설탕을 뿌려 먹는 것으로 형태화했다.

그림 3-8 | 한자 티셔츠 발상

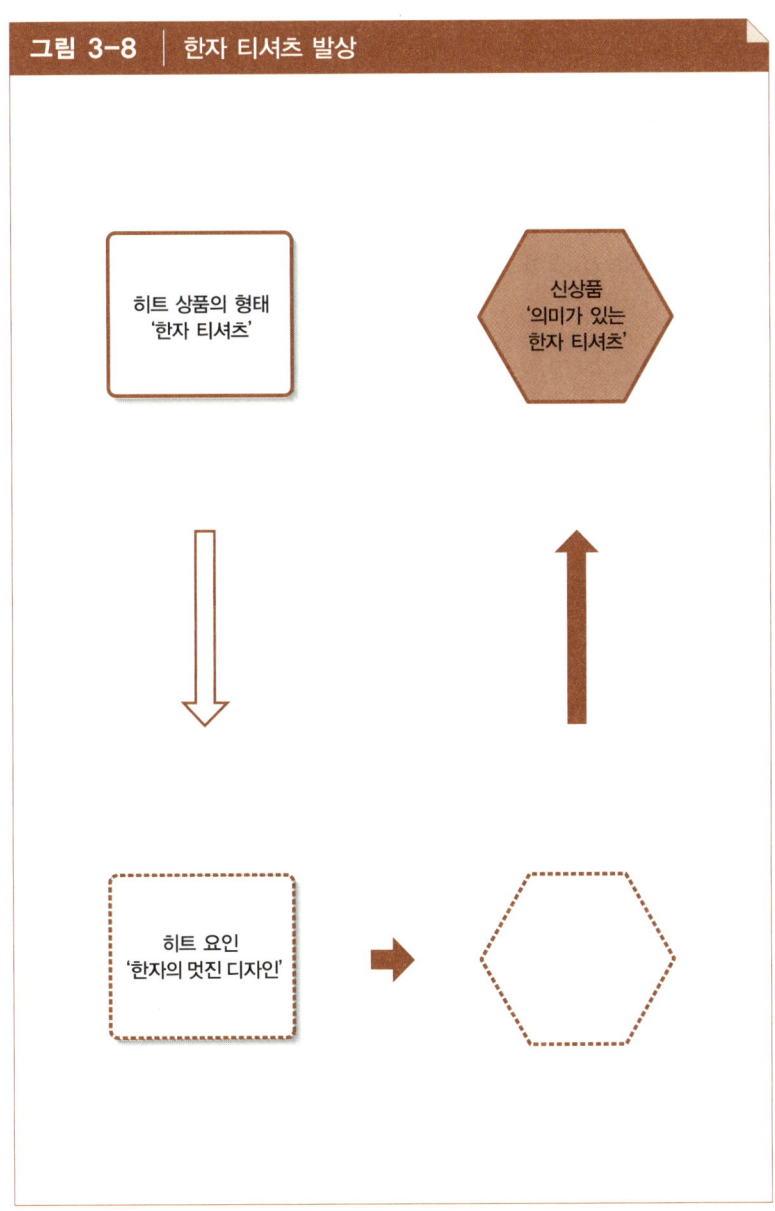

그림 3-9 | 매트릭스 발상법

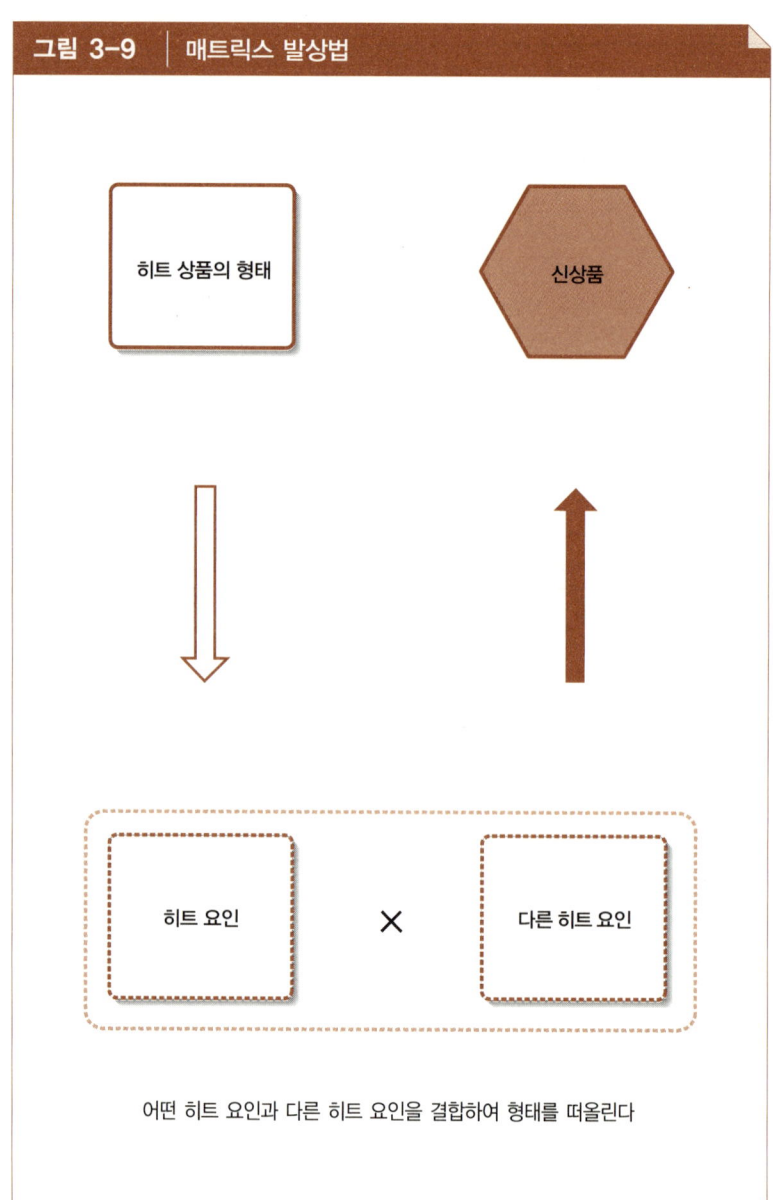

한자 티셔츠의 히트도 이동에 해당한다(〈그림 3-8〉 참조). 1980년대 후반 큰 화제를 불러일으킨 만화영화 '신세기 에반게리온'을 보면 '人類補完計劃(인류보완계획)'이 등장한다. 이것을 디자인한 티셔츠를 입은 젊은이들을 보고 당시에는 너무 새로운 나머지 감탄했다.

그러나 사실 한자 티셔츠는 일본인들이 생각해낸 것이 아니라, 외국에서 히트한 것을 역수입한 것이었다. 한자는 일본인들에게는 익숙한 문자이지만 알파벳 문화권에서 자란 외국인들의 눈에는 동양의 이국적인 디자인으로 비쳤다. 거기서 히트 요인인 '한자의 멋'이 생겨났다. 이 히트 요인을 일본으로 가져와 젊은이들에게 어필할 수 있는 한자를 새긴 결과 크게 히트할 수 있었다.

❸ 매트릭스 발상법

매트릭스 발상법은 어떤 히트 요인과 다른 히트 요인 두 가지를 결합하는 방법이다(〈그림 3-9〉 참조). 오스본 체크리스트의 '결합'에 해당한다. 매트릭스는 원래 수학의 행렬을 가리키는 말이었지만 시간이 지나면서 행과 열, 즉 가로축과 세로축을 결합하여 형태를 떠올리는 것으로 의미가 바뀌었다.

앞에서 언급한 확장과 이동의 경우를 보면 히트 요인은 그대로 살린 상태에서 그것을 움직여 형태를 만들기 때문에 누구든지 손쉽게 생각할 수 있다. 그만큼, 신기할 정도로 참신한 상품이나 사업으로 발전하는 경우가 드물며, 단지 반짝 효과를 올리고 싶을 때 사용하는 경우가 많다. 예를 들면, 반드시 매출을 올려야 할 때, 기존 상품을 남성용으로 바꿔보거나 아동용으로 바꿔보는 등의 조치이다.

반면, 매트릭스 발상법은 어떤 히트 요인과 다른 히트 요인이 결합하기 때문에 전혀 상상할 수 없는 의미를 만들어낼 수 있다. 마치 'JR 나고야 다카시마'가 시가지라는 카테고리에 아주 새로운 의미를 설계했기 때문에 크게 히트했던 것처럼 말이다.

매트릭스 발상법을 적용하여 크게 히트한 사례로서 SNS(소셜네트워킹서비스)인 믹시를 들 수 있다. 믹시는 일본에서 규모가 가장 큰 SNS다. 'mix(교류하다)'와 'I(사람)'을 조합해 만든 말로서 이용자들끼리 사진, 일기, 각종 메시지, 블로그 등을 공유하고 이를 바탕으로 사람들과의 교류를 심화하기 위해 만들어졌다. 이미 가입한 회원에게서 초대를 받지 않으면 서비스를 이용할 수 없도록 되어 있다. 이렇게 함으로써 이용자 각자의 신원이 뚜렷해져 건전하고 안전한 커뮤니티가 조성되어 있다.

누적 회원수는 2007년 7월 기준으로 1,000만 명에 달했으며, 시장 점유율도 86%를 차지하는 등 다른 SNS를 크게 앞지르고 있다. 젊은 이들의 사회 현상으로 불릴 만큼 선풍을 일으켰으며, 2006년에는 히트 상품과 함께 유행어로 선정되기도 했다. 또 일본 최대의 SNS회원 수를 보유하는 만큼 기업들의 광고나 마케팅 도구로도 각광을 받고 있다. 그런 여세를 몰아 2006년 9월 주식 시장에 상장까지 했다. 도대체 무엇 때문에 그처럼 크게 히트했을까?

원래 SNS라는 것은 블로그와 블로그를 연결하는 서비스다. 예를 들면 동영상 제공 사이트인 사이버에이전트사가 운영하는 '아메바블로그일기'라는 개인 홈페이지가 있는데, 거기서는 가입만 하면 모두 친구가 되기 때문에 사람은 불특정다수의 덧글이나 트랙백을 수용할 수 있다. 이 말은 자신의 글을 많은 사람들에게 보여줄 수 있지만 그 반면 철없는 패거리들에게 짓밟힐 가능성도 있다는 것을 의미한다.

그러나 믹시는 가입을 하면 자신이 먼저 글(=일기)을 적게 되어 있다. 또한 초대제이므로 가입하려면 자신의 친구로부터 초대를 받아야 한다. 따라서 여러 사람들이 자신의 글을 보는 것이 아니라, 자기 친구들만 보기 때문에 그다지 이상한 덧글이 적힐 우려가 없다.

〈그림 3-10〉은 이와 같은 발상법을 그림으로 나타난 것이다. 먼저 SNS의 히트 요인이 무엇인지 생각해보자. 그것은 사이버 공간에서 친구를 만들 수 있다는 것이다. 이전에는 친구와 대화를 하려면 직접 얼굴을 마주 대해야 했지만, 이제는 SNS를 이용하면 사이버 공간에서 대화를 주고받을 수 있게 되었다.

이러한 SNS의 히트 요인에 글(=일기)의 히트 요인인 '자신의 발자취를 남길 수 있다'를 결합하면 '네트워크상에 있는 친구에게 자신의 발자취를 남길 수 있다'는 새로운 의미가 만들어진다. 전자게시판 시스템이나 네트워크 게시판을 이용해도 사이버 공간에서 글과 대화를 주고받을 수 있지만 철없는 무리들에게 휘둘릴 우려가 있었던 만큼, 믹시는 친구 사이이므로 마음 놓고 얼마든지 발자취를 남길 수 있다

그림 3-10 | 믹시의 발상

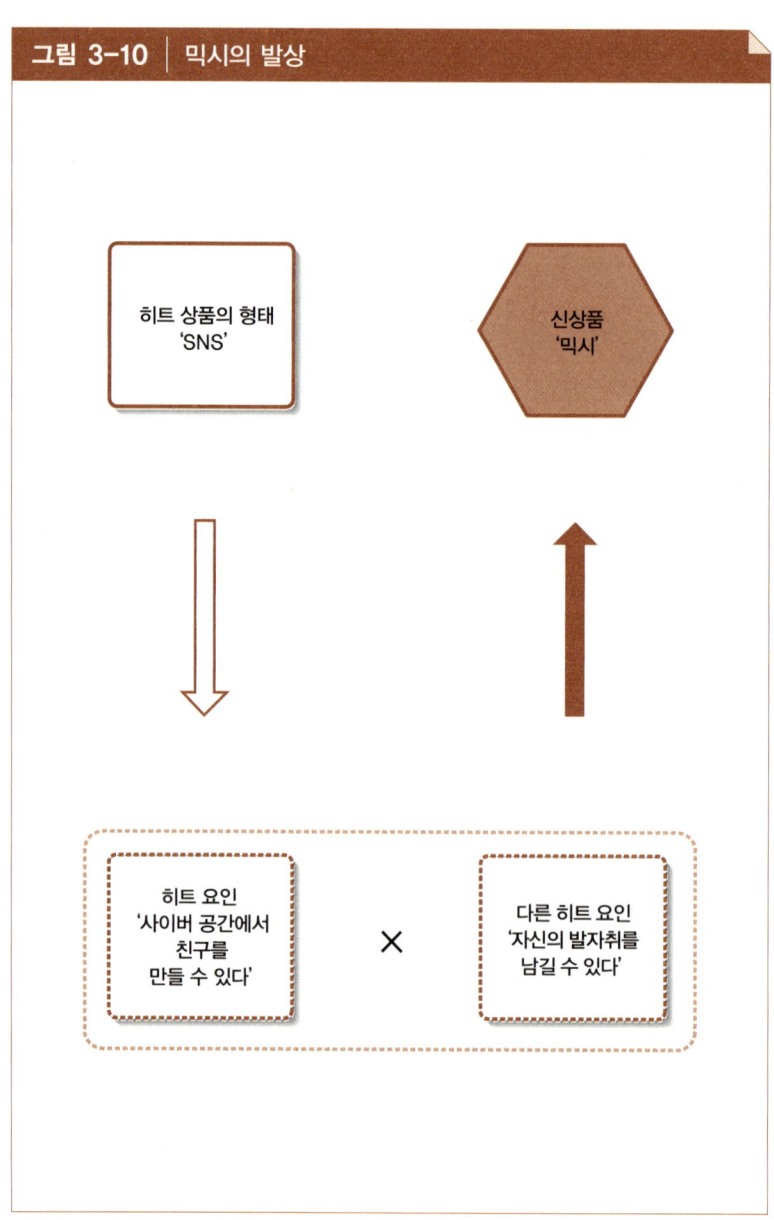

는 새로운 의미를 설계한다. 따라서 네트워크 커뮤니케이션에 새로운 가치가 생겨나 크게 히트했던 것이다.

그리고 건조세탁기도 매트릭스 발상법에 해당한다(〈그림 3-11〉 참조). 건조세탁기란 세탁기와 건조기가 하나로 되어 있는 것으로서 히터를 내장하고 있다.

일본의 경우에는 드럼형 건조세탁기가 먼저 나왔다. 샤프사가 가장 먼저 선보였고, 이어 마쓰시타전기도 시장에 뛰어들었지만, 제품이 무겁고 시끄러워 좀처럼 보급되지 못했다. 그러다 뒤늦게 시장에 뛰어든 도시바가 2000년 저소음을 실현한 '은하21'을 선보인 후부터는 단번에 드럼형이 각광을 받게 되어 건조세탁기 시장은 2000년 이후 해마다 120%가 넘는 성장세를 보이고 있다(도시바 조사).

한편, 세로형 건조세탁기는 마쓰시타전기가 세계 최초로 개발해 판매에 들어갔고, 이어 히타치와 산요도 제품을 내놓는 등 경쟁이 점차 치열해지고 있다. 더욱이 에너지 절약과 물 절약으로 대표되는 환경의식 고조, 도시화의 진전에 따른 세탁물의 실외건조 기피 현상과 맞물려 건조세탁기 수요는 점차 늘어나고 있다.

아마도 세탁기라는 성숙 제품에 관심을 두고 있었던 사람은 적었을 것이다. 대부분 세탁기의 구매 동기는 사용하던 세탁기가 고장 나거나 부서졌을 때가 많다. 그러나 건조세탁기가 등장하면서 상황이 바뀌었다. 그때까지는 세탁기로 세탁과 탈수를 한 다음 세탁물을 끄집어내어 바깥에서 말리거나, 아니면 건조기에서 말리는 두 가지 방법밖에 없었다. 그런데 건조세탁기는 이 두 가지 방법과는 전혀 다른 '이것 하나로 모두 끝낼 수 있다'는 대안을 제시했다. 그리하여 옷을 깨끗이 한다는 행위 자체가 근본적으로 바뀌었다.

일찍이 전자동 세탁기가 등장했을 때만 해도 세탁을 모두 한꺼번에 할 수 있게 되어 편리해졌다고 기뻐했지만, 건조세탁기는 '전자동 의류 세척'이라고 해야 할 만큼 보다 혁신적인 상품이었다. 그 때문에 성숙 제품이었던 세탁기에 새로운 수요를 불러일으킬 수 있었다.

〈그림 3-11〉은 이와 같은 발상법을 그림으로 나타난 것으로서 세탁기의 히트 요인인 '옷을 깨끗이 한다'에 건조기의 히트 요인인 '옷을 빨리 말린다'를 결합했다. 그리하여 '더러워진 옷을 원래대로 한다'는 새로운 의미가 생겨났다. 이것은 옷을 빨고 말릴 수 있을 뿐만 아니라 원래대로 한다는 획기적인 의미였다. 게다가 건조세탁기는 거듭 진보하고 있으며 최근에는 빨기 힘든 가죽제품 등을 오존으로 세척하는 제품까지 나타났다. 이와 같이 되자 '더러워진 옷을 원래대로 한다'는 의미가 보다 현실화되고 있다.

❹ 형태 분석법

원래는 발상하고자 하는 것의 속성을 두 가지 이상 늘어놓고 그 속성의 가능성을 최대한 결합하여 아이디어화하는 발상법이다. 간단히 말해 문제 해결에 도움이 되는 모든 아이디어를 펼쳐놓고 검토하는 방법이다. 생물학의 형태 분석에 연유하여 형태 분석법이라 부른다.

| 그림 3-11 | 건조세탁기의 발상

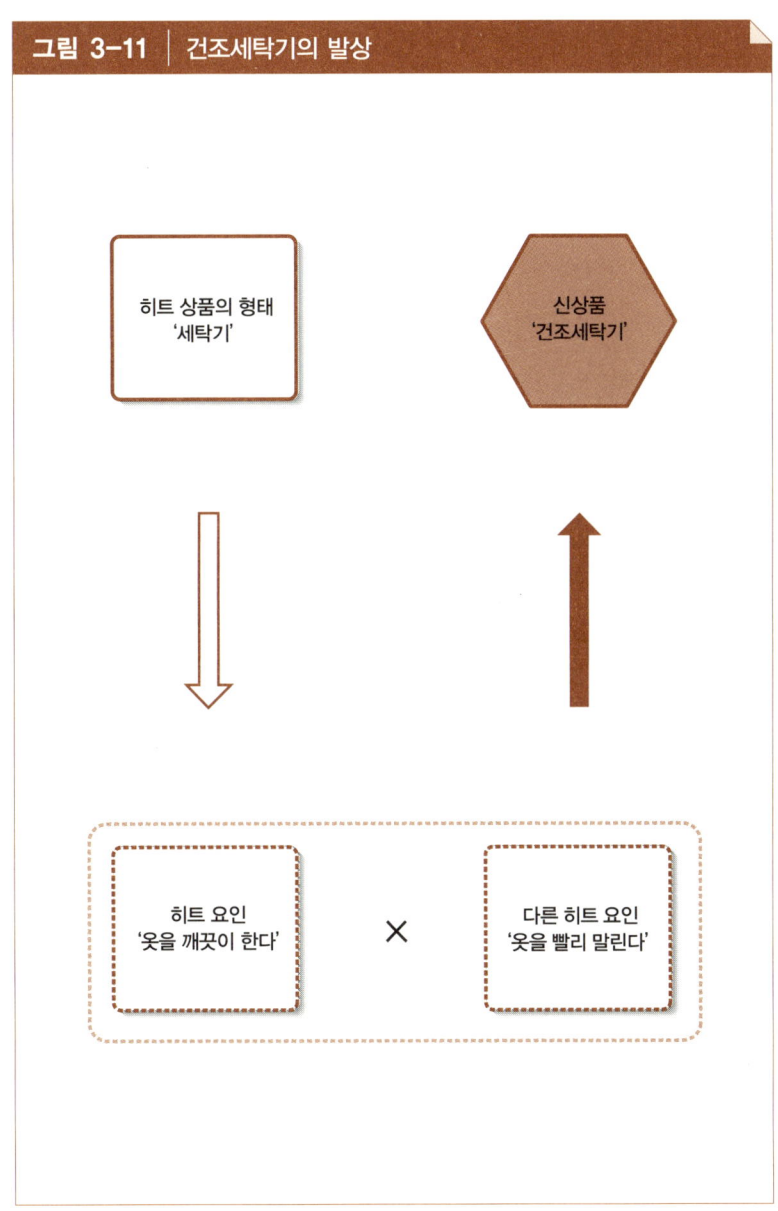

이 기법은 1940년대 초 에어로제트사의 프리츠 즈위키에 의해 고안되었다. 나중에 프리츠 즈위키는 제트엔진을 개발하게 되는데, 이때 그는 '사람들이 문제 해결에 있어 고정관념과 선입관에 빠지는 경우가 지나치게 많다'는 생각에서 고정관념과 선입관을 버리고 문제를 합리적으로 파악할 수 있는 기법을 고안하고자 했다. 분명히 제트엔진을 개발하는 데 있어서는 한 치의 오차도 없어야 했기 때문이다. 이것을 놓치지 않기 위해 형태 분석법이 생겨났다.

〈그림 3-12〉는 이 책에서 독자적으로 설명하는 형태 분석법을 그림으로 나타낸 것이다. 이 책에서는 본래의 형태 분석법에서 한 발짝 나아가 히트 요인을 세 가지 결합하는 것으로 한다. 앞에서 언급한 히트 요인을 두 가지 결합하는 매트릭스 발상법을 이용해도 훌륭한 형태를 만들 수 있는 만큼, 히트 요인을 세 가지 결합하면 더욱 새로운 형태를 만들 수 있을 것이다.

먼저 형태 분석법의 구체적인 사례로서 슈퍼 대중탕(찜질방)을 살펴보자(〈그림 3-13〉 참조). 일본의 경우 대중탕은 법률의 규제를 받으므로 요금이 지자체에 의해 결정되지만, 슈퍼 대중탕은 '기타 대중탕'으로 분류되어 요금이 자율화되어 있다.

애초 인간에게는 청결을 원하는 욕구가 있었기 때문에 대중탕을 자주 애용했다. 그러나 시간이 지나면서 점차 대중탕에 가지 않게 되었다. 가정의 목욕탕 보급률이 100% 가까이 되었기 때문이었다. 점차 대중탕이라는 카테고리가 사라져갈 위기에 처할 때쯤 그것을 막기 위

| 그림 3-12 | 형태 분석법

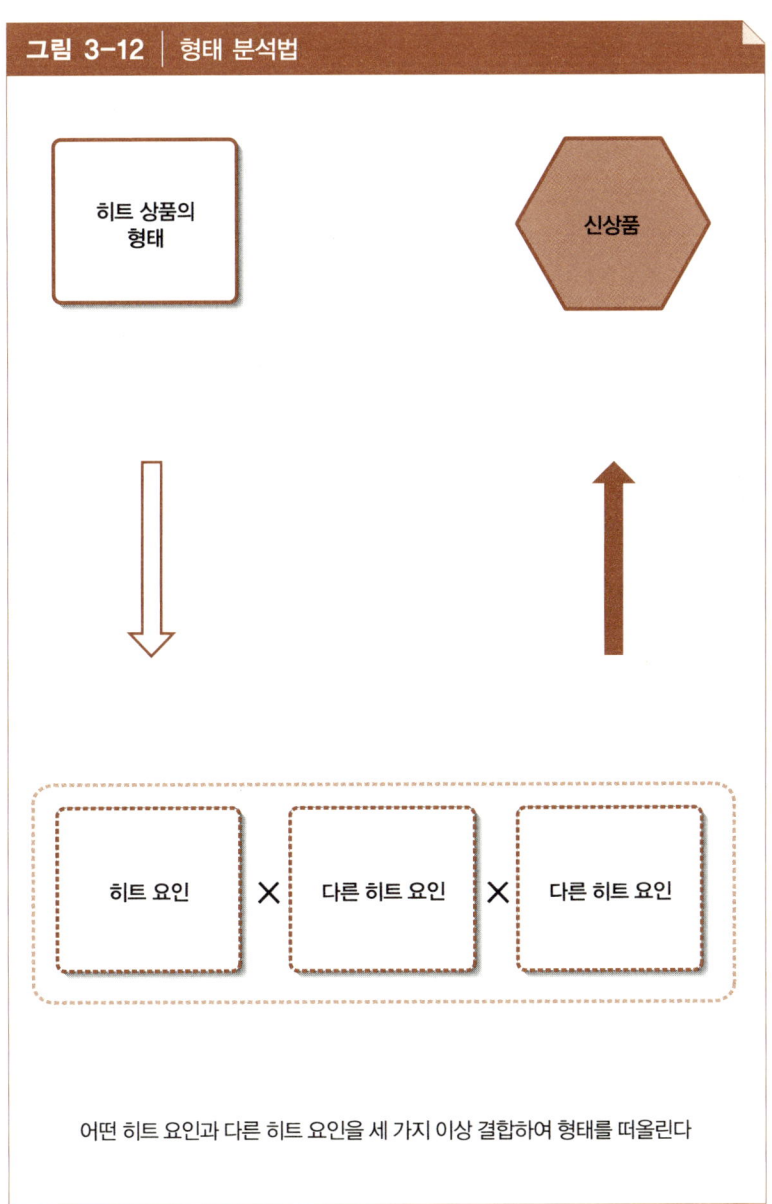

어떤 히트 요인과 다른 히트 요인을 세 가지 이상 결합하여 형태를 떠올린다

그림 3-13 | 슈퍼 대중탕의 발상

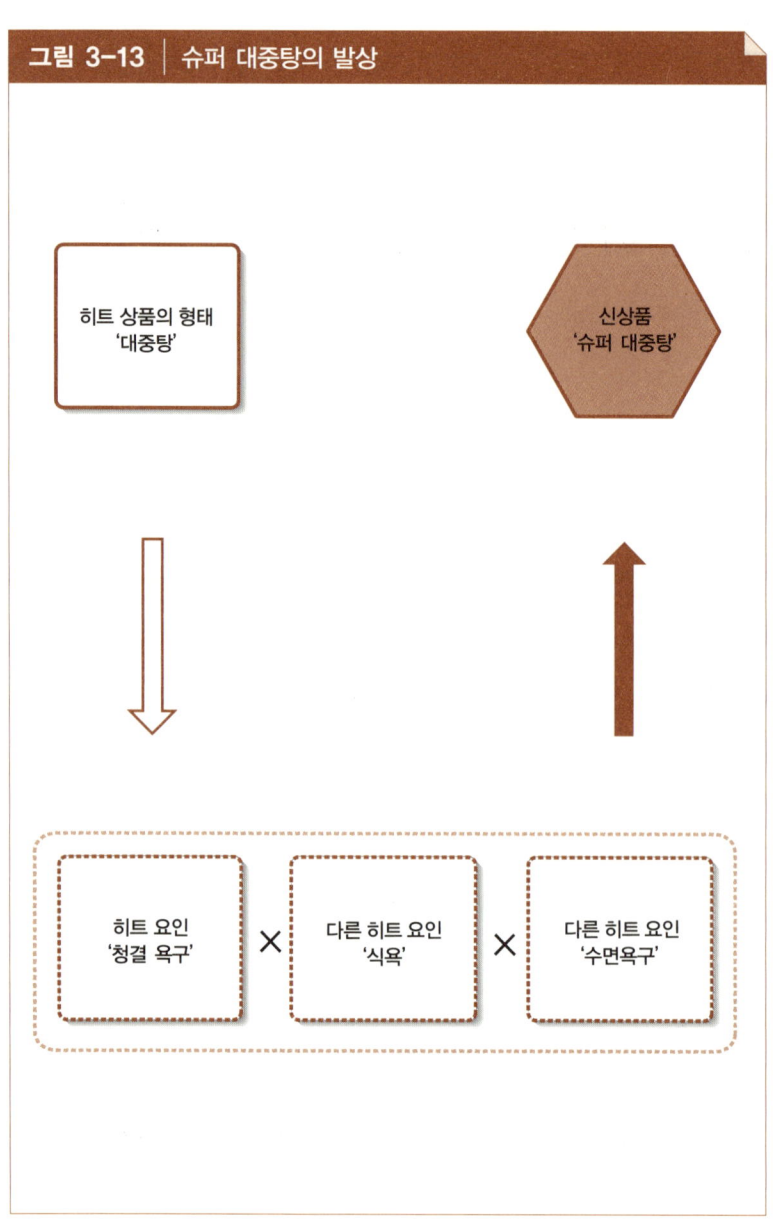

해 생각해낸 것이 슈퍼 대중탕이었다.

한편, 깨끗해지고 싶어 하는 사람은 깨끗하게 씻고 나면 배가 출출해질지 모른다. 또 밥을 먹고 나면 졸음이 쏟아질 것이다. 즉, 청결 욕구뿐만 아니라 식욕, 수면욕과 같은 의미도 아울러서 형태화하면 더욱 이용하고 싶은 대중탕이 될 것이다. 그리하여 깨끗하게 씻을 수 있고, 식사도 할 수 있고, 잠도 잘 수 있는 슈퍼 대중탕이 생겨났다. 고급 온천 휴양시설인 스파 라쿠아, 일본 최초의 온천 테마파크인 오오에도온천과 같은 천연온천이 도쿄에 생겨나 슈퍼 대중탕은 크게 히트했다. 이것 역시 의미를 다면화하는 형태 분석법을 이용했기 때문에 가능하게 되었다.

형태 분석법의 또 다른 사례 중 하나로 프린터 복합기가 있다(〈그림 3-14〉 참조). 프린터 복합기란 복사기, 프린터, 스캐너 등의 기능이 하나로 합쳐진 것이다. 화상 데이터를 디지털로 처리하기 위해 생겨난 것으로 디지털 복합기 또는 복합 프린터기라 부르기도 한다. 소형 잉크젯 프린터에 스캐너와 팩스 기능 등을 추가한 저렴한 모델은 가정에서 사용하는 개인용 컴퓨터 주변기기로서 2000년 무렵부터 보급되었다.

본디 프린터는 '데이터를 스스로 형태화할 수 있다'는 것이 히트 요인이었으며, 데이터를 문서화할 수 있는 인쇄 기능까지 더해지면서 더욱 편리해졌다. 그러던 차 스캐너 기능이 더해졌다. 자신의 자료를 데이터화하는 스캐너는 프린터에 내장되지 않았지만, 컴퓨터가 보급되면서 늘어난 DVD, 디지털 카메라, PC 카메라, 휴대전화와는 달리,

그림 3-14 | 프린터 복합기의 발상

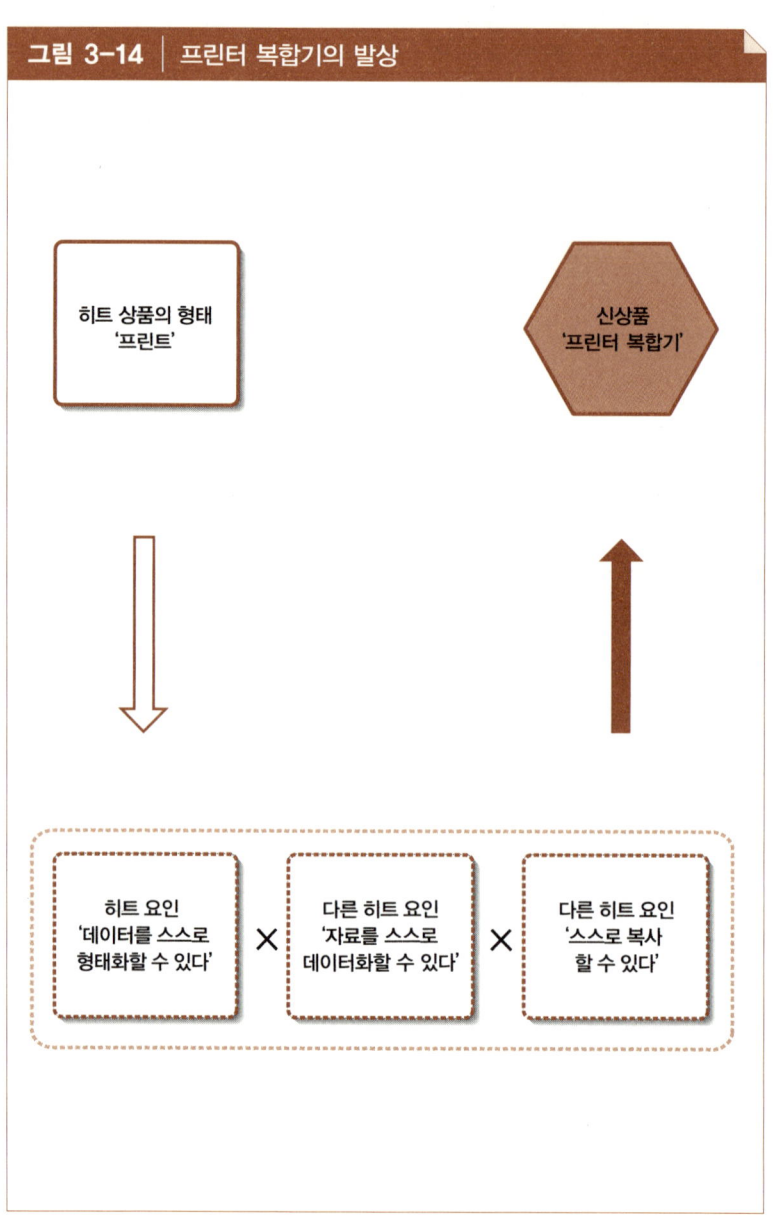

132

프린터에 내장되어 있어도 무리가 없었다. 왜냐하면 프린터는 데이터를 형태로 만들지만(=형태화), 스캐너는 형태를 데이터로 만드는(=데이터화) 것으로서 똑같은 기능을 서로 반대로 할뿐이었기 때문이다.

그리고 복사 기능도 더해졌다. 복사 기능은 마치 프린터와 스캐너를 합친 것(데이터를 복제해 형태가 있는 것으로 만듦)과 같기 때문에 이것도 프린터에 내장하기 쉬웠다. 즉, 데이터와 형태가 있는 것을 복합적으로 처리할 수 있다는 새로운 의미가 프린터라는 카테고리에 설계된 것이다. 이로써 인쇄도 할 수 있고, 데이터화도 할 수 있으며, 복사도 할 수 있게 되었다. 말하자면 데이터의 다중사용화를 실현한 것이 프린터 복합기라 할 수 있다.

❺ 주류파생분석법

주류시장 부근에는 반드시 큰 시장이 형성될 것으로 예측하여 주류시장에서 히트하고 있는 상품의 히트 요인을 파생시장(=지류시장)으로 옮겨 형태를 떠올리는 방법이다(〈그림 3-15〉 참조). 오스본 체크리스트의 '용도 전환', '응용'에 해당한다. 예를 들어 세탁기가 보급되면 '옷을 자동으로 깨끗이 빨 수 있다'는 히트 요인이 진화하여 '더욱 더 깨끗이 빨 수 있다'는 히트 요인을 예측할 수 있다. 이러한 예측에 바딩을 두어 세제를 개발할 수 있다. 나아가 '옷을 깨끗이 빨 수 있을 뿐만 아니라 옷 감촉도 좋아진다'는 히트 요인을 예측할 수 있으며 그것을 형태화하여 유연제를 개발할 수 있다.

그림 3-15 | 주류파생분석법

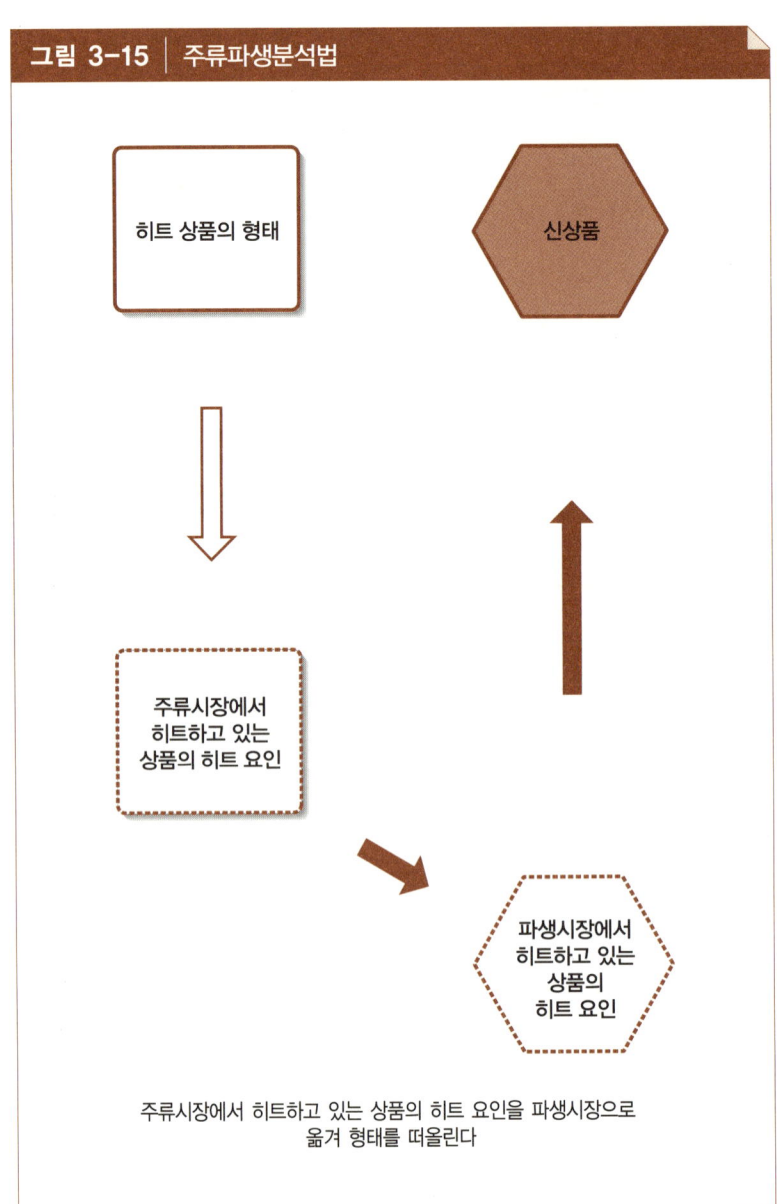

주류시장에서 히트하고 있는 상품의 히트 요인을 파생시장으로 옮겨 형태를 떠올린다

얼핏 간단하게 들릴지도 모르지만, 히트 요인의 미래, 그것도 가까운 미래를 예측해야만 하기 때문에 상당한 센스를 필요로 한다. 그렇지만 이 발상법을 잘 구사하면 아이모드가 보급될 것을 예상하여 거기서 주고받는 콘텐트를 만든 사이버드사와 ADSL이 보급될 것을 예상하여 ADSL 서비스를 가장 먼저 시작한 e억세스사처럼 엄청난 성공을 거둘 수 있다.

잘 알다시피, 아이모드는 1990년부터 일본 NTT도코모사가 세계 최초로 제공한 비동기방식의 3세대 이동통신 서비스다. 휴대폰 단말기보다 3~4배가량 큰 액정화면의 아이모드용 단말기를 이용하여 정보 검색, 이메일 송수신, 채팅 등은 물론이고 게임, 영화, 연예정보, 티켓 구입, 쇼핑, 금융, 음악 다운로드 등이 가능하며, 다양한 컬러가 표현되는 액정화면을 가지고 있다. 참고로 이동통신 기술의 세대는 데이터 전송 속도에 따라 구분되며, 1세대 이동통신은 음성통화만 가능한 아날로그방식의 고정전화, 2세대 이동통신은 디지털 방식의 휴대전화, 3세대 이동통신은 아이엠티 2000과 아이모드, 4세대 이동통신은 와이브로를 가리킨다.

또 다른 사례로서 휴대전화 고리를 살펴보자(〈그림 3-16〉 참조). 휴대전화 고리는 손목에 감아 사용하는 짧은 고리와 목에 거는 목걸이 두 종류가 있다. 일반적으로 휴대전화 판매점 등에서 팔고 있으며, 가벼운 선물용으로 또는 사은품으로 제공된다. 연예인들이 팬서비스 차원에서 나눠주는 단골 상품이기도 하다.

그림 3-16 | 휴대전화 고리의 발상

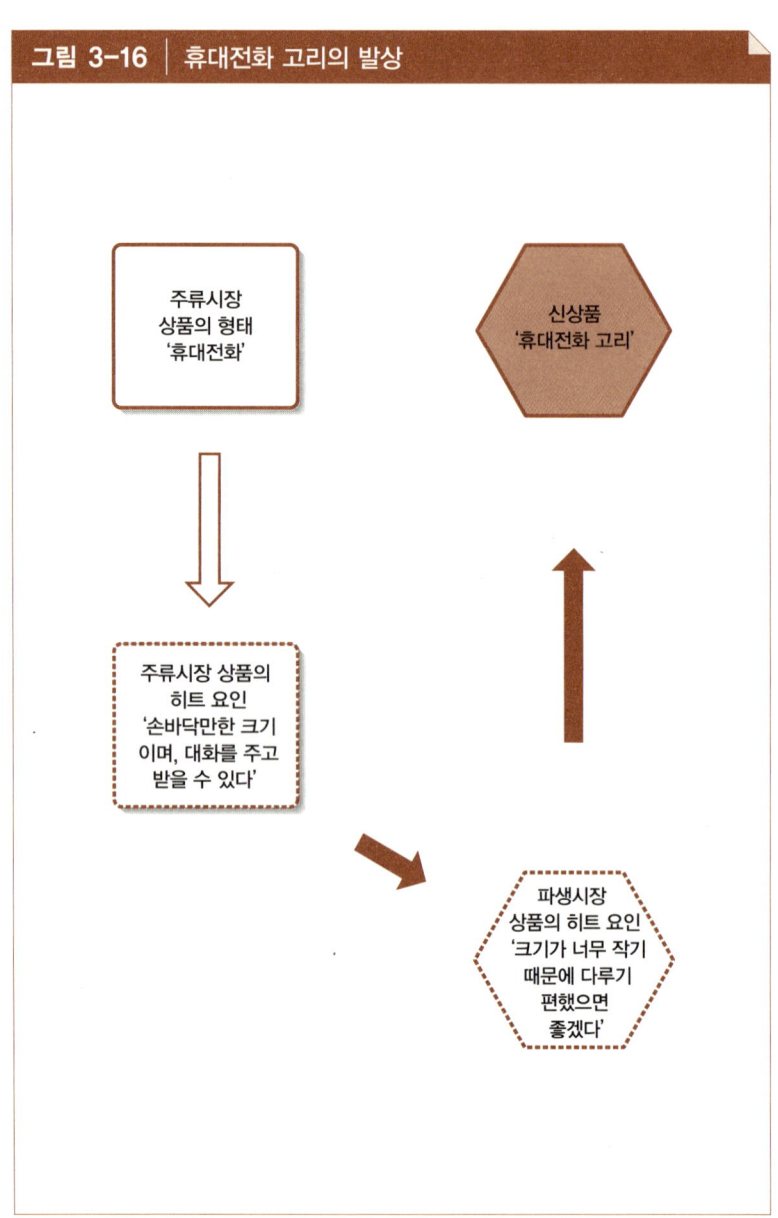

1990년대 초, 아직 휴대전화가 그다지 보급되지 않았을 때 내 친구가 "휴대전화 고리가 팔릴까"하고 물었다. 그 무렵 휴대전화 마케팅 업무를 담당하고 있었던 그는 휴대전화 선진국인 북유럽시장을 시찰했는데 그곳의 휴대전화는 모두 소형이었다. 그것을 보고선 일본 역시 소형 물건을 잘 만들므로 곧 소형 휴대전화기가 보급될 것이고, 그와 더불어 휴대전화 고리도 함께 히트할 것으로 예상했다. 아니나 다를까, 그 후 휴대전화 고리는 히트했으며 친구는 대박을 맞았다.

휴대전화 고리에 아무도 관심이 없었던 당시, 저자의 친구는 '손바닥만 한 크기이며 대화를 주고받을 수 있다'는 것이 휴대전화의 히트 요인이 될 것이며, 나아가서는 '크기가 너무 작기 때문에 다루기 편했으면 좋겠다'는 욕구가 생길 것으로 예측했다. 그래서 그것을 형태화한 휴대전화 고리를 개발한 것이다.

〈그림 3-17〉에서 보여주는 애완동물 사료도 주류파생분석법에 해당한다. 일본의 애완동물 시장은 10조 원 규모의 큰 시장인데, 그 가운데 50% 가량을 애완동물 사료가 차지하고 있다. 또한 애완동물의 실내 사육 증가, 애완동물의 고령화 등으로 말미암아 애완동물 사료는 고급화되고 있다. 특히 고급 사료에 대한 수요가 늘어나면서 '건강 지향'에 초점을 둔 고기능 상품이 각광을 받고 있다.

예를 들어 광고에서 초미니 애완견 치와와가 인기몰이를 하는 것을 보면서 곧 애완동물 붐이 일 것이라고 생각하는 것도 주류파생분석법에 해당한다. 한술 더 떠 애완동물 사료를 취급하겠다고 생각하면 주

그림 3-17 | 애완동물 사료의 발상

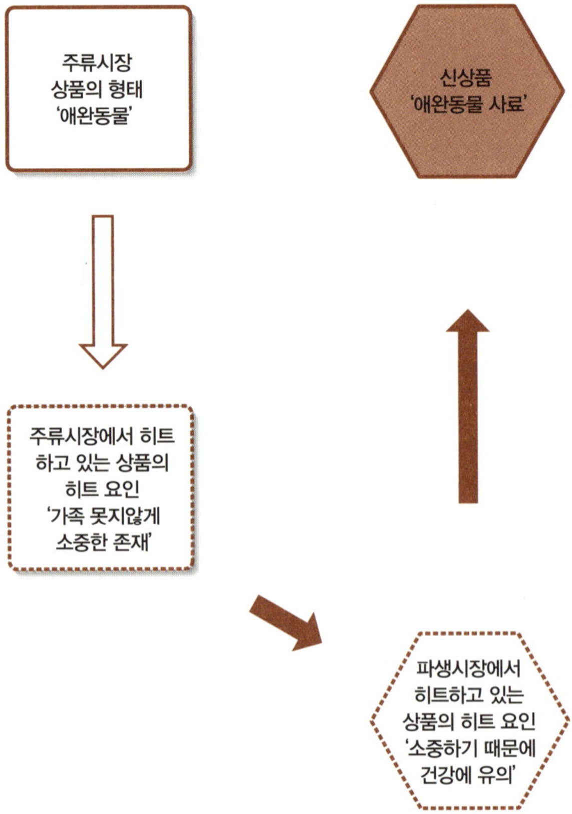

주류시장 상품의 형태 '애완동물'

↓

주류시장에서 히트하고 있는 상품의 히트 요인 '가족 못지않게 소중한 존재'

→

파생시장에서 히트하고 있는 상품의 히트 요인 '소중하기 때문에 건강에 유의'

↑

신상품 '애완동물 사료'

류파생분석법을 가장 잘 적용하는 셈이 된다. 분명히 애완동물은 광고나 귀여운 모습 때문에 인기를 얻고 있는 면도 있지만, 인기몰이를 하는 가장 큰 요인은 애완동물을 가족과 똑같이 여기는 사람들이 늘어났다는 점에 있다. 저출산 현상이 심화되면서 애완동물을 자녀나 손자처럼 여기는 사람들이 늘어나고 있다. 이것이 애완동물의 히트 요인이다. 그렇다면 그 후의 히트 요인으로서 '애완동물도 소중한 가족이므로 건강을 배려해 먹는 것에도 신경을 쓸 것이다'고 예측할 수 있다.

그 예측대로 최근의 애완동물 사료는 예전처럼 사람들이 먹다 남긴 것을 주는 것이 아니라, 건강에 좋은 성분과 뛰어난 소재로 만든 것을 주게 되었다. 이처럼 사료가 고급화되면서 애완동물 시장도 커졌다. 만약 이런 흐름을 광고에서 치와와 붐이 일때 예측할 수 있었다면 억만장자가 되었을 것이다.

앞으로도 무선 랜과 나노기술[9], IPv6[10] 등 확실하게 히트할 주류시장이 있다. 주류시장의 히트 요인을 찾아내 파생시장의 히트 요인을 예측하여 형태화하면 크게 히트할 수 있다.

---

9 NT-NanoTechnology, 초미세기술로서 나노미터 크기 10억분의 1m의 구조를 만들고 그 성질을 연구하며, 이들을 마음대로 다룰 수 있는 기술.
10 IPv6-Internet Protocol version 6, 현재 사용되고 있는 IP 주소 체계인 IPv4의 단점을 개선하기 위해 개발된 새로운 IP 주소 체계.

❻ 강제연관법

강제연관법은 관련성이 없는 두 가지 히트 요인을 서로 의식적으로 결합하여 형태를 떠올리는 방법이다. 강제연관법은 매트릭스 발상법의 변형이다. 매트릭스 발상법은 서로 관련성이 있는 히트 요인 두 가지를 결합하지만, 강제연관법은 서로 관련성이 없는 히트 요인 두 가지를 결합한다(〈그림 3-18〉 참조). 오스본 체크리스트의 '전도'와 '결합'에 해당한다.

예를 들어 음료수를 개발한다고 하면 매트릭스 발상법에서는 색과 맛, 냄새와 맛이라는 관련성이 강한 부분을 결합하지만, 강제연관법에서는 컨셉과 캐릭터, 관습과 분위기 등 관련성이 약한 부분을 억지로 결합한다. 여기서는 수사법에서 말하는 '모순어법'의 효과가 작용한다(5장 참조). 관련성이 약한 부분을 서로 의식적으로 결합하면 고정된 틀에서 벗어난다. 즉, 알지 못하는 사이에 자신을 억제하는 '자기규제'를 하지 않게 한다. 그렇게 되면 생각하지도 않은 발상이 떠오르게 되는 것이다.

대부분 발상을 한다고 하면 관련된 것만을 연상하는 경향이 있다. A라고 하는 것을 발상한다고 하면 A와 가까운 것을 관련시킨다. 예를 들어 손목시계를 이용하여 무언가를 발상하겠다고 하면 손목시계와 관련된 액세서리를 생각한다. 반면 손목시계와 팬티를 관련시켜 손목시계가 달린 팬티를 발상하는 사람은 없을 것이다. 그러나 손목시계와 팬티라는 전혀 관계없는 것을 서로 결합하면 아무도 생각한 적이

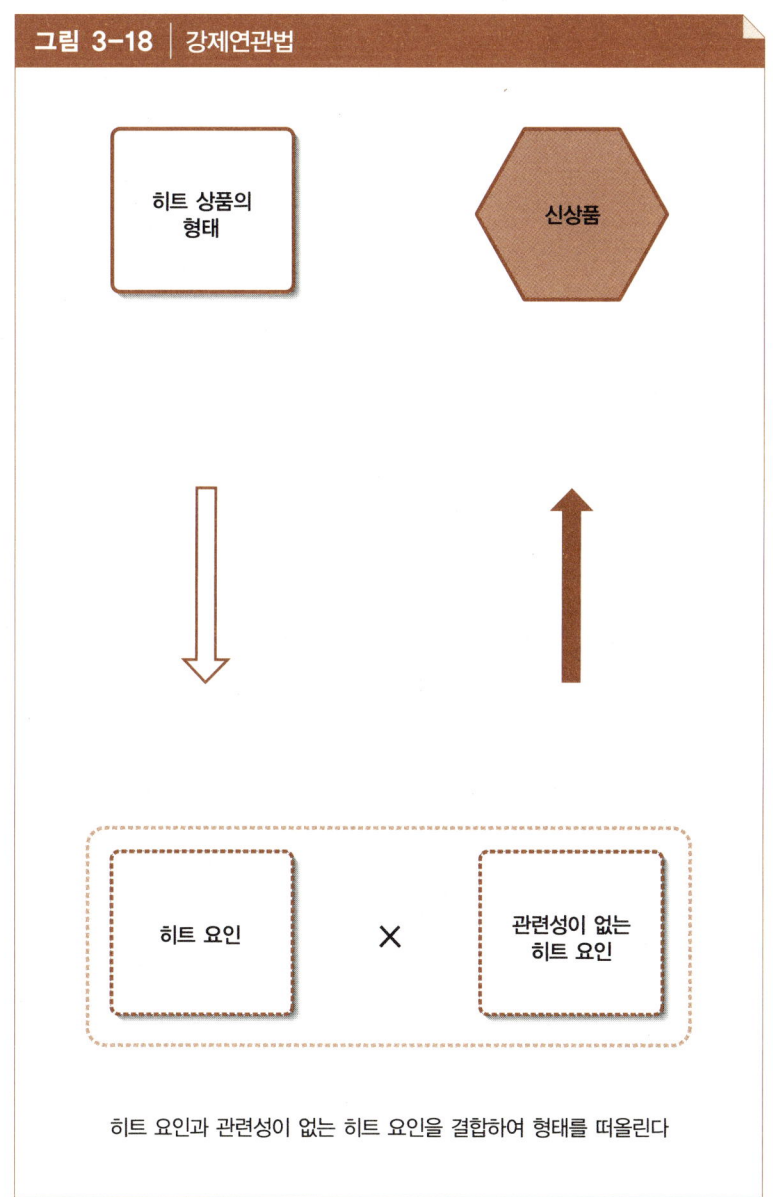

그림 3-18 | 강제연관법

히트 요인과 관련성이 없는 히트 요인을 결합하여 형태를 떠올린다

없는 상품이 생겨날 수 있다. 그리고 지금이야 당연한 것으로 생각하지만, 강제연관법을 적용하기 어려웠을 것이라 여겼던 대표적인 사례로 '라면라이스'를 들 수 있다(〈그림 3-19〉 참조).

라면라이스는 음식이라기보다는 먹는 방법을 가리키는 말일지 모른다. 돈 없을 때 먹는 대표적인 음식이라고도 하지만, 라면 한 그릇만 가지고는 배를 채우기 힘든 사람들이 즐겨 먹고 있다. 세계 어느 나라에서나 공통된 사실은 반찬이 있어야 주식이 있다는 것이다. 아시아에서는 반찬에 밥, 미국과 유럽에서는 반찬에 빵이다. 이것이 일반적인 결합이다. 즉, 반찬(=주식을 맛있게 먹기 위한 보조 요소)과 주식(=자신의 건강을 지키기 위한 필수 요소)이라는 히트 요인으로 성립되어 있다. 이런 면에서 생각하면 반찬과 주식은 매트릭스 발상법에 의해 생겨난 것이다.

그러나 라면라이스는 라면도 주식이고 밥도 주식이다. 자신의 건강을 지키기 위한 필수 요소끼리의 결합이므로 이 결합은 당연히 어색하게 느껴진다. 이렇게 어색한듯한 요소끼리 결합하는 것이 강제연관법이다. 그러므로 라면라이스는 강제연관법이다. 라면라이스가 생겨난 이후 주식끼리 결합한 상품이 잇따라 등장했다. 라면과 주먹밥, 주먹밥과 빵, 메밀국수와 밥을 함께 볶은 메밀국수밥, 밥과 라면 스프를 녹차에 만 녹차말이밥 등이 그것이다.

또 한 가지, 만화카페도 강제연관법을 적용한 사례이다(〈그림 3-20〉 참조). 커피숍이 커피를 마시면서 이야기를 나누는 공간을 제공하는데

그림 3-19 | 라면라이스의 발상

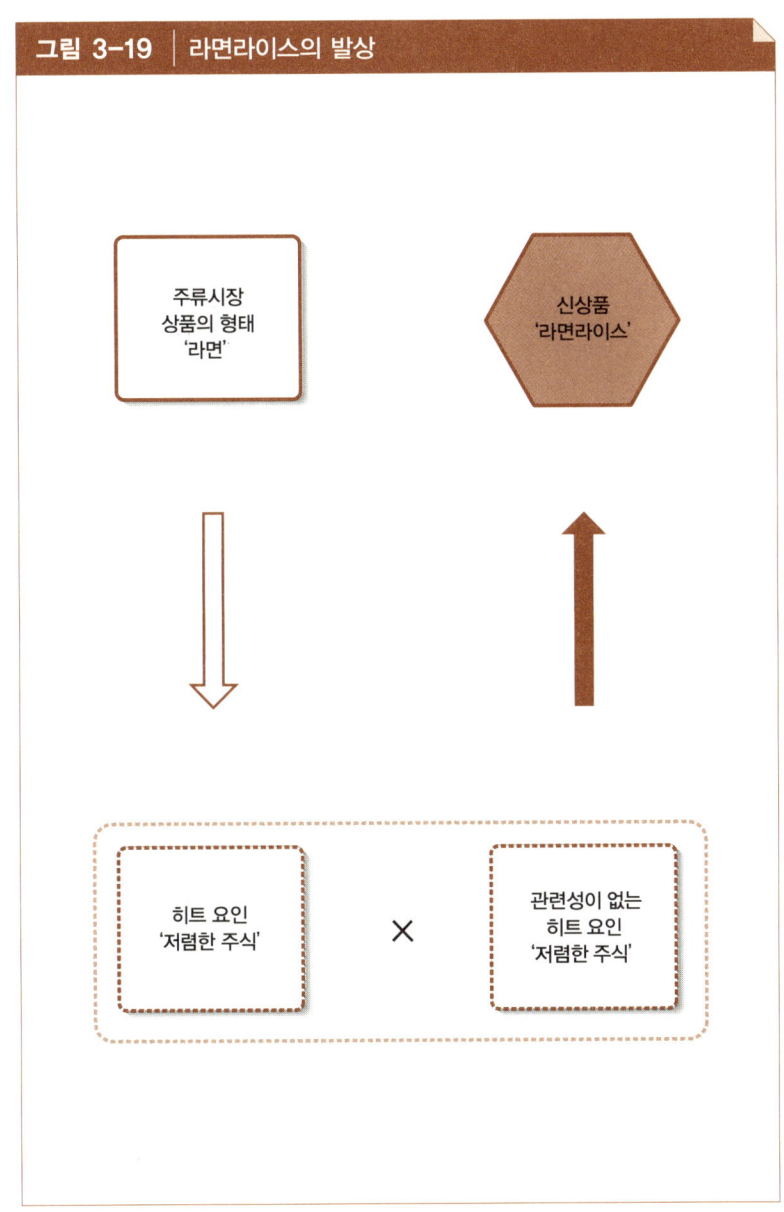

3장 • 새로운 의미를 부여하라

그림 3-20 | 만화카페의 발상

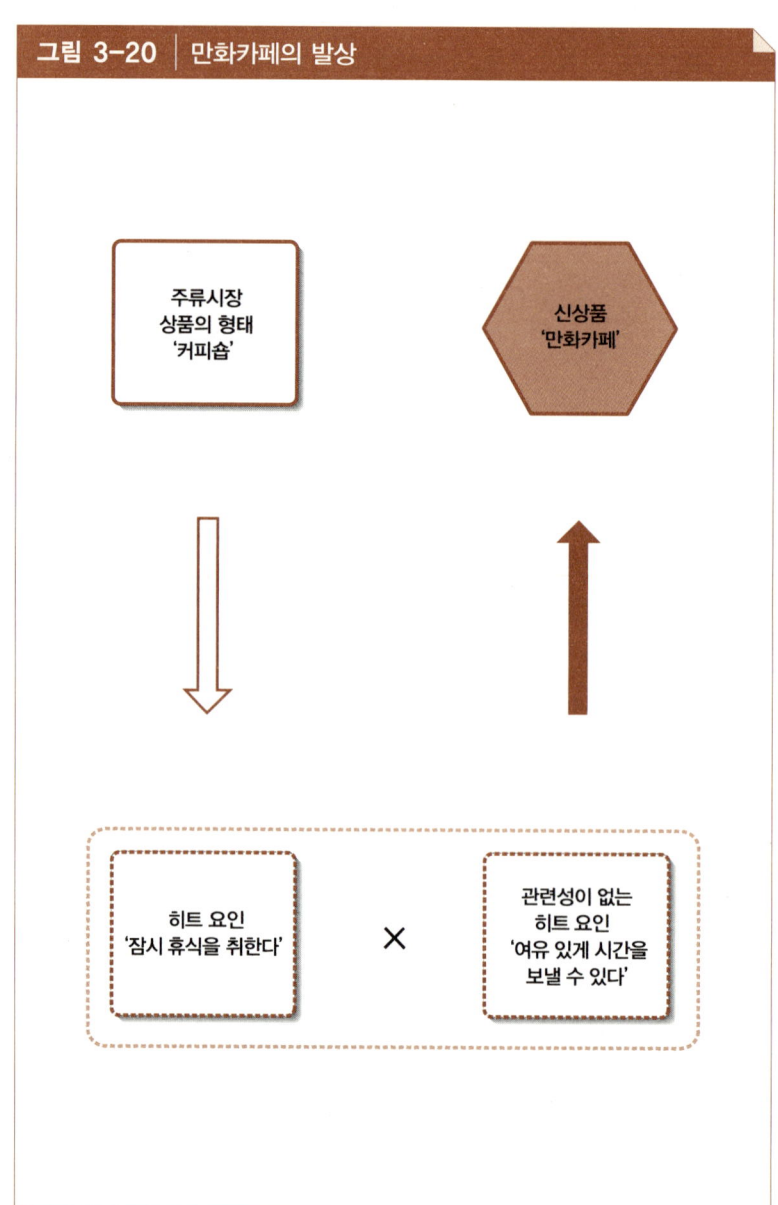

반해, 만화카페는 만화를 보는 공간을 제공하는 것이 주된 목적이다. 요금 체계는 시간제로서 기본요금+연장요금으로 되어 있다. 만화, 잡지, 신문을 듬뿍 볼 수 있을뿐만 아니라 음료수, TV게임, 컴퓨터, DVD 등의 서비스를 제공받을 수 있다.

커피숍은 담배를 피우거나, 커피를 마시면서 느긋하게 쉬는 곳이지, 만화를 보면서 계속 눌러앉아 있기는 곤란한 곳이었다. 그러나 만화카페는 커피숍과는 반대로 만화를 보는 것은 유료로 하고 마시는 것은 무료로 했다. 예전 같았으면 있을 수 없는 일이었다.

커피숍의 히트 요인은 '잠시 휴식을 취한다'이다. 반면 만화카페의 히트 요인은 '차분하게 즐길 수 있다'이다. 이처럼 서로 전혀 다른 의미를 결합해 커피숍이라는 카테고리에 '차분하게 즐기면서 쉰다'는 새로운 의미를 만들었다. 그리하여 시간을 보내는 새로운 방법으로서 만화카페가 생겨날 수 있었다.

만화카페는 아침 첫 차를 기다려야 하거나, 약속 시간까지 두 시간 가량 남아 있을 때, 또는 저녁 식사 후 무료한 시간을 때울 목적으로 이용되고 있다. 이러한 장점 때문에, 찜질방, 노래방, 심야 커피숍에 머물러 있던 수요를 모조리 흡수했다.

❼ 부분 변형

이 방법은 손쉽게 할 수 있으면서도 상당한 효과를 올릴 수 있는 발상법이다. 히트 상품의 히트 요인은 그대로 두고 형태를 조금 바꾸는

그림 3-21 부분 변형

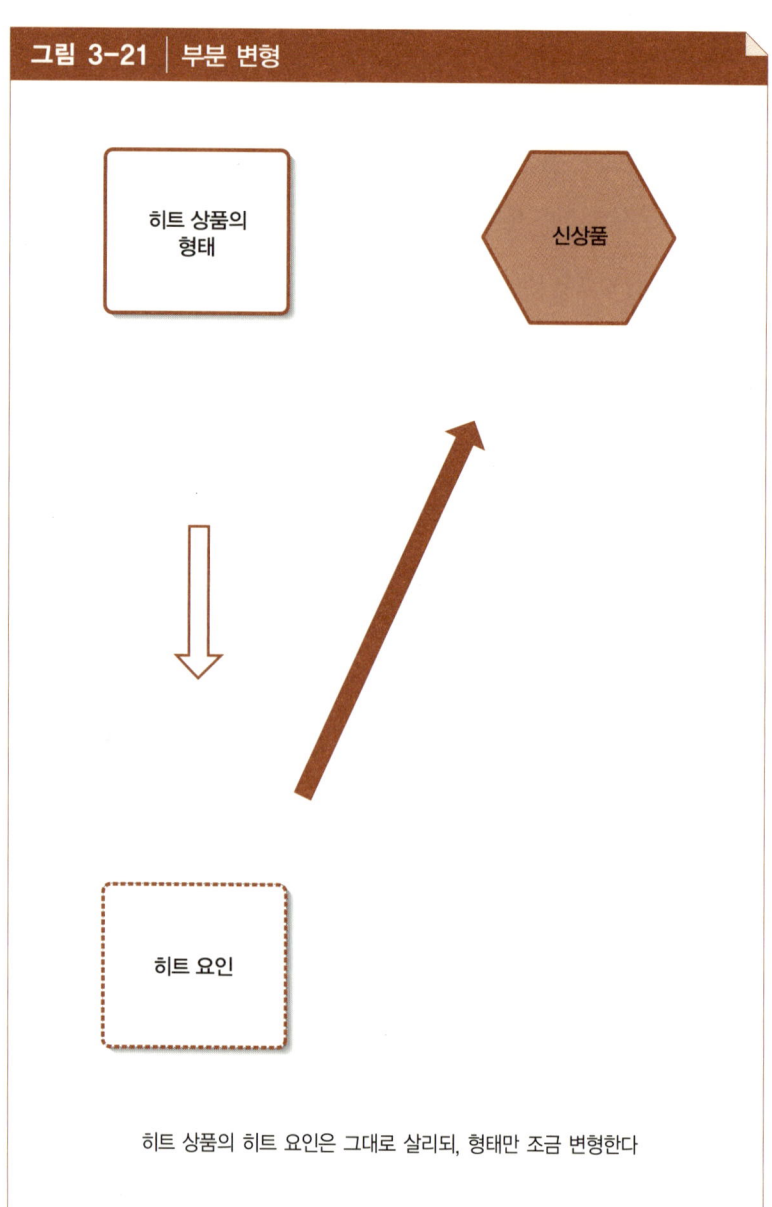

히트 상품의 히트 요인은 그대로 살리되, 형태만 조금 변형한다

것이다(〈그림 3-21〉 참조). 평소 먹고 마시고 있거나 사용하고 있는 것으로서 '좀 더 이랬으면 좋겠다' 든지 '여기를 매만지면 더 낫겠다' 고 생각하는 것에 손을 본다.

모방과 비슷하지만, 모방은 히트 상품의 히트 요인을 이용하여, 히트 상품과 비슷하면서도 정작 다른 형태를 만든다. 반면 부분변형은 히트 상품의 히트 요인을 사용하여, 히트 상품의 형태를 조금만 바꾼다. 기호로 나타내면 모방은 A(히트 상품) → 히트 요인 → B(다른 상품)이지만, 부분 변형은 A(히트 상품) → 히트 요인 → A(히트 상품의 변형)이된다. 오스본 체크리스트의 '응용', '변경', '대체', '재배열' 에 해당한다.

요즘 히트하고 있는 과자를 보면 부분 변형을 많이 적용하고 있다. 특히 꾸준히 팔리고 있는 상품일수록 그런 현상이 두드러지게 나타난다. 그 대표적인 사례가 메이지제과의 컬스틱이다(〈그림 3-22〉 참조).

컬스틱은 장수 상품인 '컬' 이라는 옥수수 스낵 과자를 막대 모양으로 바꾼 부분변형 상품이다. 세로로 된 용기에 가늘고 길게 만든 컬이 들어 있다. 포장, 모양, 감촉 등이 모리나가제과의 포테롱과 비슷하다.

컬의 히트 요인은 '사박사박한 감촉을 즐길 수 있다' 는 것이다. 과자 종류는 많이 있었지만, 맛보다도 먹을 때의 감촉이 컬만큼 좋은 과자는 없었다. 단, 컬에는 단점이 있었는데, 과사를 먹기 위해 봉지에 손을 집어넣으면 손이 가려워졌으며, 또 일단 봉지를 열면 고무줄 같은 것으로 묶어 두더라도 단박에 습기가 찼다. 그래서 과자 모양과 용

그림 3-22 | 컬스틱의 발상

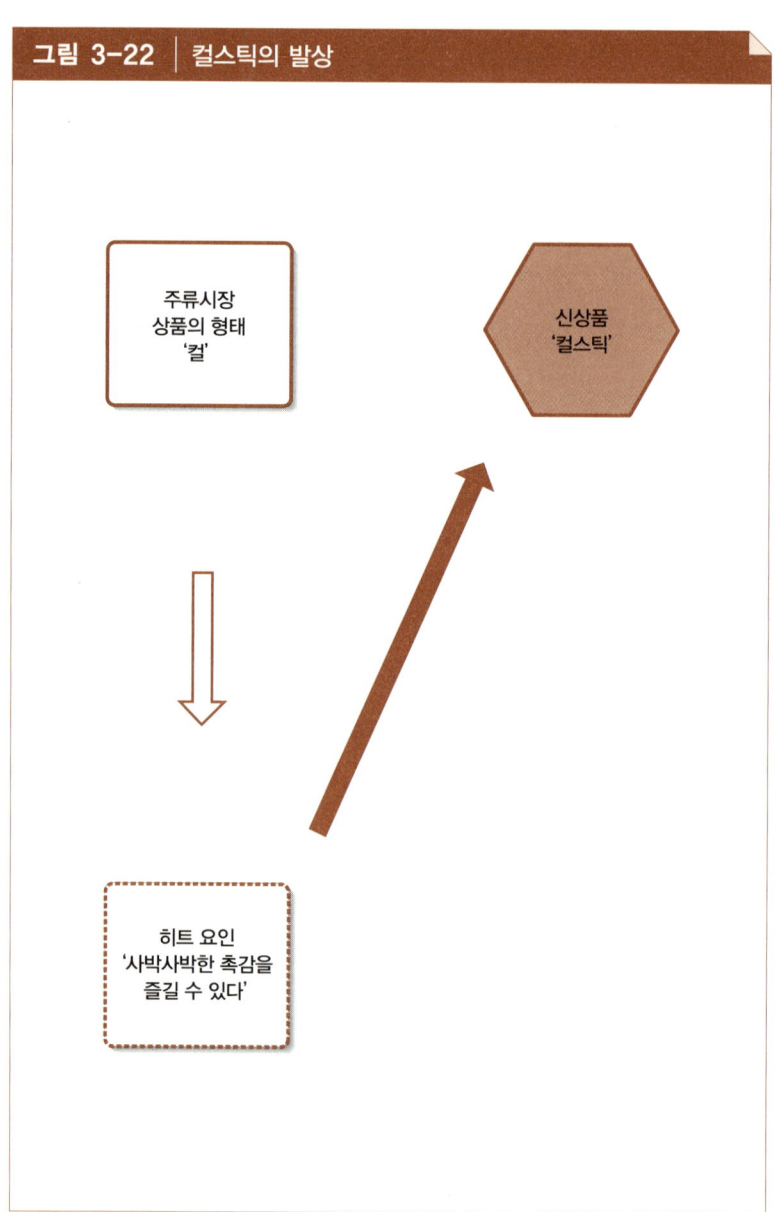

기 모양을 바꾸는 부분 변형을 하여 매만진 것이 컬스틱이었다.

즉, 과자를 막대 모양으로 만들었기 때문에 막대 끝부분만 쥐고 과자를 먹으면 손이 가렵지 않게 되었다. 또 용기를 가늘고 길게 만들었기 때문에 뚜껑에 랩을 씌워두면 눅눅해지지 않게 되었다. 컬의 사박사박한 촉감을 즐길 수 있다는 히트 요인은 그대로 둔 채 형태에 약간의 변화를 준 것이다.

동일한 사례로 '베이비스타 라면'이 있다. 이것도 먹기 불편했으며 봉지를 뜯으면 즉시 눅눅해졌다. 그래서 '베이비스타 라면환'이라는 상품으로 손질하여 먹기 좋도록 동그랗게 만들었다. 그러자 일반인들도 즐겨 찾을 정도로 인기를 얻었고, 음식점에서도 술안주로 사용하게 되었다. 단지 형태만 바꾸었는데도 매출이 크게 늘었다.

그리고 베이블레이드도 부분 변형을 한 상품이다(〈그림 3-23〉 참조). 베이블레이드는 1997년 7월 대형 완구 메이커인 다카라토미가 내놓은 현대판 팽이로 다양한 전투를 즐길 수 있다. 2001년과 2002년 사회 현상이라고도 할 만큼 온 나라 초등학생들 사이에 폭발적인 인기를 불러일으켰으며, 어느 가게에 가더라도 물건이 없어 사기 힘든 품귀현상이 이어졌다.

팽이의 히트 요인은 '남자아이들의 전투심을 부추긴다'는 것이다. 친구와 싸워 이기면 전리품을 손에 넣을 수 있으며, 패하면 뺏긴다. 그러나 팽이는 돌리기가 매우 어려웠다. 또 잘못 돌리면 친구를 다치게 할 위험도 있었다. 그래서 남자아이들의 전투심을 부추긴다는 히

그림 3-23 | 베이블레이드의 발상

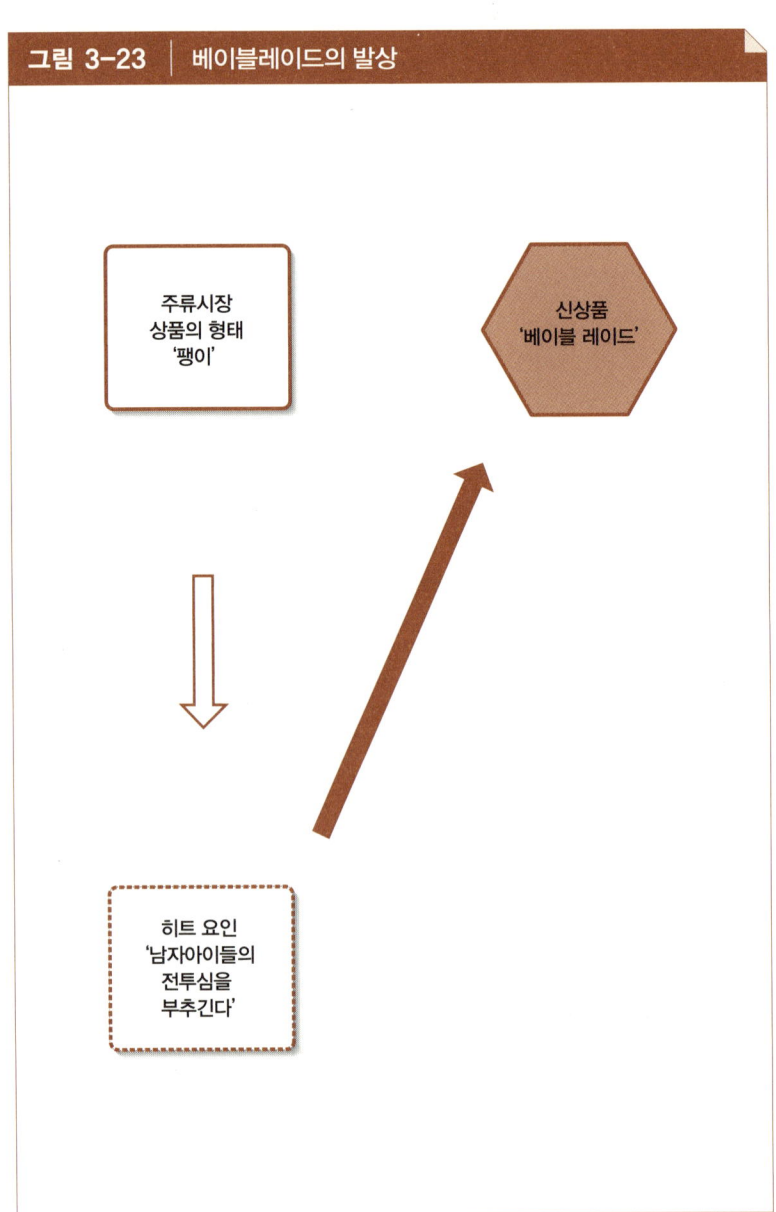

트 요인은 그대로 둔 채, 보다 돌리기 쉽고 안전하게 개발한 것이 베이블레이드였다. 의미는 그대로 둔 채, 오늘날의 남자아이들에게 알맞은 형태로 부분 변형한 베이블레이드는 크게 히트했다.

**SKILL OF
POWER CONCEPT**

4장

소비자를 알고
접근하라

글자 뜻 그대로 정상적인 상태,
즉 생각하고 있는 것을 문자 그대로 표현하기보다는
기교를 부려 변환한 형태로 바꿔놓은 것이
심적 감흥을 크게 한다.
이 심적 감흥을 의식적으로 불러일으키면
소비자의 인식을 바꿀 수 있다.

1

감성이 움직이면
인식이 바뀐다

1장에서 "사람이 개념적인 존재라고 느끼는 부분은 의미에서 형태로 바꾸는 기교에 있으며, 그것을 크게 바꾸면 인식을 바꿀 수 있다"고 설명했다. 흑우롱차 사례에서 알 수 있듯이, '더 이상 살이 찌지 않는 녹차'라는 것과 '지방을 흡수하지 않는다'는 것과는 변환 폭이 다르다(물론 후자가 크다).

글자 뜻 그대로 정상적인 상태, 즉 생각하고 있는 것을 문자 그대로 표현하기보다는 기교를 부려 변환한 형태로 바꿔놓은 것이 심적 감흥을 크게 한다. 이 심석 감흥을 의식적으로 불러일으키면 소비자의 인식을 바꿀 수 있다. 이러한 과정을 거쳐 만든 형태를 '파워 컨셉'이라 일컫는다.

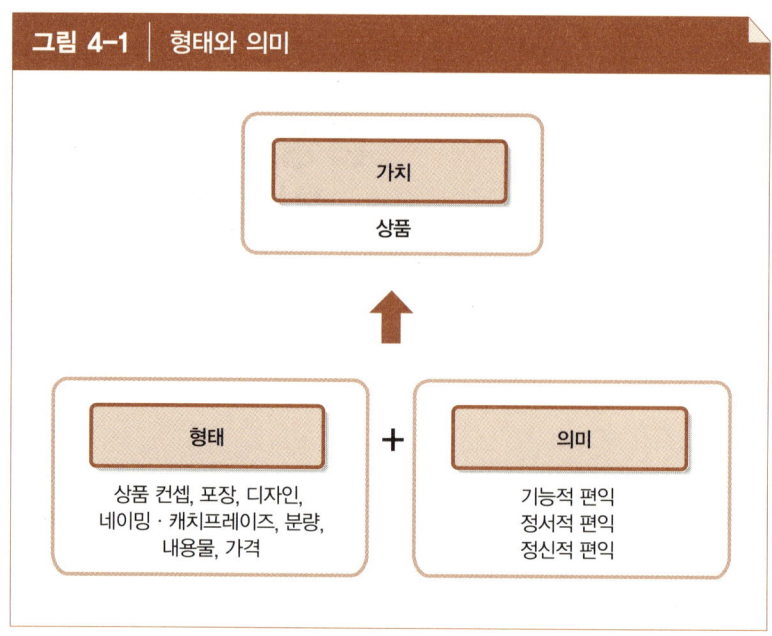

 4장에서는 ①새로운 의미를 설계하는 것과 ②의미를 변환하는 것 중 후자에 대해 살펴볼 것이다. 또한 테라피 발상법과 레토릭 발상법 두 가지를 소개하고자 하는데, 그에 앞서 테라피 발상법과 레토릭 발상법의 차이부터 살펴보기로 하자.

 〈그림 4-1〉은 형태와 의미의 구성 관계를 나타낸 도표다. 의미의 내용에 관해서는 2장에서 자세히 설명했으므로 생략하기로 하고, 여기서는 형태의 내용에 대해서만 살펴보자.

 의미를 변환하여 만든 것이 형태인데, 그 형태의 구성물은 눈에 보이는 모든 것이 된다. 즉, ❶눈에 확 띄는 포장, 디자인, 네이밍, 캐치프레이즈, ❷상품을 유심히 쳐다보면 저절로 알게 되는 분량, 내용물, 가격, ❸❶과 ❷를 결정하는 길잡이 역할을 하는 상품 컨셉 등이 형태의 구성물이다.

이 중 상품 컨셉은 컨셉을 상품으로 한정한다는 의미에서 그와 같이 표기하고 있다(컨셉은 심적 감흥을 불러일으키는 모든 형태다). 상품 컨셉은 말이나 단어를 통해 겉으로 나타나는 경우도 있지만, 포장·디자인·네이밍·캐치프레이즈·분량·내용물·가격을 결정하는 밑바탕이 되므로 겉으로 나타나지 않는 경우도 있다. 그러나 상품 컨셉은 각종 형태가 만들어지는 밑바탕이 되므로 형태로 분류된다.

따라서 의미를 변환하여 만든 형태는 위의 ❶❷❸이 되는데, 그 가운데 가장 중요한 것이 형태 전체의 밑받침이 되는 상품 컨셉이다. 상품 컨셉이 없으면 다른 요소를 고려할 판단 기준이 없어진다. 그리고 그 상품 컨셉을 구축하기 위한 발상법이 테라피 발상법이다.

한편, 상품 컨셉이 완성되면 상품 컨셉을 밑바탕으로 하여 포장과 디자인이 결정되며, 또 포장과 디자인을 판단 기준으로 하여 분량, 내용물, 가격이 결정된다. 반면, 상품의 보증 요인인 포장·디자인·분량·내용물·가격과 달리, 네이밍과 캐치프레이즈는 상품의 판매를 좌우하는 촉진 요인이 된다.

이런 촉진 요인은 눈에 띄어야만 하기 때문에 의식적으로 심적 감흥을 불러일으키도록 만들 필요가 있다. 그러므로 촉진 요인은 형태가 눈에 띄도록 두드러지게 할 수 있는 레토릭 발상법을 이용하여 형태로 변환한다.

  정리를 하자면 상품 컨셉과 같은 보증 요인을 만드는 발상법이 테라피 발상법이며, 네이밍과 캐치프레이즈와 같은 촉진 요인을 만드는 발상법이 레토릭 발상법이다.

2

목표가 명확하면 오래 남는다

〈그림 4-2〉는 1장에서 언급했던 마쓰이증권의 컨셉 구축 방법이다. 증권회사라는 카테고리에 '스스로 판단해 투자하고 싶다'는 사람들을 위한 서비스라는 새로운 의미를 설계하여 '필요한 정보만 제공하고 기다린다'라고 코드 변환을 하여 '인터넷에 의한 정보 제공과 거래'라는 컨셉을 구축했다.

여기서는 의미에서 형태로의 변환이 있기 때문에 인식이 바뀌었다. 바꿔 말하자면 의미를 형태로 만들 때 의식적으로 코드 변환을 하면 형태는 저절로 의미와 어그러지므로 사람의 마음이 바뀌는 것이다.

예를 들면 '사랑하므로 결혼하고 싶다'고 말하고 싶은 것을 '매우 비싼 반지를 준다'는 행위로 변환한다. 여기서는 결혼하고 싶다는 마

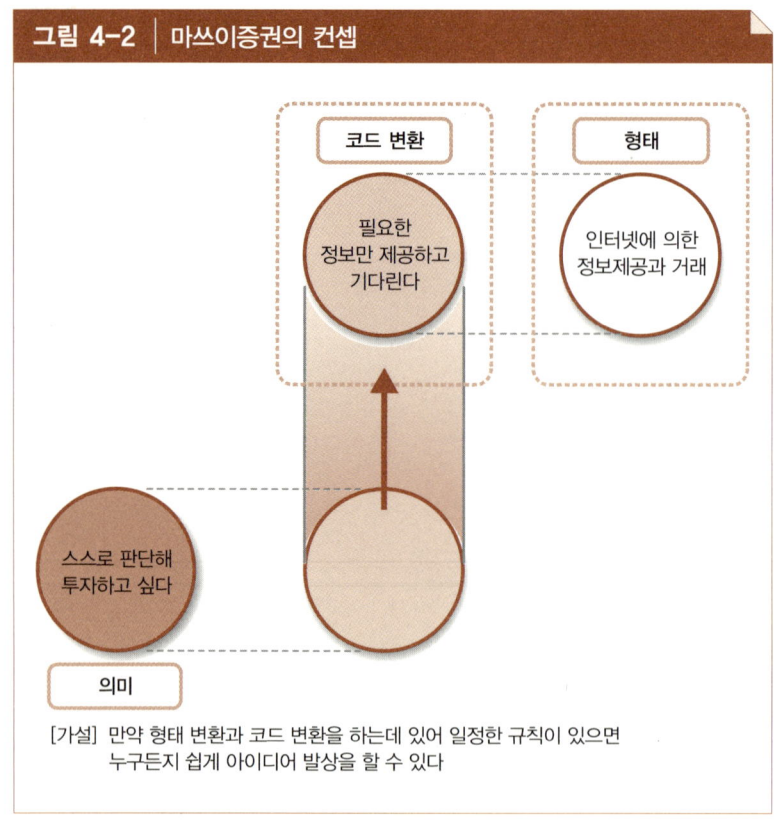

음이 언뜻 보기에 의미를 모르는 반지를 준다는 행위로 변환되어 있으므로 그 비약적인 행위가 심적 감흥(이 경우는 커다란 기쁨)을 불러일으킨다. 반지를 준다는 것은 결혼해달라는 밋밋한 표현이 아니라, 의미를 변환시켜 형태로 만들고 있기 때문에 나타나는 표현이다.

이러한 일련의 작업(=의미 → 코드 변환 → 형태) 가운데, 의미는 히트 상품이나 사업을 분석해 가공함으로써 만들 수 있다. 그렇다면 그 다음에 알아야 할 것은 '코드 변환과 형태의 관계'다. 이 관계를 밝히기 위해 광고 제작 방법을 예로 들어 살펴보자.

〈그림 4-3〉은 대박 상품인 산토리 음료 '아미노식'의 광고 제작 방법이다. 여기서 주목해야 할 사실은 대충 제작한 광고 같아도 엄연히 이유있는 목표를 설정했다는 것이다. 예를 들면 상품명을 줄곧 외치는 산토리사의 몰츠라는 맥주 광고는 "몰츠, 몰츠, 몰츠, 몰츠"하고 잇따라 외쳤다. 그것은 상품명을 철저히 강조해 상품 인지도를 높이려는 의도에서였다.

또한 제과 회사인 도하토는 '나게와'와 '포테코'라는 그냥 보면 분간이 힘든 포테이토칩 상품을 광고함에 있어, 겉모양은 거의 비슷하지만, '나게와'는 수프 맛(콩소메)이 나고 '포테코'는 짠맛이 난다는 차이를 강조했다. 그리하여 소비자들은 두 상품의 차이를 알게 되었고, 맛의 차이에 대한 궁금증을 불러 일으켜 구매로 이끌었다. 이것은 상품의 차별성 이해를 광고 목표로 삼았기 때문이었다. 그러므로 광고 제작 방법을 나타내는 〈그림 4-3〉은 컨셉 구축 방법을 나타내는 〈그림 4-2〉와 다르며, 〈그림 4-2〉에 광고 목표라는 요소가 더해져 있다.

〈그림 4-3〉을 구체적으로 살펴보자. '아미노식'은 기린비버리지사의 '아미노서플리'처럼 대박을 터뜨리기 위해 야심차게 만든 음료였다. '아미노서플리'는 음료 카테고리에 '지방 연소 효율이 높은 음료'라는 새로운 의미를 만들어 히트한 상품이었기 때문에 '아미노식'도 '아미노서플리'를 흉내내어 똑같은 의미를 만들었다.

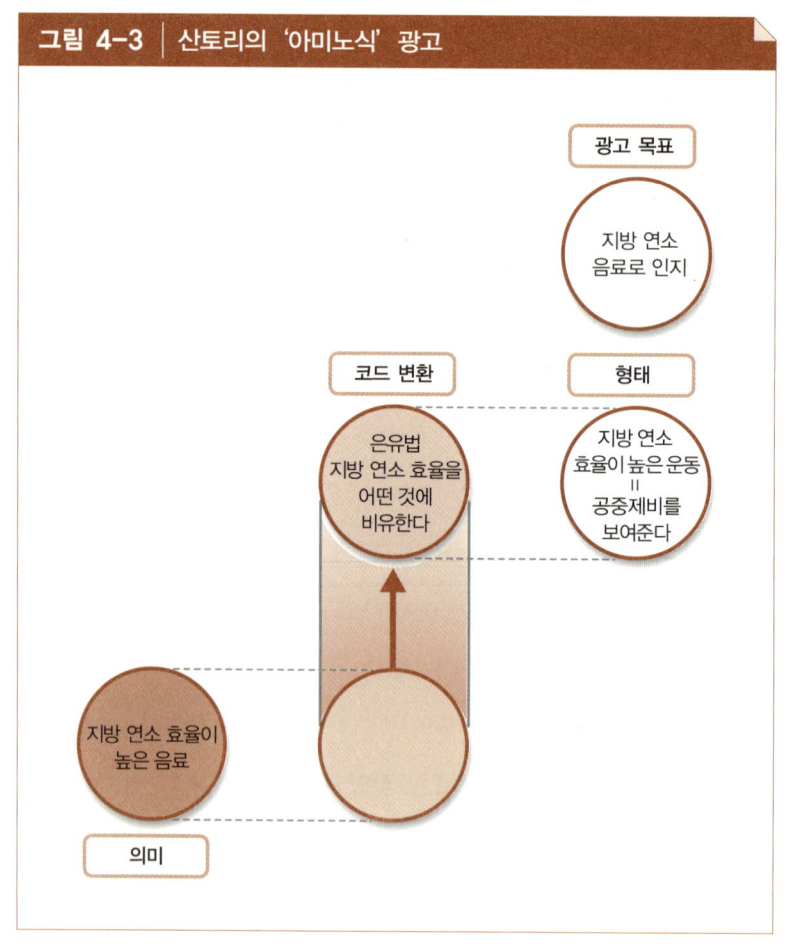

그림 4-3 | 산토리의 '아미노식' 광고

그렇지만 후발주자로서 시장에 뛰어들었기 때문에 무언가 색다른 장점을 내세워야만 했다. 그래서 '지방 연소 음료로 인식되는 것'을 광고 목표로 삼았다. 왜냐하면 아미노산이 많이 들어간 상품으로 인식되면 다섯 종류의 필수아미노산이 들어 있는 '아미노서플리'를 재탕한 것이 되기 때문이었다. 따라서 처음부터 지방 연소 음료로 인식되면 적어도 '아미노서플리'와 동일한 수준의 상품으로 인식된다는 전략이었다.

그러면 '지방 연소 효율이 높은 음료'라는 의미를 어떻게 형태화했는가? 의미를 형태로 만들려면 여러 가지 방법이 있다. 예를 들면 단도직입적으로 '이 상품은 압도적인 지방 연소 효율을 자랑하는 음료'라 해도 된다. 아니면 '지방 연소 효율 160%'라고 숫자로 호소해도 된다. 그렇지만 말과 숫자는 나름대로 강한 임팩트는 주지만, 오랫동안 기억에 남지는 못한다. 특히 21세기를 살아가는 성숙한 소비자들에게는 말보다는 인상적인 모습을 보여주는 편이 효과적이다.

이와 같이 판단하여 아미노서플리는 코드 변환을 하기 위해 수사법 중 은유법을 사용해 지방 연소 효율이 높다는 것을 공중제비에 비유했다. 공중제비도 한 번만 도는 것이 아니라 여러 차례 돌았고, 게다가 소녀가 직접 했다. 그렇지 않아도 하기 어려운 공중제비를 소녀가 그것도 몇 번이나 잇따라 하는 것을 보고 있는 쪽은 그저 입이 딱 벌어질 뿐이었다.

당연히 사람들은 그런 굉장한 모습을 보게 되면 감탄하여 그 광고를 즉시 인지한다. 그리고 그때 즉시 '연소계 연소계 아미노식. 연소계 연소계 아미노식. 이런 운동 하지 않아도. 이거 한 병! 연소계 포포포 아미노식. 산토리!'라는 노래를 내보낸다. 그렇게 하여 '이런 엄청난 운동을 하는 것과 비슷할 정도로 지방을 연소할 수 있는 음료'로

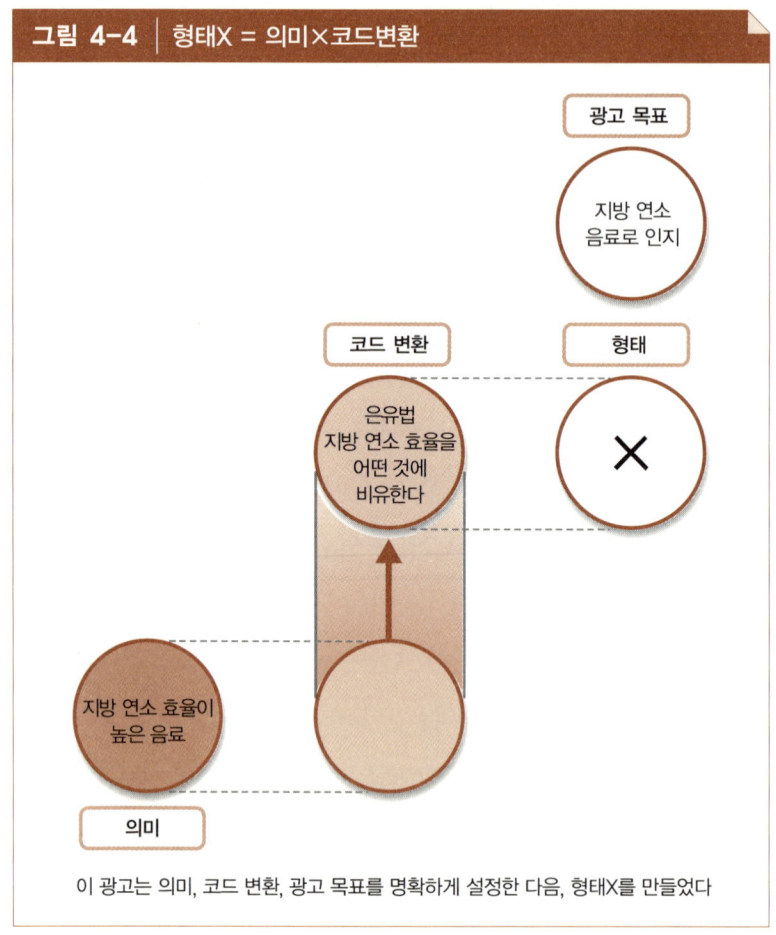

이 광고는 의미, 코드 변환, 광고 목표를 명확하게 설정한 다음, 형태X를 만들었다

인식되게 했다.

 '아미노식' 광고는 '지방 연소 효율이 높은 음료'라는 의미에서 시작해 이것을 어떻게 활용할 것이냐는 광고 목표로 옮겨갔으며, 이 광고 목표를 달성하기 위해 은유법이라는 코드 변환을 사용하여 소녀의

공중제비라는 형태로 만들었다. 형태를 X라 하면 'X=의미×코드 변환'이라는 방정식으로 나타낼 수 있으며 코드 변환을 선택하는 기준이 광고 목표라고 할 수 있다(〈그림 4-4〉 참조).

정리하자면 의미는 상품 개발 단계에서 명확하게 설정되어 있어야 한다. 왜냐하면 앞에서 언급한 것처럼 경쟁 상품을 따라잡아야 하는 등 자사에 획기적인 기술적 욕구가 생겨나 상품 개발을 하기 때문이다.

또한 광고 목표는 자사 상품에 대한 인식을 어떤 식으로 바꿔 소비자들을 끌어들일 것인지를 정하는 것이기 때문에, 일반적으로 보면 '인지 획득'이 광고 목표에 해당한다. 즉 아미노식의 경우, 광고 목표도 명확하게 설정되어 있었다. 또한 인지를 획득하기 위해 코드 변환을 할 때 수사법을 이용하는 일이 많은데 이 경우 코드 변환도 명확하게 정해져 있었다.

이와 같이 코드 변환과 광고 목표가 명확하게 설정하고, 그것을 가장 잘 충족한 '형태X의 광고'를 활용한다면 누구든지 상당한 수준의 광고를 만들 수 있을 것이다.

그럼 다시 이 방식을 마쓰이증권에 적용해 보자〈그림 4-5〉 참조).

설정한 의미는 '스스로 판단해 투자하고 싶은 사람들'에 대한 서비스다. 〈그림 4-2〉에서는 사업 목표가 없었지만, 〈그림 4-5〉에는 '고성비와 경비가 적게 드는 증권 비즈니스 실현'이라는 사업 목표가 더해져 있다. 이 사업 목표가 더해지면 의미를 어떻게 변환하면 되는지 방향이 뚜렷해진다.

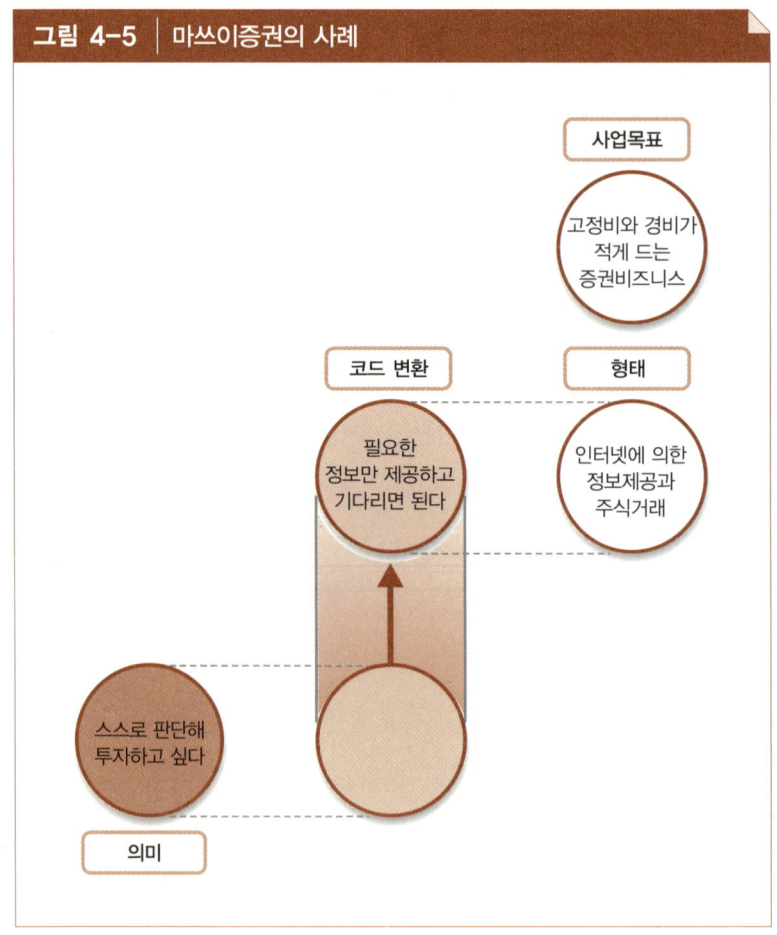

그림 4-5 | 마쓰이증권의 사례

증권회사라는 것은 투자상담사라 부르는 영업사원들을 많이 두고 있다. 그리고 그 사람들이 활동하면 매출이 오르는 비즈니스 모델을 지니고 있기 때문에 지금 유행하고 있는 정보통신과는 가장 동떨어진 사업구조다. 투자상담사들은 고객 한 사람 한 사람을 직접 상대하면서 추천종목을 알려주거나 주식 매매를 대행하는 등 주식투자와 관련된 모든 업무를 대신 처리해주었다. 따라서 증권회사는 투자상담사들을 중심으로 한 시스템을 이루고 있었기 때문에 고정비(인건비)가 많이 소요되었다.

그러나 버블 붕괴로 말미암아 매출이 줄어들자 증권회사의 경영이 압박을 받았다. 그 때문에 모든 증권회사들이 고정비와 경비를 줄이고자 노력했다. 고정비와 경비를 줄이기 위한 방법은 몇 가지 있었지만, 그 가운데 마쓰이 미치오 대표이사가 생각해낸 것이 '스스로 판단해 투자하고 싶다'는 의미와 '고정비와 경비가 적게 드는 증권 비즈니스'라는 사업 목표에서 나온 '필요한 정보만 제공되면 된다'는 코드 변환이었다.

스스로 판단해 투자하고 싶은 고객들이 있다면 증권회사는 정보 제공을 하는 것에 특화하면 된다. 그렇게 하면 고객들이 정말 원하는 것을 제공하는 비즈니스가 될 것이며 인건비도 줄일 수 있다. 그리하여 의미(스스로 판단해 투자하고 싶다)에 코드 변환(필요한 정보만 제공되면 된다)을 곱해 형태(사업 컨셉=인터넷에 의한 정보 제공과 주식 거래)를 도출했다(〈그림 4-4〉의 형태=의미×코드 변환).

또 하나 '헬시어녹차'에도 이 방식을 적용해보자(〈그림 4-6〉 참조). 헬시어녹차는 '힘들이지 않고 살을 뺀다'는 중년층 성인이라면 누구나 바라는 것을 의미로 설정해 음료로 실현하는(살이 빠지는 음료를 개발) 것을 목표로 삼은 상품이다.

그림 4-6 | 헬시어녹차의 사례

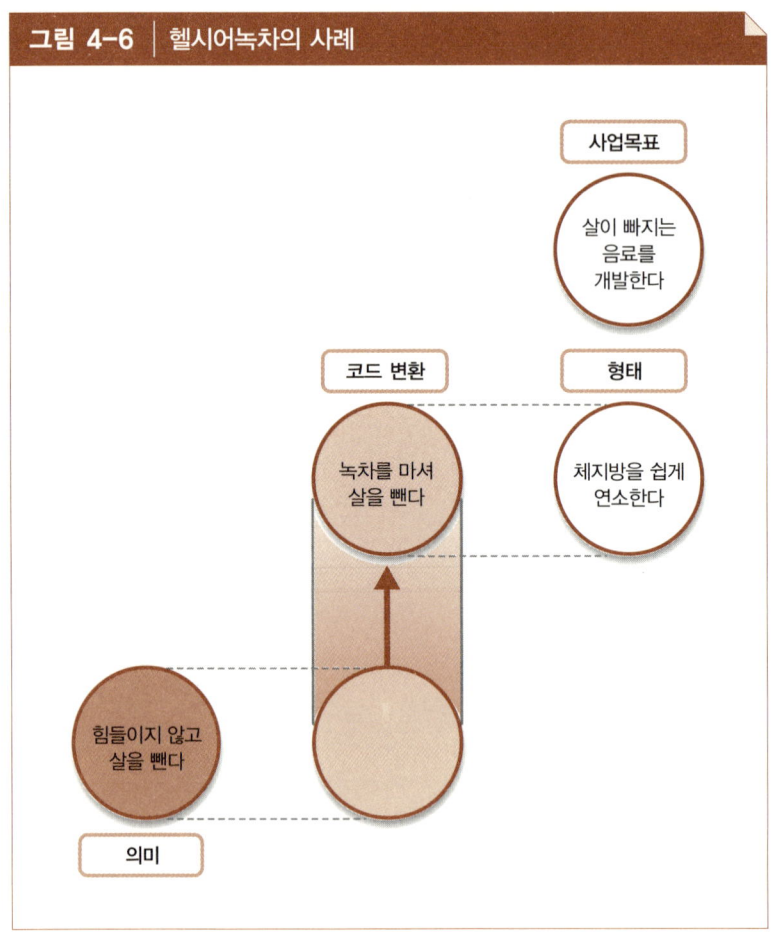

살을 빼는 방법은 얼마든지 있다. 헬스클럽에 가서 런닝머신을 하거나, 지금 한창 유행하고 있는 근력 트레이닝을 해도 효과를 볼 수 있다. 그렇지만 중년에 접어들면 한가한 틈이 나지 않으며 몸을 움직이는 것 자체도 귀찮아진다. 될 수 있는 한 '힘들이지 않고 살을 뺄 수 있다면 좋겠다'고 생각하는 것이다.

이에, 카오라는 회사는 음료 상품을 개발해 그 의미(힘들이지 않고 살을 뺌)를 실현하고자 했다. 그래서 음료와 의미 두 가지 측면에서 '녹차를 마시면 살을 뺄 수 있는지'를 검토했다. 녹차에는 카테킨이 들어 있으므로 녹차를 마시면 힘들이지 않고 살을 뺄 수 있다. 게다가 고농도 카테킨이 지방을 쉽게 연소한다는 사실도 확인했다.

그리하여 '힘들이지 않고 살을 뺀다'(의미)에 '녹차를 마시면 살이 빠진다'(코드 변환)를 결합해 '체지방을 쉽게 연소한다'는 형태(=상품 컨셉)를 도출했다.

3

심리상태를 먼저 진단하라

앞에서 광고 제작 방법이 컨셉을 구축하는데 유용하다고 언급했다. 쉽게 말하자면, 광고 제작 방법을 응용하면 누구라도 파워 컨셉을 구축할 수 있다. 왜냐하면 바로 앞부분에서 언급했듯이 코드 변환을 선택하는 기준이 광고 목표이므로 코드 변환을 의미와 결합하면 누구나 형태=파워 컨셉을 만들 수 있기 때문이다(형태=의미×코드 변환).

그러면 여기서 하나의 가설, 즉 "만약 정형화된 광고 목표와 코드 변환을 얻을 수 있으면 형태X는 손쉽게 구할 수 있다"가 성립한다. 헬시어녹차의 경우 '살이 빠지는 음료를 개발한다'는 광고 목표를 세우면 '녹차를 마셔 살을 뺀다'는 코드 변환을 도출할 수 있다. 그리고 녹차에 들어 있는 성분이 무엇인지 분석해, 주성분인 카테킨을 대량으로 넣어 '체지방을 쉽게 태운다' 는 형태를 만든다. 중요한 사실은 '광고 목표'로부터 얼마나 빨리 '코드 변환'을 찾아내느냐 하는 것이다. 곧바로 말하자면, 찾아낼 것까지 없이 광고 목표와 코드 변환 사이에 일정한 규칙이 있으면 된다.

예를 들면 의사의 치료(테라피) 같은 것이다. 의사가 어째서 똑같은 치료를 거듭 할 수 있느냐 하면, 환자의 증세를 잘 알고 있을 뿐만 아니라 거기에 적합한 치료법도 알고 있기 때문이다. 내과 의사, 치과 의사 등, 의사라는 이름이 붙은 사람들은 모두 환자의 증세에 맞는 치료를 할 줄 아는 사람들이다.

이것을 구체적으로 설명하기 위해 만든 것이 〈그림 4-7〉이다. 감기 증세와 치료를, 앞의 광고 제작 방법을 나타내는 그림에 대입해보자.

날씨 때문에 감기 초기증세가 나타났다. 콧물은 줄줄 흐르지만, 열은 아직 나지 않는다. 병원에 가서 의사에게 "감기에 걸렸는지 어제부터 콧물이 나옵니다"하고 증세를 말하면, 의사는 증세에 맞는 감기 초기 약을 지어준다. 그리고 그 약을 먹음으로써 감기가 깨끗이 낫는다. 이상하게도 자신이 알아서 약을 먹으면 낫지 않는데, 의사에게 가면 영락없이 낫는다. 이것은 감기 초기라고 증세를 정확하게 판단해 거기에 맞는 치료를 하기 때문이다.

다시 광고 제작 방법을 나타내는 〈그림 4-/〉을 보자. 〈그림 4-7〉에 감기 증세와 치료를 대입한 다음, 의미를 토대로 감기 증세를 판단하면 치료법은 코드 변환이 된다. 이 정도라면 누구든지 형태를 만들

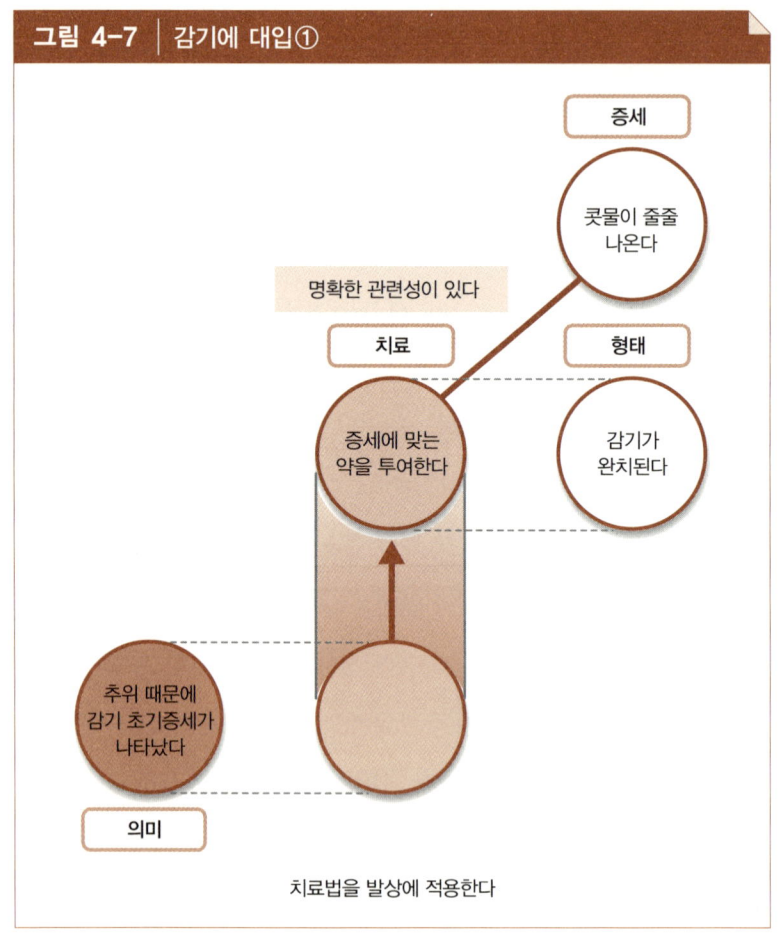

그림 4-7 | 감기에 대입①

치료법을 발상에 적용한다

수 있을 것이다.

그리고 그 순서를 정리한 것이 〈그림 4-8〉이다. 치료법을 광고 제작 방법에 적용하기 위해 광고 목표에 '증세', 코드 변환에 '치료'를 대입한다. 그리고 나서 의미를 설정하고(순서①), 그에 해당하는 증세를 선택

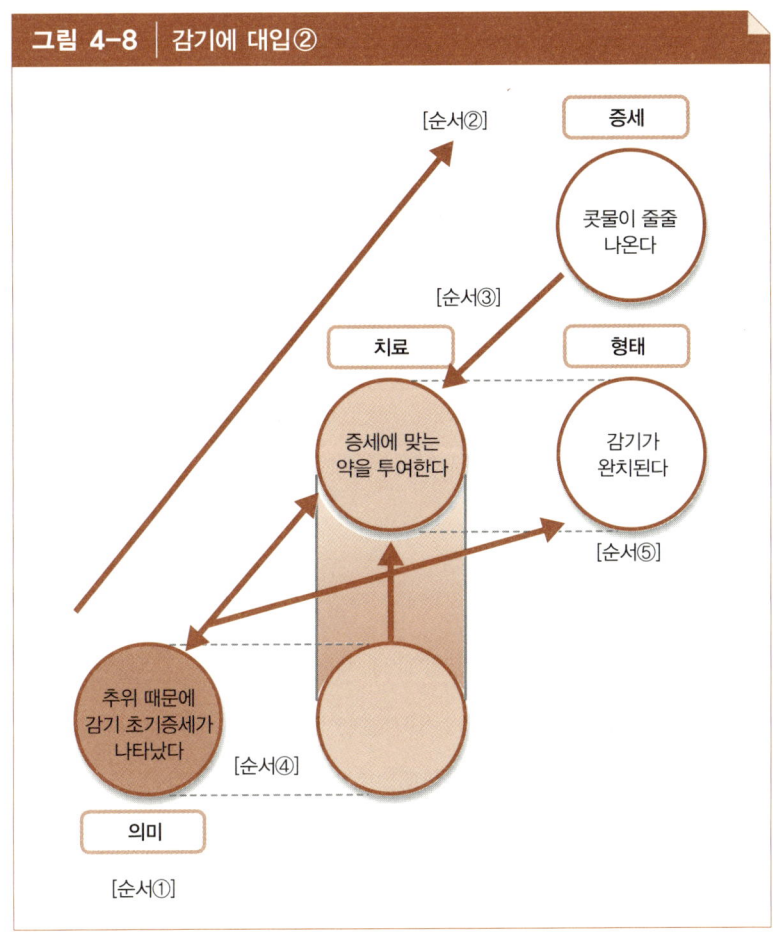

하면(순서②), 치료=코드 변환이 되며(순서③), 코드 변환과 의미를 결합하면(순서④), 누구라도 형태를 구할 수 있다(순서⑤). 이와 같이 광고 제작 방법에 치료법을 적용하는 발상법을 '테라피 발상법'이라 부른다.

4
결핍된 심리를 공략하라

그러면 어째서 치료법을 발상법에 적용해도 좋은지 살펴보자. 21세기에 접어들면서 많은 변화가 일어났는데, 그 가운데 가장 크게 변화한 것은 현대인들이라고 생각한다. 특히 현대인들의 정신질환이 두드러지게 늘어나고 있다. 그러한 사실을 증명이라도 하듯이 신경증, 우울증이 크게 늘어났으며, 또 정신질환이 신체적인 병으로 나타나 기관지 천식, 부정맥, 과민성 대장증후군도 늘어나고 있다. 또한 새로운 형태의 정신질환으로서 수면장애, 외상 후 스트레스 장애, 다이어트 장애 등도 생겨나고 있어 현대인들은 더욱 병에 시달리는 추세에 있다.

이러한 정신질환이 나타나는 첫 번째 원인은 인터넷(=가상)의 등장에 있다. 특히 여기서 지적하고 싶은 것은 현실과 가상의 경계다. 구체적으로 말하자면, 현실과 가상의 경계가 모호해지고 있다는 것이다.

일찍이 프랑스의 사회학자인 장 보드리야르는 "걸프전은 일어나지 않았다"고 말했다. 그 말은 역설이었지만, 실제의 걸프전이라는 현실보다도 미디어에 의해 드러난 영상의 영향이 컸다. 이는 미디어에 의해 만들어진 영상에 우리가 현혹되어 있었다는 것이다.

장 보드리야르의 지적은 현실이란 무엇인지를 생각하게 만든다. 무엇이 진정한 현실이고, 무엇이 만들어진 현실인가? 만들어진 현실이 가상이라 한다면 지금 현대인들은 가상을 보고 있는 시간이 절대적으로 많다. TV와 비디오는 물론, 인터넷상에서 영상과 음성을 즐길 수 있는 스트리밍까지 가상의 범위에 포함시킨다면 정말 오랜 시간을 가상과 접하고 있는 것이다.

그렇게 되면 현실과 가상의 구분이 이루어지지 않게 된다. 정신질환이 드는 원인이 바로 거기에 있다. 현실을 실감하지 못하기 때문에 자신의 존재 의의를 확인하지 못하고, 그 결과 병에 걸리는 것이다.

병이 나타나는 두 번째 원인은 고도의 정보 활동에 있다. 그 예로서 21세기의 특징적인 현상인 구매 패턴을 지적하고 싶다. 이전에는 무언가 필요한 것이 있으면 가게에 가서 전단지를 받아와 집에서 살 것을 정한 다음, 다시 가게에 가서 물건을 샀다. 그러나 최근에는 집에서 인터넷을 통해 가격 비교 사이트에서 가격을 조사한 다음, 어떤 상품을 구매할 것인지 결정해 온라인 또는 오프라인 구매를 한다.

이것은 훌륭한 구매 행위라고 할 수 있다. 그 결과 현대인들의 판단은 빨라졌고 판단의 정확도도 높아졌다. 그러나 '합리성'을 중시하는 경향이 강해진 반면, 다른 한 편에 있는 인간다운 '너그러움'과 '여유'가 사라졌다. 그리고 후자의 '여유'가 사라진 탓에 타인에 대한 배려가 부족해졌다. 그 때문에 자신에게 불리하다고 생각되는 것이 있으면 사정없이 몰아붙인다. 대표적인 예로써 일본 최대의 인터넷 게시판인 'www.2ch.net'에서 주고 받는 대화 내용을 보면 도저히 사람들이 제대로 행동하고 있다고 생각되지 않는다.

병이 나타나는 세 번째 원인은 커뮤니케이션의 다양화에 있다. 예전에는 실시간으로 대화하는 커뮤니케이션 수단이 오로지 집전화밖에 없었지만, 시간이 지나면서 '삐삐'가 나왔고, '시티폰'이 나왔으며 지금은 휴대전화까지 나왔다. 더군다나 휴대전화 메일, 이메일, 인터넷 전화 등 갈수록 커뮤니케이션 수단은 다양해지고 있다.

지금은 대화를 하려고 마음먹으면 실시간 대면, 휴대전화, 휴대전화메일, 이메일, 인터넷 전화 등 다양하게 이용할 수 있다. 또한 그 수단마다 감각의 차이가 있기 때문에 상황에 따라 가려 쓰게 된다. 그렇게 되면 커뮤니케이션이 복잡해지는 만큼 인간관계도 어수선해지고 어려워진다. 쓸데없는 이야기로 시간을 낭비하는 경우도 많다. 이것 역시 어줍잖은 커뮤니케이션 수단이 다양하게 발달했기 때문에 나타나는 현상이다.

그 때문에 정신분열증 또는 다중인격 장애와 같은 정신병이 매우 일반적인 행동 속에서 나타나고 있다. 예를 들면 최근의 개그 프로그램을 보고 있으면 모두들 형태의 강도에만 반응하고 있다. 개그맨들의 동작이나 우스꽝스러운 옷차림은 인기를 얻고 있지만, 그것이 무엇을 뜻하는지는 아무도 관심을 두지 않는다. 그러므로 개그는 소비재로서 재빨리 소비되며 댓바람에 사라져버린다. 그것은 일종의 정신분열증과 같은 것으로 의미와 형태가 잘 결합되어 있지 않기 때문에 나타나는 현상이다.

또한 온라인상의 여장남자인 후로게이는 온라인상에서 성별이 바뀌는 것으로 알려져 있는데, 최근에는 한 사이트만이 아니라 여러 사이트에서 후로게이 행세를 하고 있다. 실제로 여러 사이트에서 후로게이들이 활동하고 있는 것을 자주 보게 된다. 다중인격 장애로 말미암아 인격(성별)이 두 갈래로 나누어져버렸기 때문이다. 그러면 어째서 이런 현상이 일어난다고 생각하는가?

『문화기호론』이라는 책을 보면, 본디 말은 '단위성', '유계성', '신체성'에 의해 하나의 의미와 밀접하게 관련(=속박)되어 있다고 적혀 있다. 말이 의미와 밀접하게 관련되어 있으므로, 말을 형태로 바꿔 읽으면 형태도 하나의 의미에 속박된다는 숙명을 지닌다.

예를 들면 마케팅 전문가 A와 B가 이야기를 나누고 있다고 하자. 그들은 전문가들이기 때문에 자신들 특유의 언어를 사용해 커뮤니케이션을 한다. 일반인들은 아무리 들어본들 잘 알지 못하지만, 그들은 그들 사이에서만 통하는 전문용어를 쓰고 있기 때문에 매우 정확하게 커뮤니케이션을 나눌 수 있다. 이것은 전문용어에 존재하는 코드가 명확하게 의미를 규정하고 있기 때문이다. 20세기의 의사소통도 그와 동일한 면이 있었다. 하나의 말과 하나의 형태에는 명확한 코드가 있기 때문에 누가 그것을 들어도 동떨어진 의미를 떠올리는 적은 없었다.

그러나 21세가 되자 형태를 숙명적으로 속박했던 '단위성', '유계성', '신체성'이 형태를 속박하지 않게 되었다. 예를 들면 '창조적 소비'라는 말은 애초 공급자가 설정하고자 했던 의미와 전혀 다른 의미를 소비자들이 만들었다. 또 테니스 라켓을 먼지떨이 대신으로 사용하거나, 세탁소에서 주는 옷걸이를 사각으로 구부려 알루미늄포일을 입혀 생선구이 석쇠로 사용하는 등, 형태와 의미는 불가분의 관계에서 벗어나게 되었다.

또한 가상은 형태와 불가분의 관계에 있는 현실적인 의미 외에 또 하나의 의미를 만들어 의미의 복수화를 실현했다. 즉, '형태에는 하나의 현실(예를 들면 자신의 성공은 오직 현실)만 있다'는 생각을 부정하게 했으며, 무엇이든 현실적으로 성공하지 않아도 가상적으로 성공하면 된다는 생각을 하게 만들었다.

그것은 마치 영어밖에 말하지 못하는 미국인과 중국어밖에 말하지 못하는 중국인이 커뮤니케이션을 하고 있는 것과 같다. 이때에는 말(=형태)이 효과를 발휘하지 못하며, 커뮤니케이션은 미국인과 중국인 그들이 지금까지 지니고 있었던 겉으로는 드러나지 않는 문화(=의미)를 밑바탕으로 하여 이루어진다. 그 때문에 20세기의 커뮤니케이션에 있어서는 코드가 중요했지만, 21세기의 커뮤니케이션에 있어서는 서로

의 의미가 중요하게 되었다.

    그렇지만 지금 상황을 보면, 현대인들은 의미의 중요성은 인식하고 있어도 의미를 잘 다루지 못하고 있다. 그 때문에 형태와 의미가 동떨어져 있다든지, 형태가 의미에 비해 비대화되어 있다든지, 하나의 의미에 복수의 형태가 존재하는 현상이 벌어지고 있다. 그렇다면 이와 같은 문제를 해결하는 방안으로서 컨셉을 제시할 수 있다. 즉, 형태의 강도에만 주목하고 있다면, 형태가 의미하는 부분을 가르쳐준다. 또 형태와 의미가 분리되어 있으면 결합해 준다. 그리고 형태가 복수의 의미를 지니고 있으면 어떤 형태가 의미와 가장 일치하는지를 알려준다. 그래서 치료법으로서의 역할을 컨셉에도 적용해야 한다는 것을 제안한다.

5
증세에 맞는 컨셉으로 치유하라

그러면 치료법을 발상법에 적용한다고 하면 어떤 치료법이 가장 적합할까? 그 답으로서 이 책에서는 인지행동치료법을 제시한다.

인지행동치료법의 대부로서 펜실베이니아대학 정신의학 교수인 아론 벡은 "인지행동치료법은 우울증 환자와 비우울증 환자의 사고 과정을 비교함으로써 우울증 환자 특유의 비논리적이고 비현실적인 사고 유형을 발견하는 치료법이다. 이 치료법은 인지 왜곡의 원인이 되고 있는 개인의 인지 도식, 개인의 내면에 있는 상당히 일관된 지각 내지 인지의 구조를 바꾸는 작업을 통해 치료를 하는 것이다."라고 했다.

그런데 여기서 컨셉을 잘 구축할 수 있느냐는 절대적으로 센스에 달려 있다고 생각하는 사람이 있다고 하자. 그런 사람은 자신에게는 센스가 없기 때문에 컨셉을 구축할 수 없다고 믿어버리는 경우가 많다. 이것이 개인의 인지 도식이다.

앞서 아이디어를 발상하는 착안점과 그것을 가공하고 변환하는 방법을 익히면 누구나 컨셉을 구축할 수 있다고 설명했다. 즉, 이 책에서는 컨셉을 구축하기 위한 작업의 일환으로서 인지 왜곡을 바로잡는 데 초점을 둘 것이다. 그리고 인지행동치료법에서도 '개인의 인지가 행동 이상과 밀접하게 관련되어 있기 때문에 왜곡된 인지를 바로잡는 것이 행동 이상을 치료하는데 도움이 된다' 고 주장했다. 간단히 말해 사람이 잘 행동할 수 없는 원인은 인지 왜곡에 있으며 따라서 인지 왜곡만 바로잡으면 행동도 바로잡힌다는 견해다.

예를 들어 운동을 계속하지 않으면 뚱뚱해진다고 생각하는 사람들은 하루라도 운동을 빼먹으면 이미 뚱뚱해졌다고 철석같이 믿어버린다. 그러나 단지 하루 쉰다고 해서 영향을 미치는 것은 아니다. 또 청주를 마시면 고약하게 취하는 사람들은 청주를 마시면 절대 안 된다고 믿어버린다. 그런 사람들을 보면 흔히 청주 맛이 당기기 때문에 자제하지 않고 꿀꺽꿀꺽 마신다. 그러므로 고약하게 취하는 것이다.

원인을 차분히 생각하면 알 수 있음에도 불구하고 이상하게 받아들이고 청주를 까닭 없이 싫어한다. 이런 사람들에게는 운동에 관한 과학적인 데이터를 제시해 하루 정도 운동을 쉬는 편이 오히려 운동 효율이 높아져 살이 빠진다고 가르쳐준다. 또 청주는 입에 당기기 때문에 작은 술잔보다는 컵에 따라 차분하게 마시면 고약하게 취하지 않는다고 가르쳐준다.

이와 같이 사고방식을 바꾸도록 도와주는 동시에, 하루 정도 운동을 쉬게 하거나 안심하고 청주를 마시게 하도록 유도한다. 즉, 인지의 증세를 밝혀 적절한 치료를 하는 것이 인지행동치료법의 관점이다.

예를 들면 사람들의 시선을 의식해 두근두근 거리면서 목소리가 떨리는 현상이 나타나면 예민한 불안감이 주된 증세이며 그것이 몸 상태에 영향을 미친다고 판단한다. 그러므로 예민한 불안감을 치료 대상으로 삼아, 인지행동치료에서 사용하는 전문용어인 임상적인 개입을 시도하여 증세를 치료한다. 이는 스트레스가 발생할 때 개인이 지니고 있는 대처능력을 높여 스트레스에 반응하는 정도를 약하게 하여 발생 자체를 미리 막는 치료를 말한다.

그러면 치료 대상이 되는 증세=인지 왜곡에는 어떤 것들이 있는지 살펴보자. 〈그림 4-9〉는 치료 대상이 되는 증세를 그림으로 나타낸 도표이다.

❶ 선택적 추상화

다른 중요한 요소들은 무시한 채 주변 요소에 초점을 맞추고, 그것에 근거하여 경험 전체를 이해하는 것을 말한다. 예를 들면 살을 빼는 방법은 많이 있지만, 그것을 먹는 것만으로 한정해버린다. 즉, 살을 빼기 위해 유일하게 통제할 수 있는 것은 먹는 것이라고 굳게 믿어버

그림 4-9 | 치료 대상이 되는 인지 왜곡

❶ 선택적 추상화 → 사소한 것에
근거하여 경험 전체를 이해한다

예 : 살을 빼기 위해 유일하게
통제할 수 있는 것은 먹는 것이다

❷ 임의적 추론 → 관계가 없는 것에서
인과관계를 찾는다

예 : 과자는 모두 복부 지방이 된다

❸ 과일반화 → 하나의 사건을
일반적인 결론으로 삼는다

예 : 쌀을 먹고 있을 동안에
살이 쪘기 때문에 쌀을 먹으면
반드시 살이 찐다

❹ 역기능적 믿음 → '반드시 해야만
한다'고 굳게 믿는다

예 : 나는 모든 사람에게
잘 보여야 한다

❺ 개인화 → 자신과 관계없는 일도
자신의 일이라고 믿는다

예 : 내가 마침 지나갔을 때
두 사람이 웃은 것은
내가 살이 쪘기 때문이다

❻ 이분법적 사고 → 모든 것을
양자택일로 몰고 간다

예 : 만약 완벽하게 다이어트를 하지
않으면 살이 찐다

리는 것이다.

곰곰이 생각해 보면 살을 빼기 위한 방법은 얼마든지 있다. 그렇지만 그런 사람들은 여러 가지 방법을 추상화하여 그냥 믿어버린다. 이것이 선택적 추상화다. 그 외에도 필기시험에서는 A를 받고 면접에서는 D를 받은 사람이 '시험을 망쳤다'고 하는 경우, 한 개인이 자신이 한 일을 평가받을 때 평가 속에 긍정적인 평가와 부정적인 평가가 함께 있는데도 부정적인 평가에만 초점을 맞추는 경우 등이 이에 속한다.

❷ 임의적 추론

관계가 없는 것에서 인과관계를 찾는 것이다. 보다 쉽게 말하자면, 어떤 결론을 지지하는 증거가 없거나 그 증거가 결론에 위배되는 데도 그러한 결론을 내리는 것을 말한다. 임의적 추론에는 기대하는 어떤 것이 이루어지지 않았을 때 그것을 파멸로 생각하는 것과 최악의 상황을 생각하는 것이 포함된다.

예를 들면 '과자는 모두 복부 지방이 된다'고 여기는 사고방식이다. '과자'와 '복부 지방'은 인과관계가 없는데도, 그것을 억지로 결부시킨다. 애초부터 있을 수 없는 일을 믿어버리는 것이기 때문에 미신적 사고라고도 부른다. 또 편지에 대한 답장이 없자 자신이 무시당하고 있다고 여기거나, 의사가 고개를 갸우뚱거리는 모습을 보고 불치의 병에 걸렸다고 여기는 것도 임의적 추론에 해당한다.

❸ 과過일반화

하나의 고립된 사건에 근거해 일반적인 결론을 내리고 그것을 서로 관계없는 상황에 적용하는 것을 말한다. 즉, 어떤 특정한 사건을 여러 가지 사건 가운데 하나로 생각하지 않고 일반적인 현상으로 단정하는 것이다. 예를 들면 '쌀을 먹고 있을 동안에 살이 쪘기 때문에 쌀을 먹으면 반드시 살이 찐다'고 생각하는 것이다. 그런데 '쌀'에는 구체성이 없으므로 밥 한 공기, 삼각 김밥 세 개, 밥 한 되가 모두 똑같다. 밥을 적절한 양만 먹으면 살이 찌지 않음에도 불구하고 쌀을 지나치게 일반화해버린다.

또 다른 예로는 남편이 회사에서 너무 바빠 미처 전화하지 못했다는 말 한마디에 '이제는 사랑이 식었다'며 결론적으로 생각하는 것, 평소 자신을 배려하고 도와주던 배우자가 어느 때 한 번 배려하지 않았다고 해서 자신에게 무심하다고 결론을 내리는 것, 시험에 실패한 한 학생이 이번 학기의 다른 시험에도 통과하지 못할 것이고 성적이 나빠 퇴학당하리라고 생각하는 것 등을 들 수 있다.

❹ 역기능적 믿음

'반드시 해야만 한다'고 굳게 믿는 것이다. 즉, 각 개인이 경험을 통해 인생에 대해 지니고 있는 가정이나 믿음 중 지나치게 경직되고, 극단적인 것이다. 예를 들면 '나는 모든 사람들에게 잘 보여야 한다'고 믿는다. 어린 시절부터 머리도 좋고 몸매도 좋았던 여성이 서른을 넘기자 배가 나왔다. 그러나 나는 완벽한 몸매여야만 한다고 믿고선 밥을 먹지 않아 섭식장애에 걸린다. 여기서는 '나는 반드시 몸매가 좋아야만 한다'는 '지나친 의무감'이 작용하고 있다.

❺ 개인화

자신과 관계없는 일도 자신의 일이라고 믿는 것이다. 즉, 근거 없이 외부의 사실을 자신과 연관시키는 것이다. 예를 들면 "내가 마침 지나갔을 때 그 두 사람은 나보고 살이 쪘다고 하면서 웃고 있었다"고 생각하는 것이다. 실제로는 그런 말을 하지 않았는데도 그런 식으로 들어버린다. 모든 것은 자신의 탓이고 원인을 개인에게 돌리기 때문에 개인화라 부른다.

또 자신의 행동 이외에 다른 요인이 상대방의 기분을 나쁘게 할 수 있었다는 점은 생각하지 않고, "그 여자는 오늘 기분이 나빴던 것 같았다. 내게 화가 난 것이 틀림없다"고 생각하는 것도 개인화에 해당한다.

❻ 이분법적 사고

모든 것을 양자택일로 몰고 간다. 흑백논리 혹은 모 아니면 도라고 생각하는 것이다. 완벽주의의 기저에서 흔히 발견되는 사고의 오류다. 예를 들면 "만약 완벽하게 다이어트를 하지 않으면 살이 쪄버린다"고 생각하는 사고방식이다. '다이어트'와 '살이 찐다'라는 양자택일만으로 사물을 생각한다. 다른 선택지가 얼마든지 있음에도 불구하

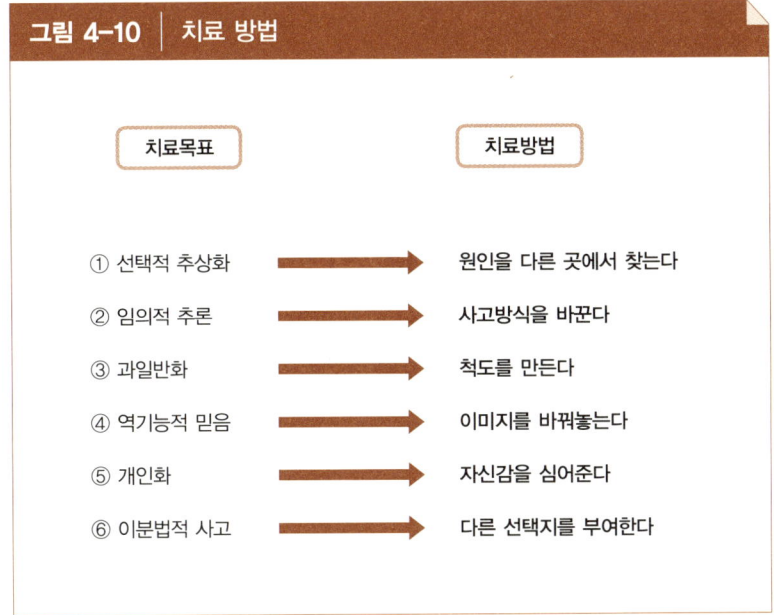

고 양자택일로 몰고 간다.

또 흑과 백 사이에는 무수한 회색지대가 존재하는 데도 새하얀 백색이 아닌 바에는 다 흑색으로 생각하고, 전부가 아니면 전무이며, 100점이 아니면 모두 0점이고, 성공이 아니면 실패이고, 완벽하지 못할 바에는 아예 그 일을 시작하지 못한다.

이분법적 사고라고 명명한 이유는, 세상을 이처럼 오로지 두 가지로만 구분하기 때문이다. 이분법적 사고는 현실을 비뚤어지게 파악하게 하는 원인을 제공한다. 이분법적 사고를 극복하도록 하기 위해 가장 많이 사용되는 기법은 척도화 기법이다.

그리고 이들 치료대상에 대해 그 치료방법을 제시한 도표가 〈그림 4-10〉이다.

① 선택적 추상화에 대해서는 원인을 다른 곳에서 찾는다.
② 임의적 추론에 대해서는 사고방식을 바꾼다.
③ 과일반화에 대해서는 척도를 만든다.
④ 역기능적 믿음에 대해서는 이미지를 바꿔놓는다.
⑤ 개인화에 대해서는 자신감을 심어준다.
⑥ 이분법적 사고에 대해서는 다른 선택지를 부여한다.

위와 같이 치료하여 행동을 개선한다.

인지행동치료법은 크게 인지적 기법과 행동적 기법으로 나뉜다. 인지적 기법에는 '환자 특유의 의미를 이해한다', '환자의 생각을 뒷받침하는 증거에 관한 질문을 한다', '누구 또는 무엇 때문에 그렇게 되었는지 검토한다', '선택의 여지가 있는지 알아본다', '비관적인 견해를 누그러뜨린다', '상상한 과정을 검토한다', '긍정적인 측면과 부정적인 측면을 검토한다', '부정적인 생각을 긍정적인 생각으로 바꾸게 한다', '인지 왜곡을 분류한다', '과장된 표현과 역설을 이용한다', '척도화 기법을 이용한다', '이미지를 바꿔놓는다' 등이 있다. 행동적 기법에는 '활동 스케줄을 작성한다', '습득과 만족감 스케줄을 작성한다', '단계적인 과제 할당표를 작성한다', '행동 예행 연습을 한다', '사회적 스킬 훈련과 주장 훈련을 한다', '독서 요법을 한다' 등이 있다.

이 책에서는 인지적 기법 중에서 증세에 가장 적합한 치료법 하나를 선택하기로 한다. 즉, 하나의 증세에 하나의 치료법만 적용하기로 한다. 하나의 증세에 여러 치료법을 적용해 가장 적합한 치료법을 선택하는 것도 고려할 수 있지만 그렇게 하면 사람에 따라서는 혼란을 일으킨다. 이하, 다음과 같이 개별적으로 설명하기로 한다.

가장 먼저 선택적 추상화다. 살을 빼기 위한 방법이 얼마든지 있는데도 살이 찌는 원인을 '먹는 것'에서만 찾는다. 그러므로 '먹는 것' 이외에 '운동'이라는 방법도 있다는 사실을 지적함으로써 왜곡된 인지를 바로잡는다. 그리고 이 치료법은 헬시어녹차에 응용할 수 있다(《그림 4-11》 참조).

중년 성인들은 힘들이지 않고 살을 빼고 싶어 하지만, 살을 빼려면 운동이 필요하다고 믿고 있다. 그러나 자신의 생활이 바쁜 나머지 헬스클럽에 갈 시간이 없다. 그렇기 때문에 살이 찌더라도 어쩔 수 없다고 포기해버린다. 이것이 선택적 추상화다.

그렇다면 살이 찌는 원인을 '운동'에서만 찾지 말고, 다른 것에서 찾아 해결하면 된다. 증세가 선택적 추상화이므로 그것의 치료법인 '원인을 다른 곳에서 찾아 해결하면 된다'를 적용해, 운동으로 해결하던 것을 녹차를 마시게 하는 것으로 바꿨다. 그리고 녹차를 마셔 살이 빠지도록 하기 위해 '고농도 녹차 카테킨'을 개발해 체지방이 쉽게 분해되도록 했다. 그리하여 헬시어녹차가 만들어졌다.

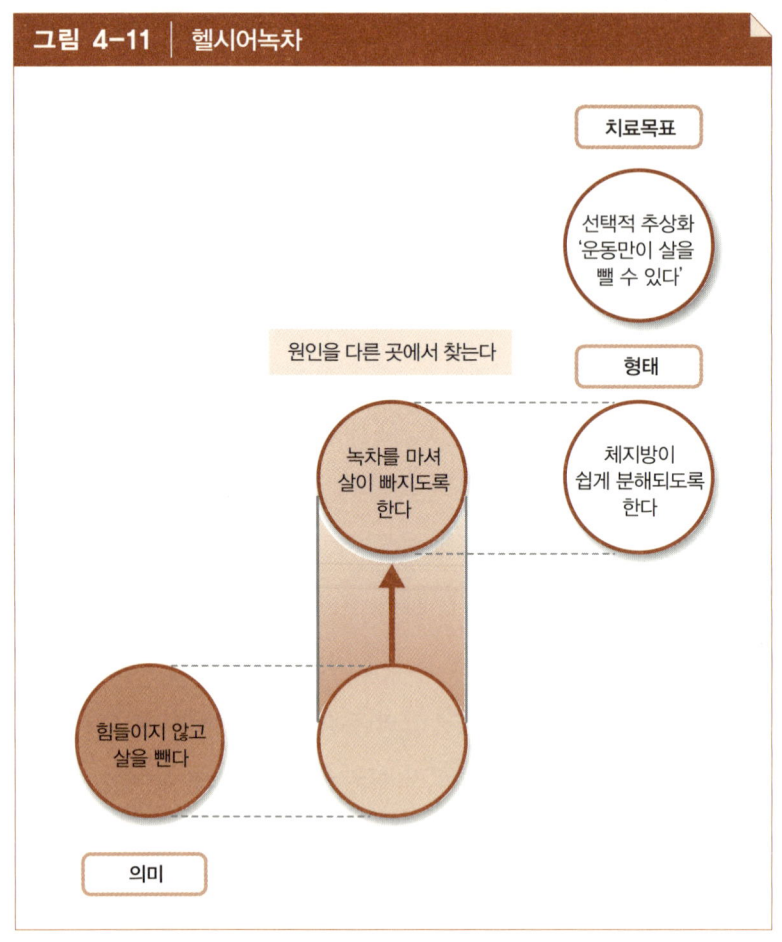

또 하나 GMO인터넷사의 사업 컨셉을 보기로 하자(〈그림 4-12〉 참조). 이 회사는 지금은 대기업이 되었지만, 원래는 인터넷 종량제를 주력 사업으로 전개하여 성공한 기업이다. 여기서는 GMO인터넷사가 인터넷 종량제라는 것을 어떻게 적용했는지 알아보자.

그림 4-12 | GMO

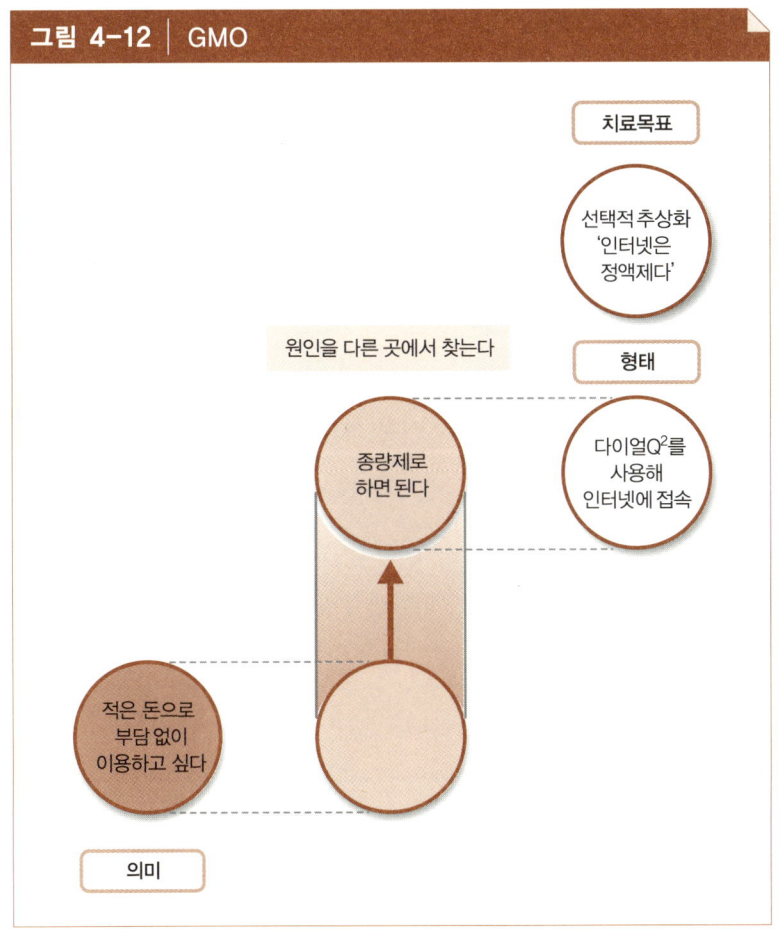

그 당시 인터넷 회사들은 모두 정액제 방식을 취했기 때문에 인터넷을 이용하려면 정해진 금액을 내야만 했다. 요금도 비쌌기 때문에 사람들은 인터넷을 이용할 엄두를 내지 못했다. 그 때문에 모두들 적은 돈으로 부담 없이 이용하고 싶어 했다. 그러나 '인터넷은 당연히 정액제다'고 생각했기 때문에 정액제에 의문을 품는 사람이 없었다. 이것 역시 다른 방법이 있음에도 불구하고 그것 밖에 없다고 생각해 버리는 선택적 추상화다.

그러므로 요금이 비싼 원인을 다른 곳에서 찾아 해결하면 된다. 이에 GMO인터넷사는 요금이 비싼 원인을 해결하기 위해 종량제를 도입하여 다이얼Q2를 사용한 시간만큼 돈을 내게 했다. 물론 이 서비스는 모두에게 환영받아 빠르게 보급되었다.

임의적 추론의 치료방법은 사고방식을 바꾸면 된다. 과자를 먹으면 살이 찐다고 생각하는 사람들은 '과자는 모두 칼로리 덩어리다'고 생각하고 있으므로, '칼로리가 거의 들어있지 않는 과자도 있다'고 깨닫게 하면 된다. 예를 들면 구약나물로 만든 젤리라면 칼로리가 거의 들어있지 않으므로 먹어도 살이 찌지 않는다. 이와 같이 방법을 제시해 주면 '살이 찌지 않는 과자도 있다'고 사고방식이 바뀐다.

그리고 이 치료법을 '매일매일 DS 두뇌 트레이닝'에 응용할 수 있다(〈그림 4-13〉 참조). 모든 사람들은 나이를 먹어도 두뇌를 단련하고 싶어 하지만, '나이가 들면 머리가 잘 돌아가지 않는다'고 생각하고 있다. 그러나 이것 역시 쓸데없는 미신에 지나지 않는다. 빌 클린턴 전 대통령이나 토니 블레어 전 수상은 아무리 나이가 들어도 두뇌가 좋다고 소문이 있다. 문제는 두뇌를 어떻게 단련하느냐에 달려 있다.

그렇지만 두뇌를 어떻게 사용해야 할지 제대로 알지 못한다. 빌 클린턴과 토니 블레어는 줄곧 정치에 대해 공부를 계속하고 있기 때문

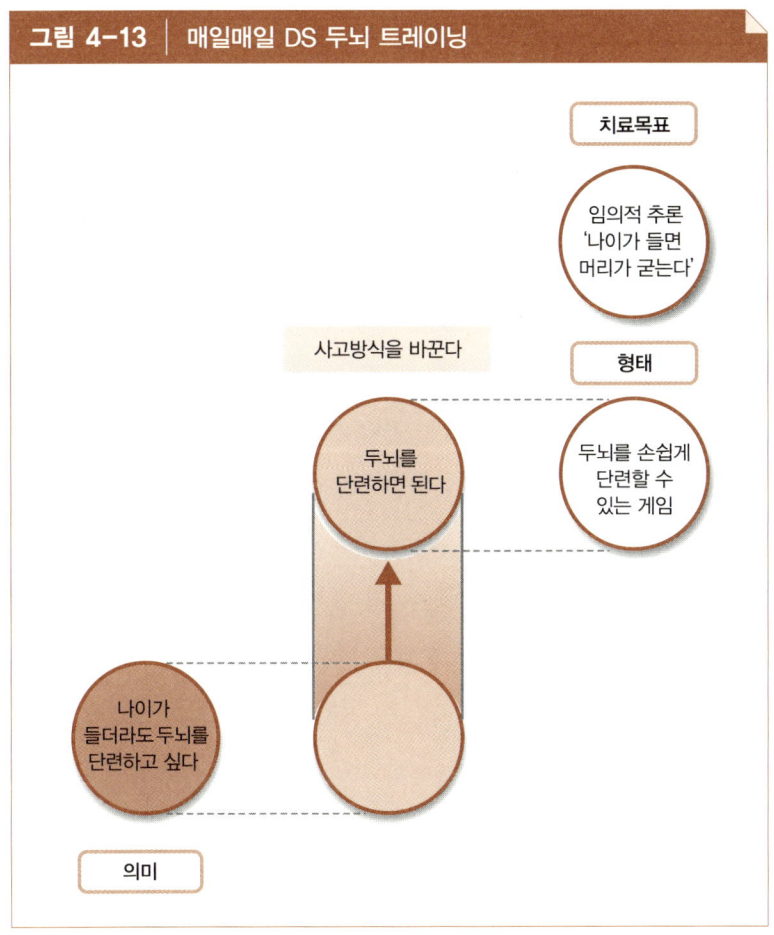

그림 4-13 | 매일매일 DS 두뇌 트레이닝

에 아무리 시간이 지나도 머리가 잘 돌아가지만, 그렇게 오랫동안 공부를 계속할 수 있는 사람은 좀처럼 없다. 아니, 그렇게 공부를 계속하는 자체가 불가능할 것이다. 이러한 체념 때문에라도 '나이가 들면 머리가 잘 돌아가지 않는다'라고 철석같이 믿어버릴지 모른다.

그러나 '나이가 들면 머리가 잘 돌아가지 않는다'는 것은 임의적 추론이다. 그러므로 사고방식을 바꾸면 된다. 여기서 '두뇌를 단련하면 된다'는 발상이 생겨났다. 그것도 공부가 아니라 게임이라는 놀이를 통해 두뇌를 단련할 수 있다면 누구든지 좋아할 것이다. 이렇게 좌뇌도 우뇌도 손쉽게 단련할 수 있는 게임=매일매일 DS 두뇌 트레이닝이 생겨날 수 있었다.

또 하나 미스미라는 회사의 사업 컨셉을 보자(〈그림 4-14〉 참조). 미스미는 금형부품 등을 취급하는 종합상사다. 이전에는 영업맨들이 사용자들로부터 다품종 소량의 금형부품을 수주받아 그것을 메이커에 발주해 다시 사용자에게 납품하는 비효율적인 비즈니스를 전개했다. 그렇지만 업계에서는 그런 비즈니스 방식이 예사였기 때문에 영업맨들이 다품종 소량의 니즈에 응하는 것은 마땅하다고 생각하고 있었다. 이것은 임의적 추론이다.

당시 사장이었던 다구치 히로시씨는 '어떻게든 영업을 하지 않고, 고객의 니즈를 충족시키고 싶다'고 생각했다. 그래서 사고방식을 바꿔 '구매 대리점이 되겠다'고 생각했다. 즉, 사용자와 메이커가 시키는 대로 상품을 보내는 것이 아니라 사용자와 메이커 사이에 서서 수급을 조절하고자 했다.

그리고 그 형태로서 '카탈로그 통신판매'를 생각했다. 그렇게 하면 일일이 영업을 하지 않아도 사용자들이 필요로 하는 상품을 주문받아 메이커에 발주할 수 있었다. 게다가 납기보증, 가격보증을 했기 때문

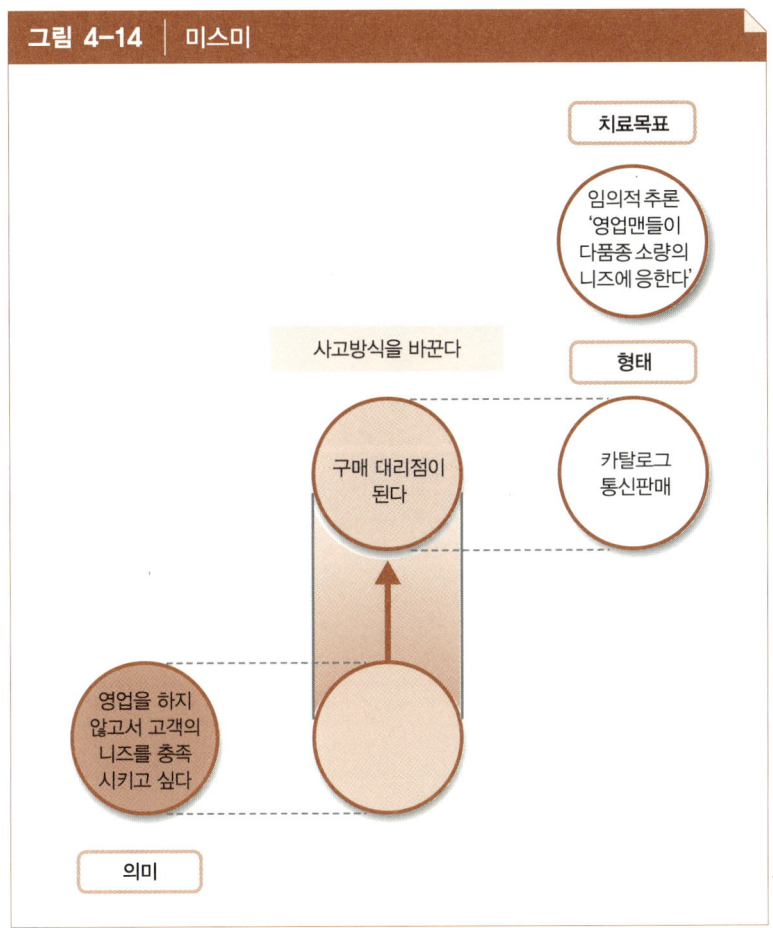

그림 4-14 | 미스미

에 고객들로부터 크게 환영받았다.

다음은 과일반화다. 바로 앞 사례에서 언급한 대로 과일반화는 쌀을 먹으면 반드시 살이 찐다고 믿는 데서 생기는 병이지만, 쌀을 어느 정도 먹으면 되는지 잣대가 없다. 그러므로 치료법으로서 잣대를 만

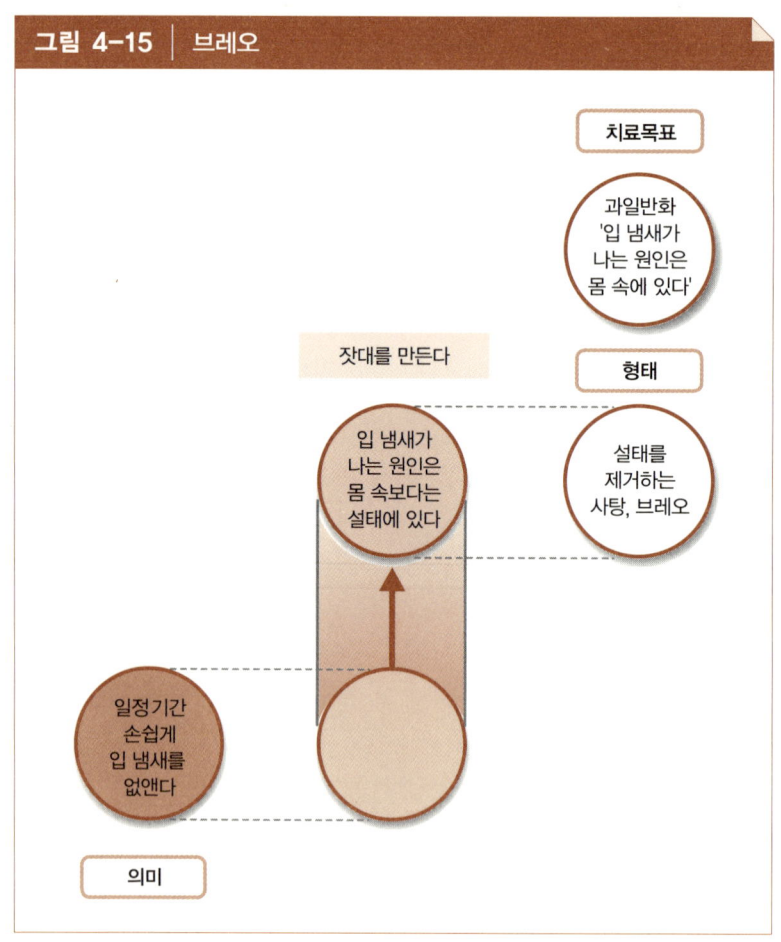

들어주면 된다. 즉, '쌀을 적당량 먹으면 살이 찌지 않는다'는 잣대를 만들어줌으로써 왜곡된 인지를 바로잡는다.

그리고 이 치료법은 '브레오'에 응용할 수 있다(〈그림 4-15〉 참조). 구강 세정제를 쓰면 일시적으로는 입 냄새를 없앨 수 있다. 그러나 보다 근본적으로 요구되는 것은 '일정 기간 손쉽게 입 냄새를 없애는 것'이다. 무엇보다 젊은 여성들이 강하게 원했다. 그렇지만 입 냄새는 몸 안, 특히 위장이 안 좋은 경우에 난다고 생각하는 사람들도 많다. 그러나 브레오를 통해 명백하게 밝혀졌듯이, 실제로는 입안 특히 혀에 들러붙어 있는 하얀 이물질(=설태)이 입냄새의 원인이 된다는 것을 알 수 있었다. 그렇다면 입 냄새가 나는 원인이 무엇인지를 밝혀 입 냄새를 없애는 잣대를 만들어 주면 된다. 그래서 일정 기간 입 냄새를 없애고 싶으면 '혀에 들러붙어 있는 하얀 이물질을 없애면 된다'는 잣대를 만들어 준다.

이러한 과정을 통해 키위에 들어 있는 단백질 분해효소인 액티니딘, 소취작용이 있다고 하는 카테킨, 냄새의 원인이 되는 성분을 흡수하는 고리 모양의 올리고당 등을 배합한 브레오가 생겨났다. 광고를 할 때는 브레오를 핥아먹은 여자아이들이 깨끗해진 혀를 내밀면서 한꺼번에 '메롱' 하는 모습을 보여주었다. 이와 같이 알기 쉽게 광고를 한 탓에 브레오는 크게 히트했다.

또 하나 에스테화학의 사업 컨셉을 보자(〈그림 4-16〉 참조). 에스테화학 등이 취급하고 있는 방향·탈취제라는 생활용품은 좀처럼 뚜렷하게 내세우기 어려운 상품으로 모두들 있어도 그만이고 없어도 그만이라고 생각하고 있었다. 즉, 생활용품은 모두 비슷한 수순이므로 마음이 내키면 사용해도 되지만 없어도 그만이라고 생각하고 있었다. 이것도 과일반화다.

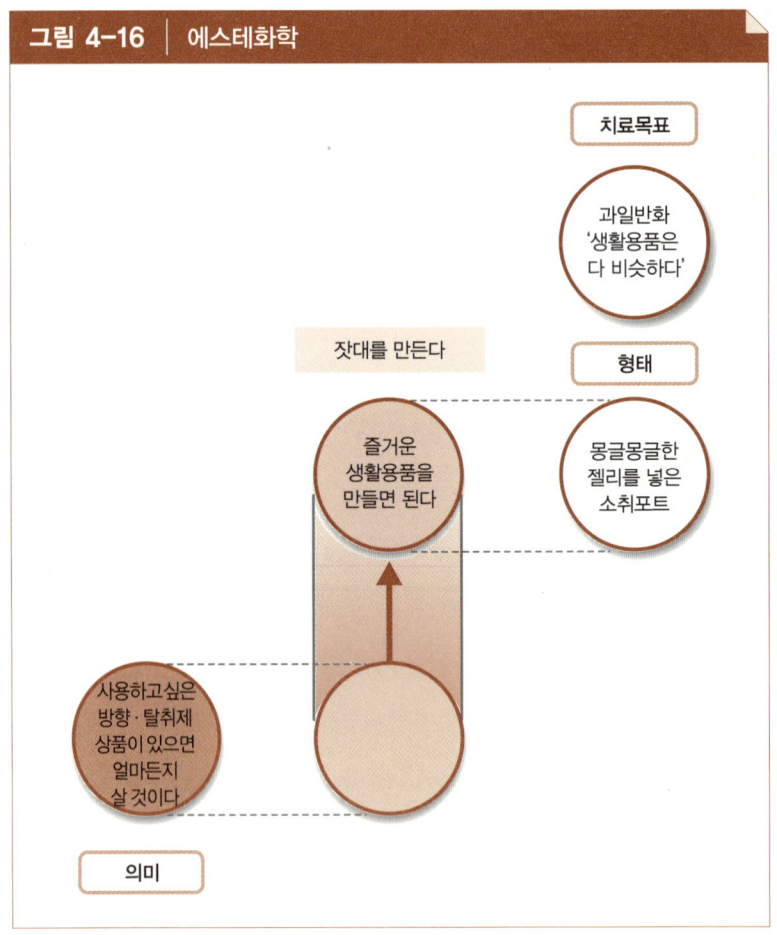

그림 4-16 | 에스테화학

 이에 대해 에스테화학은 '사용하고 싶은 방향·탈취제 상품이 있으면 얼마든지 살 것이다'라고 생각했다. 그래서 '즐거운 생활용품'을 새로운 잣대로 삼아 투명한 용기 속에 몽글몽글한 젤리를 넣은 '소취 포트'라는 상품을 개발했다. 용기를 흔들면 몽글몽글하여 귀여운 느낌이

들도록 했으며, 광고도 재미있게 만들어 즐거운 상품이라 강조했다.

흔히 이런 종류의 상품들은 상품 효과를 알리는 것을 광고 목표로 삼지만, 소취포트는 그런 것에는 개의치 않고 오직 '즐거운 상품'이라고 줄곧 강조했다. 즉, 사용 가치보다도 감각 가치에 무게를 두고 호소했다. 에스테화학은 이와 같은 사고방식을 다른 상품에도 적용해 매출을 크게 늘렸다.

다음은 역기능적 믿음이다. '나는 언제나 착한 아이여야 한다'는 사고방식을 '나는 즐거운 아이여도 좋다'는 사고방식으로 바꾸게 한다.

원래의 사고방식은 부정하지 않고 '착한 아이'를 '즐거운 아이'로 이미지를 바꿔놓는다. 즉, 나는 '즐거운 아이'가 되어도 그것은 '착한 아이'의 한 요소이므로 '즐거운 아이'여도 좋다고 여기게 하는 것이다. 그리고 이 치료법은 '헤어콘택트'에 응용할 수 있다(〈그림 4-17〉 참조).

흔히 대머리를 감추고 싶어 하는 사람들이 많이 있을 것이다. 특히 젊은 사람일수록 괴롭기 때문에 가발에 기대는 경우가 많다. 여기에는 '대머리는 감추는 것'이라는 역기능적 믿음이 있다. 또 그 정도까지 심각하게 괴로워하지 않는 사람일지라도 '대머리를 손쉽게 감출 수 있다'면 당장이라도 그렇게 하고 싶을 것이다. 그러나 거기에도 '대머리는 감추는 것'이라는 역기능적 믿음이 있다. 그래서 프로피아 사는 대머리에 대한 이미지를 바꿔놓으면 '심각하게 고민할 필요 없이 멋지게 감출 수 있다'고 생각했다. 그래서 '손쉽게 장착할 수 있는 부분 가발'로 형태화했다. 이것이 '헤어콘택트'였다.

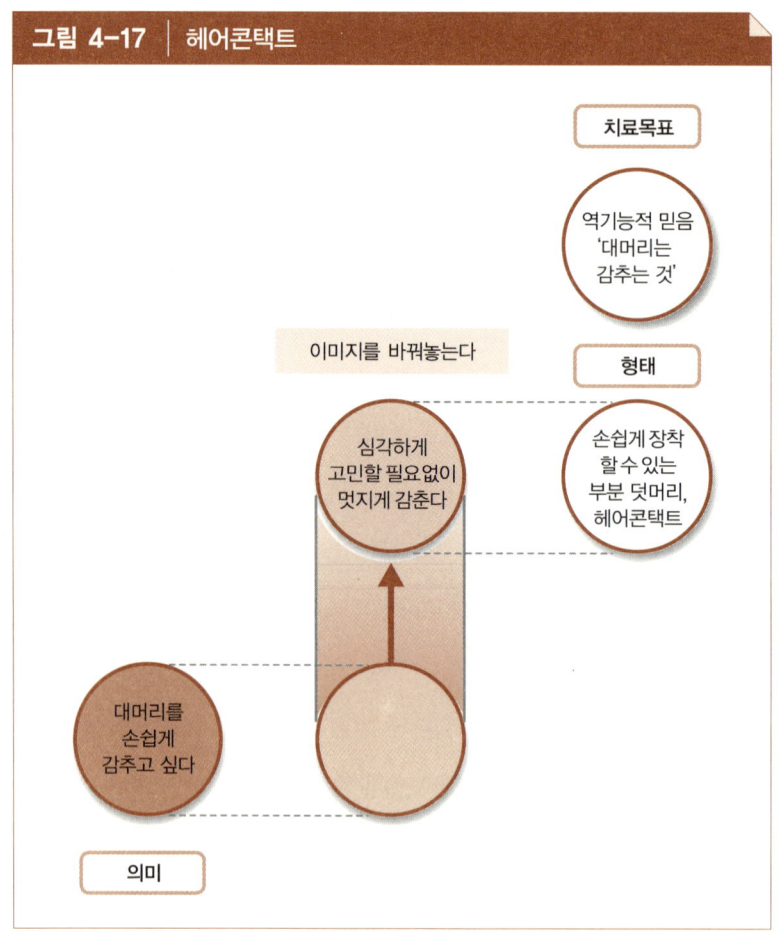

그림 4-17 | 헤어콘택트

얼마 전, '헤어콘택트'를 즐겨 쓰고 있는 사람에 관한 기사를 어느 잡지에서 읽은 적이 있는데, 그 사람은 대머리인 사실을 심각하게 받아들이지 않았다. 어차피 대머리가 되었으므로 전혀 개의치 않겠다는 것이었다. 그러나 헤어콘택트가 '부분 가발=패션 감각'이라고 설명하자 멋으로 사용해 보겠다고 말했다. 예를 들면 대머리에 어울리지 않는 옷을 입을 때 헤어콘택트를 사용하겠다는 것이었다. 이와 같이 새로운 이미지(=패션)를 만드는데 성공해 헤어콘택트는 크게 히트했다.

또 하나 재활용센터 프랜차이즈 회사인 '생활창고'의 사업 컨셉을 보자(〈그림 4-18〉 참조). 일찍이 '중고품은 형편없다'는 역기능적 사고가 있었다. 그렇지만 사람들은 '본디 좋은 물건이고 싸기만 하면 중고라도 좋다'고 생각하고 있었다. 특히 헌옷 붐이 일고 있는 가운데 젊은이들에게는 '중고라도 싸고 좋으면 중고를 선택하겠다'는 사고방식이 자라잡고 있었다.

그러나 중고품은 '사기 꺼려진다'는 문제가 있었다. 중고품을 취급하는 가게는 점포가 그다지 깨끗하지 않았으며 직원들도 상냥하지 않다는 문제가 원인으로 작용했기 때문에 재활용센터는 인기가 없었다.

그래서 생활창고는 점포가 깨끗하고 직원들 차림새도 말쑥하다면 중고품이 더 많이 팔릴 것으로 생각했다. 즉, 중고품을 판다는 것의 이미지를 바꿨던 것이다. 그렇게 하면 '점포가 깨끗하고 직원들 차림새도 말쑥하며, 물건은 중고이지만 충분히 사용할 수 있고 깨끗하고, 값까지 싸다'는 것이 된다. 그렇게 되자 많은 사람들이 생활창고를 찾게 되어 매출이 크게 늘어났다. 이에 자극을 받아 최근에는 생활창고와 같은 재활용센터 프랜차이즈 기업들이 많이 생겨났다.

다음은 개인화다. 이것은 모든 사람들이 자신의 열등감에 눈을 돌리고 있다고 착각하는 데서 생기는 병이다. 그러므로 이런 사람들에

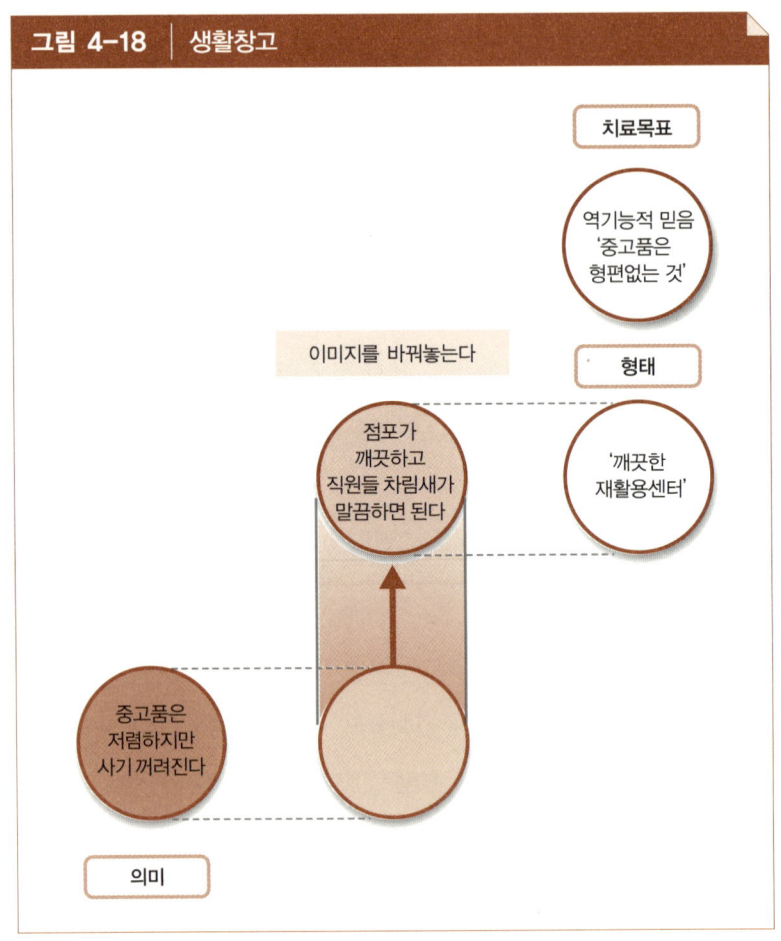

그림 4-18 | 생활창고

게 '열등감에 시달릴 필요가 없다', '당신은 뚱뚱하지 않다'고 말해봤자 역효과만 불러일으킨다. 이 같은 경우에는 '당신이라면 반드시 날씬해 질 수 있다'라고 자신감을 심어주는 것이 중요하다. 이 치료법은 P&G의 페브리즈에 응용할 수 있다(〈그림 4-19〉 참조).

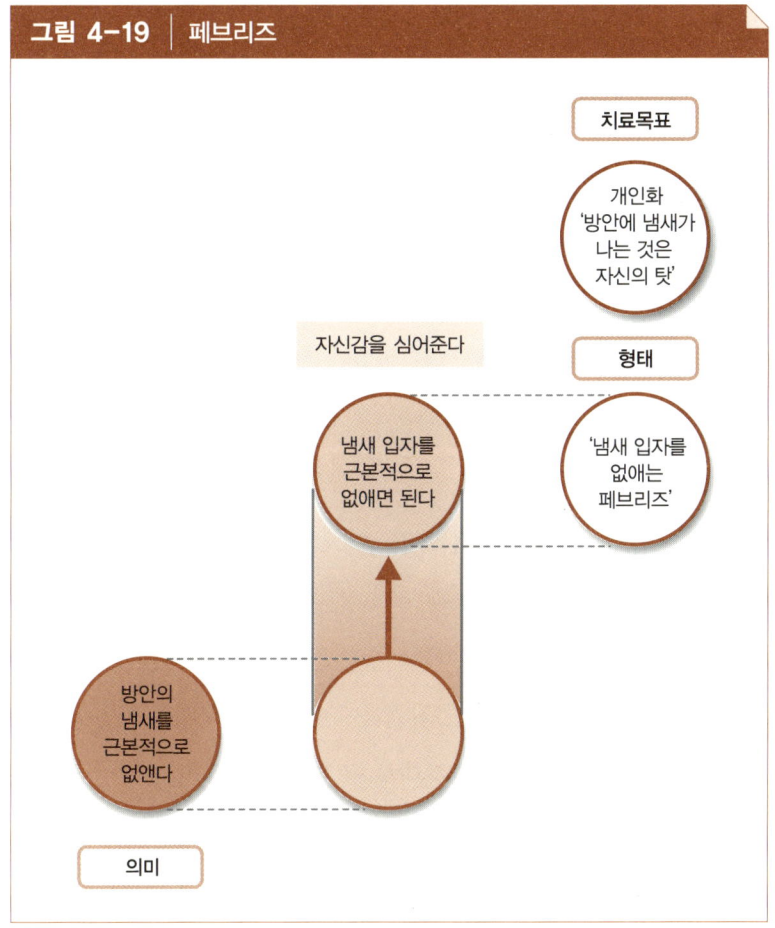

그림 4-19 | 페브리즈

담배를 즐기는 애연가가 있다고 하자. 그는 담배연기를 싫어하는 여자 친구가 있어 반드시 담배를 끊으려고 하지만 쉽지 않았다. 그렇지만 여자 친구에게 담배 냄새만은 풍기고 싶지 않았다. 방안에 방향제를 둔다고 해서 냄새를 없앨 수는 없었다. 결국 그는 방안에 냄새가 나는 것도 자신의 탓이고, 담배를 끊지 못하는 것도 자신의 탓으로 돌렸다. 이것이 개인화다.

이에 대해 P&G는 '나쁜 냄새가 배어 있는 섬유에 뿌려 냄새 입자를 근본적으로 없애자'고 생각했다. 그리하여 '옥수수에서 추출한 소취 성분', 화장품과 비누에 사용되고 있는 것과 똑같은 유형의 성분, 야채와 과일에 들어 있는 성분을 배합하여 페브리즈를 개발했다. 이에 따라 지금까지는 방안에 향기를 뿌려 냄새를 일시적으로 없앴지만, 페브리즈를 사용함으로써 냄새를 근본적으로 없앨 수 있다.

또 하나 인력 파견회사인 풀캐스트사의 사업 컨셉을 보자(〈그림 4-20〉 참조). 풀캐스트사는 인력 파견업에 특화하여 성공한 회사로서 초기에는 단순인력을 파견했었다. 어느 회사든 직원들이 하기에는 적합하지 않은 허드렛일이 있다. 예를 들면 창고 정리라든지 커다란 회의실 청소, 소규모 이사 등이다. 직원들이 이런 허드렛일을 일일이 하기에는 힘에 부치며, 그렇다고 제대로 된 업자에게 부탁할 만한 성질의 것도 아니었다. 될 수 있으면 인력 파견회사로부터 아르바이트생을 파견 받아 처리하고 싶어 했다.

그러나 인력 파견회사에서 나온 아르바이트생들을 회사가 직접 관리 감독하기란 여간 성가신 일이 아니다. 결국 사람을 잘 부릴 재간이 없으므로 자기들이 직접 하겠다고 마음을 먹는다. 여기서는 '아르바이트생(=단순 인력)들을 잘 부리지 못하는 것은 자신들의 탓'이라고 여겨 자신들에게 책임을 돌려 버린다. 그렇지만 속으로는 단순 인력을

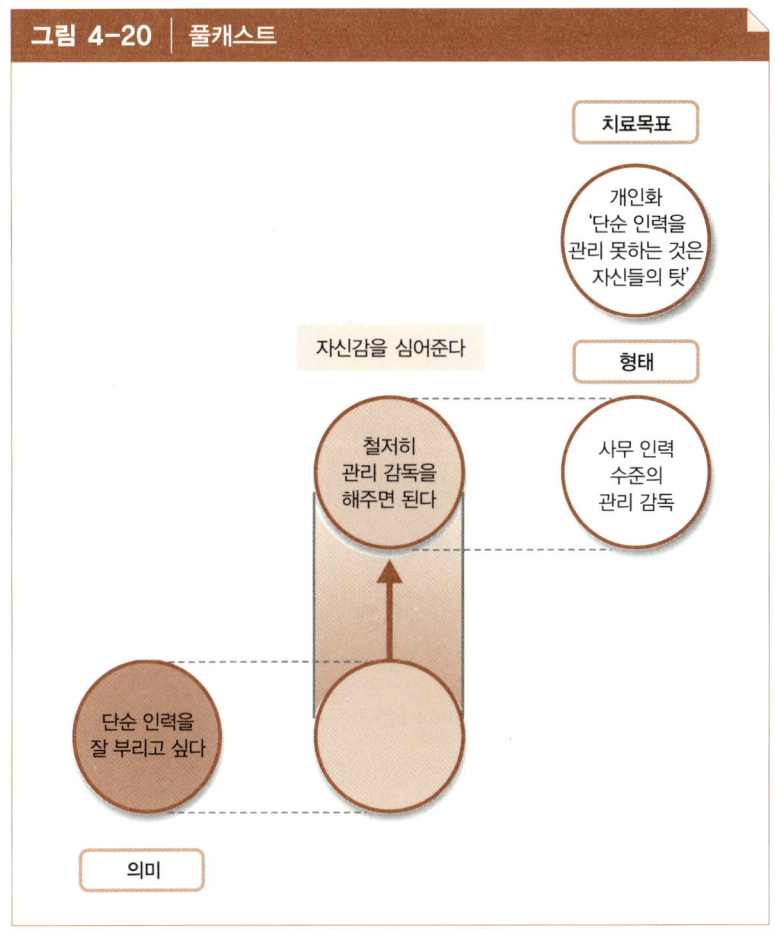

그림 4-20 | 풀캐스트

잘 부리고 싶어 했다. 그런데 풀캐스트사는 단순 인력을 파견만 하는 것이 아니라, '철저히 관리감독까지 해주면 된다'고 생각했다. 즉, 본디 학생들은 엉성하고 야무지지 못하므로, 아침에 전화를 걸어 제 시간에 일어나도록 하거나, 작업장에 담당자를 두든지, 일당 지급을 하면 야무지게 일할 것으로 생각했다.

　인력 파견을 의뢰하는 쪽도 비용이 다소 많이 들더라도 관리 감독을 제대로 해줄 인력 파견회사가 있으면 자신들도 학생들을 잘 부릴 수 있다고 생각할 수 있다. 즉, 자신감을 부여하는 것이 된다. 그리하여 풀캐스트사가 인력을 파견해 제대로 관리 감독을 해주자, 많은 회사들이 풀캐스트사에 인력 파견을 요청하게 되어 매출이 크게 늘어났다. 원래 풀캐스트사의 사장은 학생 시절에 가정교사 파견 사업을 손수 했다고 한다. 그때 가정교사라는 사무 인력을 관리 감독하는 방법을 터득했는데, 그것을 단순 인력 파견에 적용한 것이다.

　마지막은 이분법적 사고다. 결벽증에 집착한 나머지 완벽하게 할 수 있는지 없는지 양자택일로 치닫기 때문에 걸리는 병이다. 예를 들면 다이어트를 완벽하게 할 수 없으면 자신은 영원히 뚱뚱보에서 벗어나지 못할 것으로 믿어버린다. 그러나 살이 찐 여자를 좋아하는 남자도 있다. 그러므로 여기에 또 하나의 선택지로서 결혼을 넣어본다. 그렇다면 다이어트를 하지 않아도 좋아하는 남자가 있다는 것이 되므로 다이어트를 하겠다는 그 자체에 의미를 두지 않아도 된다.

　그리고 이 치료법은 '로케이션프리'에 응용할 수 있다(〈그림 4-21〉 참조). 로케이션프리가 대단한 것은 인터넷을 이용하면 세계 어디서나 자기 집에 있는 TV를 실시간 그대로 볼 수 있다는 점이다. 예를 들면 자신의 HDD레코드에 녹화한 드라마를 미국 출장 중에도 호텔에서 볼 수 있다. 그러나 예전에는 TV를 보려면 정해진 곳에서 보던지, 아

그림 4-21 | 로케이션프리

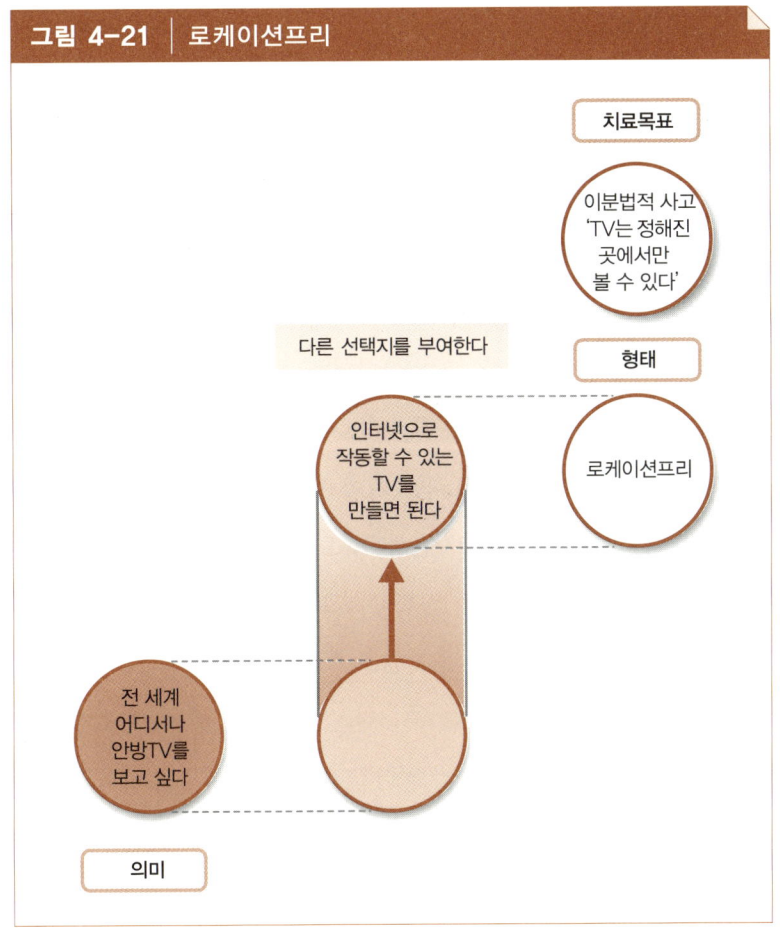

니면 전혀 보지 않던지 양자택일을 해야만 했다. 그러므로 외국에 가면 말을 못 알아듣기 때문에 TV를 보지 않았다. 그래서 소니는 또 하나의 선택지인 '인터넷으로 컨트롤할 수 있는 TV를 만들면 된다'고 생각했다. 그리하여 2장에서 언급한대로 네트워크 대응 기지국(TV튜너)을 개발했다.

또 하나 e억세스사라는 통신회사의 사업 컨셉을 보자(〈그림 4-22〉 참조). e억세스사는 교토세라믹(현 교세라)의 창업주인 이나모리 가즈오 씨와 DDI(현 KDDI)의 창업주인 센모토 사치오 씨가 1999년 광대역 통신 서비스 보급을 목적으로 설립했던 회사로서, ADSL 서비스를 가장 먼저 시작해 크게 성공했다. 그러나 이러한 성공은 남들과 똑같은 평범한 발상을 통해 이룩한 것이 아니었다.

그 당시 일본의 인터넷 회선은 ISDN서비스가 주류를 이루었다. 세계 제2위의 통신회사인 NTT라는 거대 기업이 주도했던 영향력 때문에 광사이버 시대가 올 때까지는 ISDN으로 간다는 분위기였다. 그렇지만 기본속도가 64kbps인 ISDN은 2회선을 동시에 사용하면 속도가 128kbps까지 나왔지만, 동화상을 주고받는 마니아층을 만족시키기에는 불편한 회선 속도였다. 그러나 당시에는 ISDN이 대세였기 때문에 ISDN 이외에는 선택지가 없다고 생각했다. 이것은 영락없이 이분법적 사고다. 그 반면 마니아층은 물론 인터넷으로 정보 검색을 하기 시작했던 초기 수용자 조차 보다 빠른 통신 회선을 원하고 있었다.

그리하여 e억세스사는 ISDN과 광사이버 이외의 선택지인 ADSL을 보급하겠다고 생각했다. ADSL은 이름 그대로, (전화국에서 사용자까지 데이터가) 내려받는 속도보다 (사용자로부터 전화국까지 데이터가) 올라가는 속도가 느린 '비대칭' 이라는 문제를 안고 있었지만, 도입할 때부터 내려받는 속도가 1.5Mbps임을 강조했기 때문에 ISDN보다 압도적으로 빠

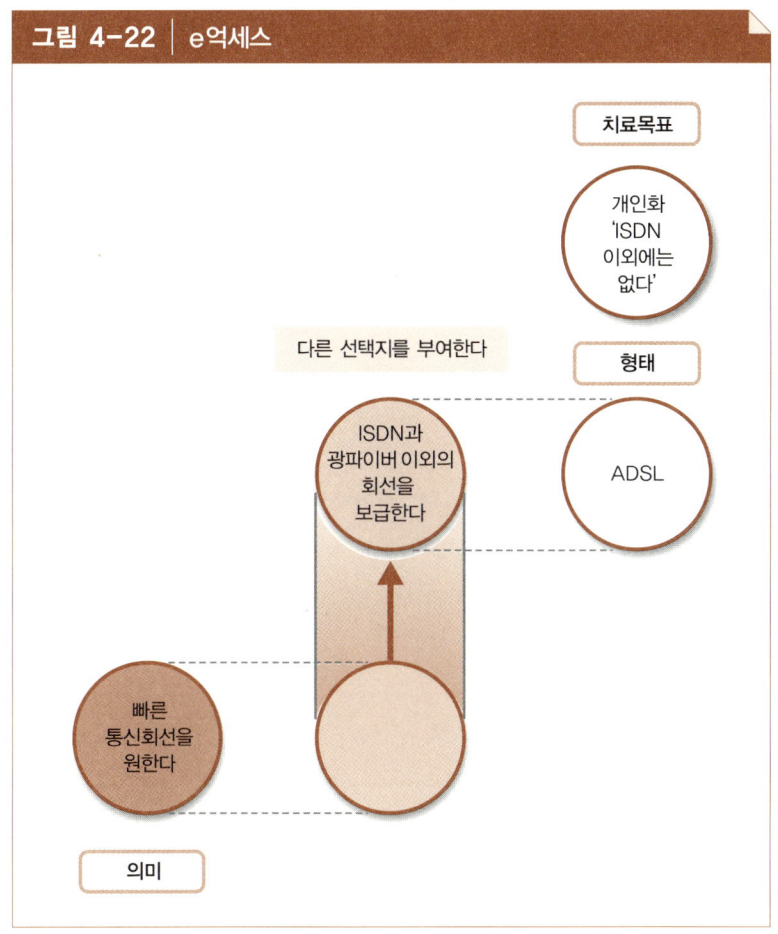

그림 4-22 | e억세스

른 회선 속도였다. 이러한 e억세스사의 예상이 들어맞아 소비자들은 ISDN에서 ADSL으로 눈을 돌렸고 그에 따라 e억세스사는 단번에 가입자를 모았다. 이러한 성공은 이분법적 사고에 빠지지 않고 ISDN 이외의 광대역통신 서비스를 보급하고자 생각했기 때문에 가능했다.

SKILL OF
POWER CONCEPT

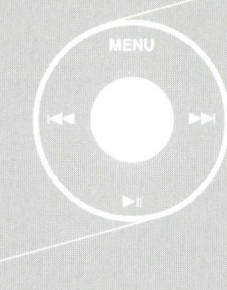

5장

확실한 공감대를 형성하라

수사법은 머릿속에 담겨 있는 내용을 그대로 표현하는 것이 아니라,
조금 기교를 부려 형태화하는 것이다.
그리고 수사법의 효과를 의식적으로 극대화하는 것이
레토릭 발상법이다.

1
이미지 영상을 떠오르게 하라

'레토릭(=수사법) 발상법'이란 의미를 형태로 변환할 때, 변환 코드로서 수사법을 활용하는 발상법을 말한다. 수사법의 제1인자인 사토 노부오 씨는 수사법을 '말을 교묘하게 사용하여 효과적으로 표현하는 방법'이라고 정의를 내렸다. 수사법은 이야기를 듣거나 글을 읽을 때 자주 접하게 되며 상대방으로 하여금 흥미를 느끼거나 일종의 자극을 받게 한다.

수사법은 머릿속에 담겨 있는 내용을 그대로 표현하는 것이 아니라, 조금 기교를 부려 형태화하는 것이다. 그리고 수사법의 효과를 의식적으로 극대화하는 것이 레토릭 발상법이다. 레토릭 발상법을 제대로 구사하기 위해 우선 수사법이 담겨 있는 광고 문구를 보고 그것이

어디에 어떻게 적용되어 있는지 살펴보자.

'젓가락 나라의 사람' 아지노모토
'이 노트북은 선남선녀의 날개' 일본IBM
'사상 최저가 유원지' 도시마공원
'와일드 벗 포멀 WILD but FORMAL' 도요타자동차
'한 번에! 파이팅!' 다이쇼제약
'아버지 그때 그 라거맥주를 드리겠습니다' 기린맥주

'젓가락 나라의 사람'은 일본의 식품 회사인 아지노모토의 조미료 혼다시의 광고를 리뉴얼할 때 채택한 캐치프레이즈다. 미타 요시코라는 유명한 여배우가 출연하고 있다.

'이 노트북은 선남선녀의 날개'는 1990년대 중반 일본IBM이 씽크패드의 광고에서 '료'라는 여성 모델을 기용해 내보낸 캐치프레이즈다. 이 뛰어난 문구 덕분에 '노트북은 지적 생활자들의 도구'라는 이미지를 창출했다.

'사상 최저가 유원지'는 자사의 유원지야말로 그 어느때보다도 가장 낮은 입장료를 받는다는 전면 신문광고로 모든 사람들을 깜짝 놀라게 했던 캐치프레이즈다. 그러나 광고가 1990년 4월 1일 만우절에 나가는 바람에 우스갯소리가 되었다.

'와일드 벗 포멀'은 도요타자동차가 선보인 해리어의 캐치프레이

그림 5-1 | 수사법의 종류

- 여러 가지 수사법이 있지만, 여기서는 2개 범주, 6개 유형으로 나누어 소개한다.
- 의미를 여러 가지 방법으로 '비유'하여 형태를 만든다.

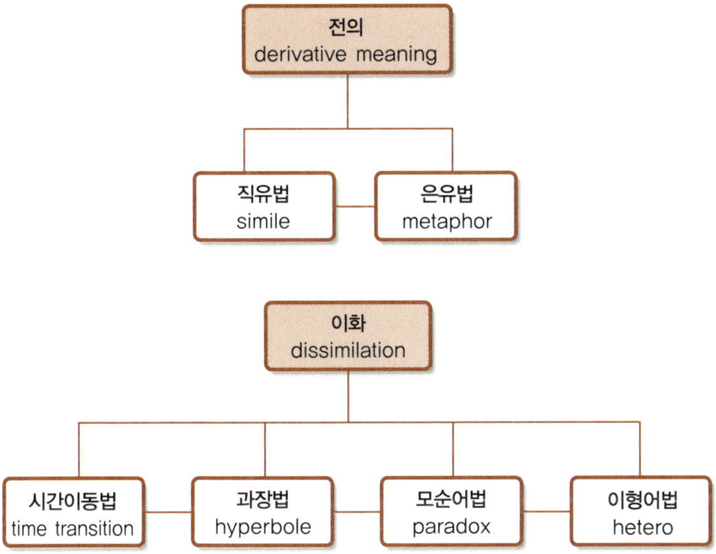

```
                    전의
              derivative meaning
                 /         \
            직유법           은유법
            simile         metaphor

                    이화
               dissimilation
         /          |          |         \
    시간이동법      과장법      모순어법      이형어법
  time transition  hyperbole   paradox      hetero
```

즈다. 사자 얼굴을 한 신사가 턱시도를 입고 있는 다소 유별난 광고였다. 보는 순간 "뭐야, 이 광고"하고 이상하게 여겼던 기억이 난다.

'한 번에! 파이팅!'은 자양강장제인 리포비탄D의 캐치프레이즈다. 몇 세대에 걸쳐 모델만 바뀌었을 뿐, 광고 내용은 한결같이 똑같다.

벼랑을 힘차게 오르는 사나이들, 산꼭대기에 올라 '한 번에! 파이팅!' 하고 외친다.

'어버지 그때 그 라거맥주를 드리겠습니다'는 기린맥주가 벌인 '원조 기린라거 증정 캠페인'의 광고 카피였다. 아버지뻘 세대들이 마셨던 예전의 라거맥주를 다시 만들어 나눠주는 캠페인이었다.

위의 광고 카피를 훑어보면 어느 것 하나 빠짐없이 기교를 멋지게 부리고 있다. 이러한 기교를 수사법이라고 하는데, 수사법은 아리스토텔레스가 활동했던 기원전 시대부터 존재했다. 히틀러도 저녁에 수사법을 구사해 대중들을 세뇌했을 정도로 수사법에 훤한 달인이었다.

이처럼 수사법을 철저히 이해하면, 그것을 밑바탕으로 누구나 코드 변환을 할 수 있다. 먼저 수사법을 두 개의 범주, 여섯 개의 유형으로 나누어 하나하나 자세히 살펴보자(〈그림 5-1〉 참조).

2

공감을 이끌어내는
6가지 **수사법**

❶ 직유법

 표현하고 싶은 내용(=의미)을 그것과 가장 비슷한 것에 비유하는 방법이다. 아주 쉽게 말하자면, '~같다', '~인 듯이', '~인 양' 처럼 직접적으로 비유하는 것이다. 사토 노부오 씨의 설명을 보면 왜 직유법을 사용하는지 알 수 있다.

 "어떤 사물 X를 기술하기 위해 X라는 말을 사용하려 했을 때 그것만으로는 의미를 전달하기에 역부족인 경우가 있다. 그 X에는 X라는 적절한 이름이 붙이 있지 않은 경우노 있으며, X를 기술하거나 설명하기 시작하면 한없이 길어지는 경우도 있다. 그럴 때 적절한 방법은 모든 사람들이 알고 있는 사물이며 게다가 X와 아주 비슷한 Y를 생각해내는 것이다. 이는 'X는 Y와 비슷하다', 'X는 Y와 닮았다' 등으로 표현한다."

이미 존재하고 있는 말을 가지고는 사물을 표현하기 어려울 때가 있다. 이럴 때는 자신이 말하고 싶은 것을 다른 말로 대치한다. 생각하고 있는 것과 표현하는 것이 비슷할 경우 그것을 직유법이라 한다. 예를 들면 매우 무서운 꿈을 꾸었다고 하자. 그것은 너무 무서워서 기존의 말로는 표현할 수 없다. 그럴 때, '수상한 발자국 소리' → '마치 얼음 위를 고무 슬리퍼를 질질 끌며 걸어가고 있는 것처럼', '푸르스름한 빛' → '가스 불꽃이 바람에 날려 꺼질 것처럼 흔들린다', '소름이 끼칠만한 모습' → '마치 목 언저리부터 등까지 찬 물을 끼얹은 것처럼 소름이 끼쳤다' 등 무의식적으로 표현한다.

사람들은 개념적으로 생각하고 있었던 것이 적절한 말로 바뀌면 감탄하거나 감동한다. 바꿔 말하자면 암묵지가 적절한 형식지로 바뀌면 심적인 감흥이 일어난다. 직유법을 사용하여 암묵지를 형식지로 바꾸면 양자의 관계가 가까워지는 것(형식지가 암묵지로 여겨진다)이 특징이다. 그러므로 표현하기 어려운 주관적이고 개인적인 지식인 암묵지를 사회적이며 객관적인 지식인 형식지로 적절히 바꾸었을 때 일어나는 심적 감흥은 강한 합의감이 된다.

이러한 이유 때문에 직유법은 상대방의 동의나 합의를 얻을 필요가 있는 식품, 음료, 부동산 등의 상품에 사용되는 경우가 많다. 위화감을 지니는 식품, 모순을 느끼는 음료, 지나치게 부풀려진 부동산 등을

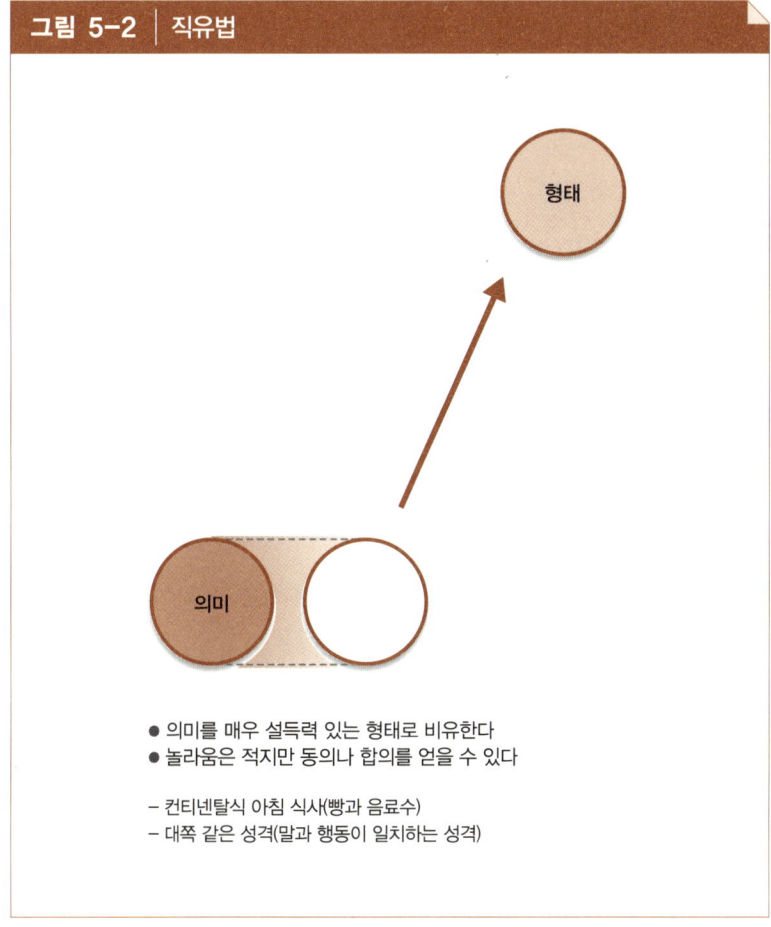

그림 5-2 | 직유법

- 의미를 매우 설득력 있는 형태로 비유한다
- 놀라움은 적지만 동의나 합의를 얻을 수 있다

- 컨티넨탈식 아침 식사(빵과 음료수)
- 대쪽 같은 성격(말과 행동이 일치하는 성격)

사고 싶어 하는 사람은 없기 때문에 상대방의 동의나 합의를 구하고 싶어 한다. 따라서 이런 상품들의 컨셉, 네이밍, 캐치프레이즈에는 직유법을 많이 사용하는 편이다(〈그림 5-2〉 참조).

좀 더 구체적인 예를 보기로 하자.

• 컨티넨탈식 아침 식사

호텔의 아침 식사 서비스다. 유럽식의 간단한 아침 식사(빵과 음료수 정도)를 산뜻하게 이미지화해 생겨난 표현으로 일본에서 처음 생겨난 표현이다. 이 구조는 '유럽식의 간단한 아침 식사(의미) → 코드 변환(직유법) → 컨티넨탈식 아침 식사(형태)'이다. 의미와 형태가 근접관계에 있기 때문에 만약 의미를 알지 못했던 사람일지라도 그 이유를 들으면 고개를 끄덕이게 된다. 이것이 직유법의 좋은 점이다.

• 대쪽 같은 성격

말과 행동이 일치하는 성격을 대쪽 같은 성격이라고 한다. 대나무가 한 방에 그냥 쪼개지는 것을 형태화해, 시원한 성격이라 표현했다. 이 구조는 '시원한 성격(의미) → 코드 변환(직유법) → 대쪽 같은 성격(형태)'이다. 의미와 형태가 근접관계에 있기 때문에 전달하고 싶은 내용을 바로 이해시킬 수 있다.

그러면 서두에서 언급했던 '아지노모토 혼다시'의 캐치프레이즈인 '젓가락 나라의 사람'의 구조를 살펴보자(〈그림 5-3〉 참조).

혼다시는 1970년 11월에 판매하기 시작했다. 그 당시 일본의 가정에서는 일반적으로 가다랑어포를 사용해 국물을 만들었기 때문에, 아지노모토사는 브랜드를 침투·정착시키기 위해 '가다랑어 맛이 나는 혼다시'라는 캐치프레이즈를 15년 동안 사용했다. 그 후 1988년 제품 내용과 포장을 새로 단장해 '전통에 입각한 현대적인 국물'이라는 컨

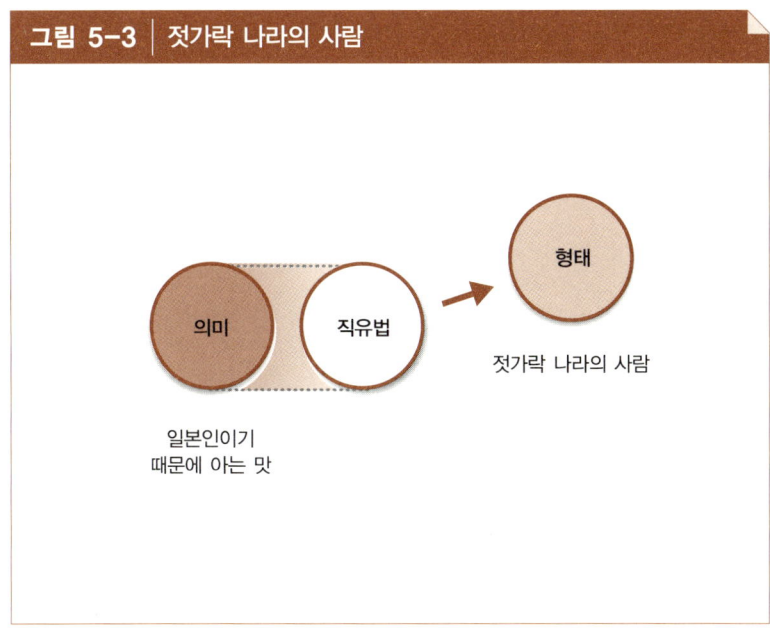

그림 5-3 | 젓가락 나라의 사람

셉을 구축했다. 그 때의 캐치프레이즈가 '젓가락 나라의 사람'이었다. 여기서 의도한 것은 '일본의 요리를 맛있게 하는 것이 혼다시'라는 사실을 인식시키는 것이었다.

생각해 보면 혼다시를 사용한다는 것은 옛날에 국물을 만들었던 방식에 비하면 손이 덜 간다. 소비자들로 하여금 그런 인식이 일반화되었을 때 좀 더 매출을 높이기 위해 '일본 요리에는 혼다시를 사용해야 한다고 강조하고 싶었을 것이다. 실세로 혼다시 광고는 크게 히트했고, 아지노모토사는 매출을 크게 늘렸다.

이 구조는 '일본인이기 때문에 아는 맛(의미) → 코드 변환(직유법)

→ 젓가락 나라의 사람(형태)이다. 글자 뜻 그대로 '혼다시가 맛있습니까? 일본 요리의 맛을 더욱 내지요? 그것은 당신이 일본인이기 때문에 아는 것입니다' 라는 부분을 '젓가락 나라의 사람' 한마디로 표현한 것이다. 무엇보다 '젓가락' 이라는 일본인을 상징하는 말을 강조함으로써 일본 요리가 크게 부각되었으며, 그 광고로 혼다시에 대한 강한 공감대를 형성했다. 그리하여 혼다시라는 상품을 제대로 구입하는 계기를 만들었던 것이다.

또 다른 사례로서 '바스클린'의 구조를 살펴보자(〈그림 5-4〉 참조). 바스클린은 1930년 쓰무라준텐도(현 쓰무라 라이프 사이언스)가 판매했던 향기 입욕제다. 당시 일본에는 욕실이 딸린 집이 비교적 적었기 때문에 입욕제는 대중탕을 중심으로 팔렸다. 1960년대부터 욕실이 딸린 집이 늘어나기 시작하자 가정에서의 니즈도 빠르게 높아졌다.

입욕제의 향기는 꽃다발 향기부터 장미, 레몬, 나무 향기 등으로 다양하게 확산되었으며, 최근에는 숲 향기와 라벤더 향기가 인기를 얻고 있다.

처음에 입욕제는 욕탕을 깨끗하게 하는 상품으로서 팔렸다. 입욕제를 욕탕에 넣은 다음 물을 빼면 청소를 하지 않아도 욕탕이 깨끗하게 된다는 것이 세일즈 토크였다. 그러다가 언제부턴가 욕탕의 온수를 여러 날 사용할 목적으로 바스클린을 집어넣게 되었다. 왜냐하면 욕탕의 물을 갈지 않고 다시 데워 쓰는 가정이 많았기 때문이었다.

그리고 최근에는 목욕을 좀 더 쾌적하게 하기 위해 쓰는 화장품으

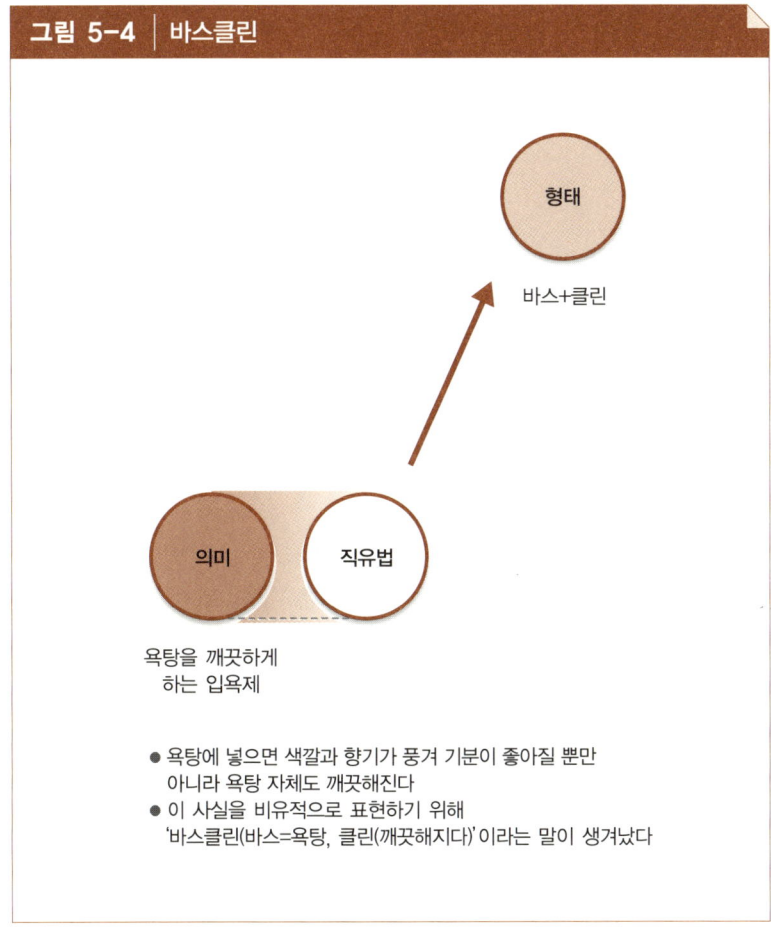

그림 5-4 | 바스클린

로 쓰임새가 바뀌었다. 이와 같은 시대적 흐름을 모르는 상태에서 갑자기 바스클린이라고 이름을 지은 연유를 생각힌들 머리에 질 들어오지 않을 것이다. 이 구조는 '욕탕을 깨끗하게 하는 입욕제(의미) → 코드 변환(직유법) → 바스클린(형태)'이다. 바스클린이라는 것은 바스와 클린을 합친 말이다. 앞에서 언급한대로 욕탕을 깨끗하게 하고 목욕을 쾌적하게 한다는 의미를 적절히 표현하기 위해 바스클린이라는 말을 만들었다.

❷ 시간 이동법

표현하고 싶은 내용(의미)을 미래나 과거에 비유해 형태화하는 것이다. 『문화·기호 마케팅』을 쓴 호시노 가쓰미 씨는 시간 이동법을 '서술한 순서를 바꾸는 기법'이라 했다. 또 자극적인 표현 효과를 내기 위해 표현하고자 하는 주제와 형태의 시대 배경을 바꾸는 '시대착오'라고도 했다.

보다 알기 쉽게 말하자면, 표현하고 싶은 내용(의미)을 '지금'이라는 시점에서 무언가에 비유해 형태화하기보다 시간을 옮겨 형태화하는 것이다. 예를 들면 과거에 있었던 것으로 형태화하면, '옛것이 좋다'는 이미지를 지니게 할 수 있으며, 반면 미래에 있을 수 있는 것으로 형태화하면, '앞서있다'는 이미지를 지니게 할 수 있다는 것이다.

점포와 식품 등은 이미지를 예스럽게 만들면 옛것에 대한 향수를 불러일으켜 제품을 계속 이용하게 할 수 있다. 반면, 디지털 제품과 인터넷 관련 제품 등은 이미지를 '이것이 미래다'는 식으로 만들면 혁신 수용자들의 마음을 자극할 수 있다. 이렇게 효과를 극대화하는 것이 '시간 이동법'이다(〈그림 5-5〉 참조).

그러면 구체적인 예를 살펴보기로 하자.

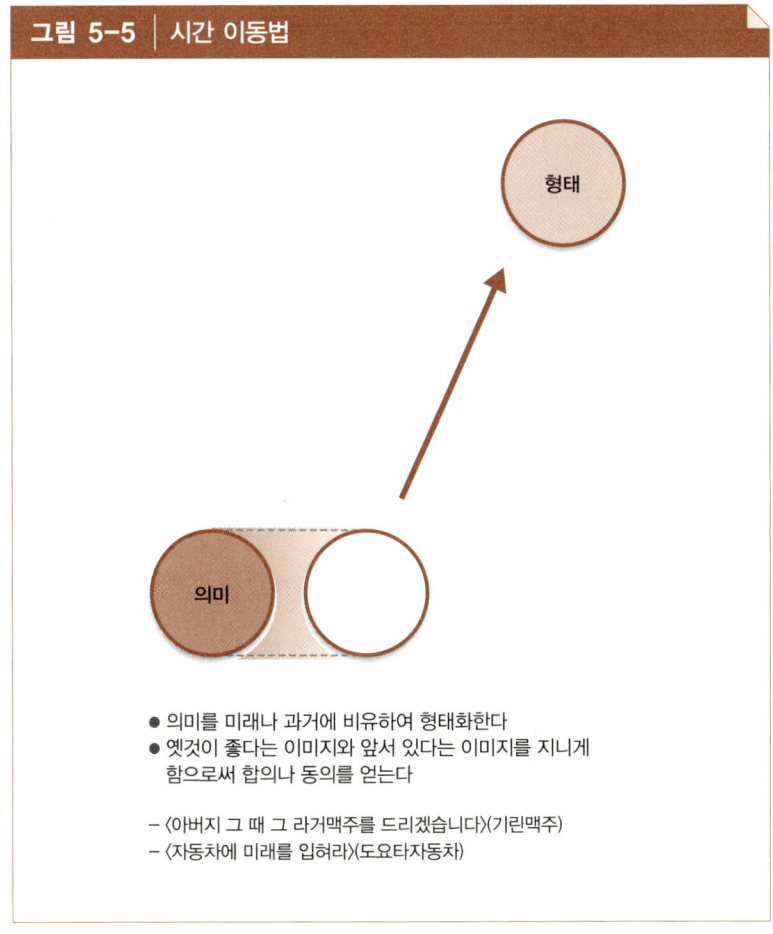

그림 5-5 | 시간 이동법

- 의미를 미래나 과거에 비유하여 형태화한다
- 옛것이 좋다는 이미지와 앞서 있다는 이미지를 지니게 함으로써 합의나 동의를 얻는다

– 〈아버지 그 때 그 라거맥주를 드리겠습니다〉(기린맥주)
– 〈자동차에 미래를 입혀라〉(도요타자동차)

- 에도무라사키

에도부라사키는 밥에 뿌려먹는 김이다. 모모야라는 식품 회사가 1950년부터 판매했기 때문에 에도시대(1603년~1868년) 때부터 있었던 상품이 아니다. 에도무라사키는 교무라사키(=교토의 보랏빛)라 하여 교

토에서 유행했던 보랏빛의 별명과 에도가 김 산지였고 도쿄에서 간장을 '무라사키'라 불렀던 점에 착안하여 지은 상품명이다.

　이 상품은 1999년 세상을 떠난 국민 개그맨 미키 노리헤이 씨가 광고에 출연해 크게 인기를 얻었는데, 광고에서 닌자 모습을 한 주인공이 보랏빛 머리띠를 맨 협객으로 변신하는 장면이 인상적이었다. 이 이미지 때문에 에도무라사키는 옛것이 좋은 에도라는 향수를 불러일으켜 서민들에게 사랑받는 먹거리가 되었다. 이 구조는 '서민들이 좋아하는 밥에 뿌려먹는 김(의미) → 코드 변환[시간 이동〈과거〉] → 에도무라사키(형태)'이다.

　• 자동차에 미래를 입혀라

　1990년대 후반 도요타자동차와 닛산자동차가 치열하게 경쟁을 벌였는데, 그 결과 닛산자동차가 우위에 서게 되었다. 모든 차종 에어백 설치, 세계적인 야구선수 이치로를 내세운 '이치로 닛산 캠페인' 등 언제나 닛산자동차가 먼저 치고 나갔고, 도요타자동차가 쫓아가는 모양새를 취했다.

　이러한 경쟁 구도에 종지부를 찍었던 것이 '자동차에 미래를 입혀라'라는 캐치프레이즈였다. 이와 더불어 환경 프로젝트의 일환으로 하이브리드 자동차 '프리우스'를 개발했던 것은 기억에 새롭다. 에어백과 종합 안전성은 물론, 환경을 배려한 자동차를 만든다. 그것이 미래이며 그 미래의 자동차를 도요타자동차가 만들겠다는 의지를 담은 것이 바로 '자동차에 미래를 입혀라' 였다. 이 캐치프레이즈는 많은 사람들의 마음을 움직여 도요타자동차를 선택하게 했다. 이 구조는 '환경을 배려한 자동차를 만든다(의미) → 코드 변환[시간 이동〈미래〉] → 자동차에 미래를 입혀라(형태)' 이다.

- 아버지 그때 그 라거맥주를 드리겠습니다

그러면 서두에서 언급한 '아버지 그때 그 라거맥주를 드리겠습니다' 의 구조를 살펴보자〈〈그림 5-6〉 참조〉. 이것은 일본의 맥주 시장을 오랫동안 독차지했던 기린맥주가 1위 자리를 아사히 슈퍼드라이에 빼앗겼을 때 공세를 취했던 '추억의 기린라거 증정 캠페인' 의 캐치프레이즈였다.

위 캠페인은 기린맥주 창립 110주년을 기념하여 110만 명에게 특별 한정 주조한 '추억의 기린라거' 세 병이 담긴 세트(1870년대, 1910년대, 1920년대)를 증정하는 운동이었다. '추억의 기린라거' 는 내용물은 물론, 포장·문헌·기록에 근거해 될 수 있는 한 당시 그대로 만들었다. 그리하여 복고 취미를 가진 사람들뿐만 아니라 맥주를 좋아하는 사람들, 옛것을 좋아하는 사람까지 가세해 캠페인이 크게 달아올랐다.

그러나 기린맥주는 위 캠페인을 창립 110주년 기념 행사만을 위해 벌인 것이 아니었다. 분명히 지금 1위는 아사히 슈퍼드라이지만, 기린맥주는 그 이전 줄곧 1위 자리에 있었다는 사실을 빗대어 알리기

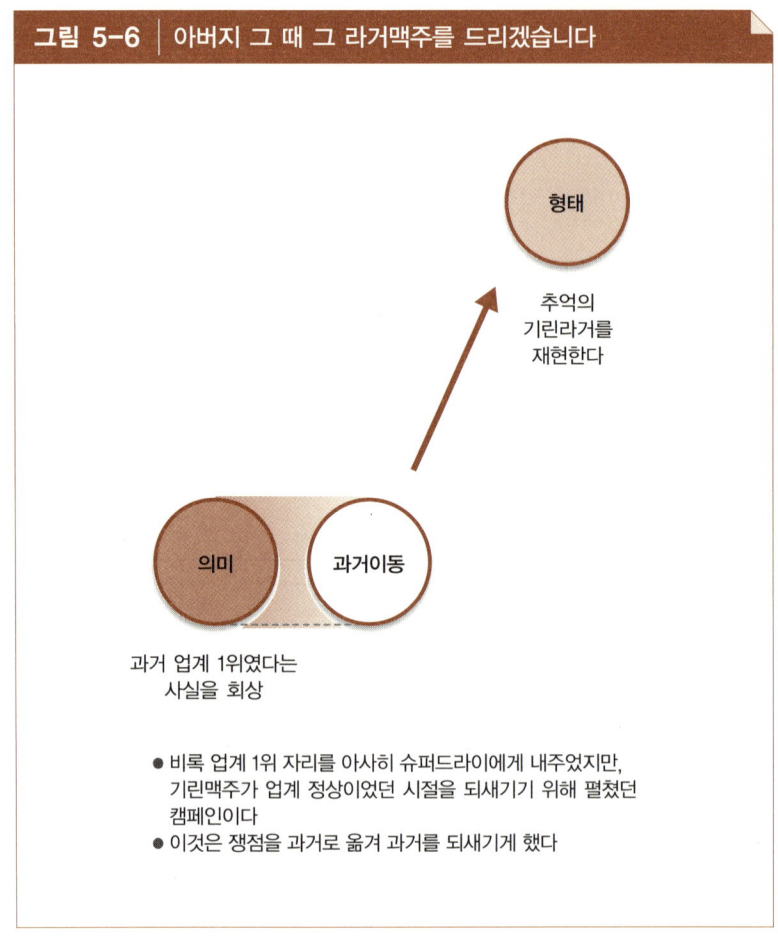

위한 의도였다. "예전에는 줄곧 기린맥주가 1위였다는 사실을 잊지 말기 바란다"라고 말하고 싶었지만, 대놓고 말하다간 무언가 패자의 울부짖음처럼 들린다. 그래서 쟁점을 과거로 옮겨 과거 업계 1위였을 무렵의 기린맥주를 되새기고자 했던 것이다. 캠페인 역사에 남을 정도로 훌륭한 캐치프레이즈를 내세운 전략이 멋지게 맞아떨어져 기린 맥주는 단숨에 매출을 회복했다. 이 구조는 '과거 기린맥주가 1위였다는 사실을 되새긴다(의미) → 코드 변환(시간 이동〈과거〉) → 아버지 그때 그 라거맥주를 드리겠습니다' 이다.

• 소니 사이버 샷

사이버 샷은 1996년에 개발해 판매하기 시작한 제품으로 소니다운 독창성이 넘치는 기능과 뛰어난 디자인이 특징이다. 이 제품은 다양한 각도에서 사진을 찍을 수 있고, 손바닥 크기밖에 되지 않을 정도로 아주 작으며, 초슬림형임에도 불구하고 대형 액정을 탑재했다.

당시의 상황을 보면, 후지필름의 파인픽스와 캐논의 IXY가 선두주자였으며 사이버 샷은 후발주자로서 시장에 뛰어들었다. 원래 소니는 카메라 전문 브랜드가 아니었기 때문에 시장에서 상당히 고전할 것으로 예상했다. 왜냐하면 카메라 마니아들이 소니의 카메라는 사지 않을 것으로 예상했기 때문이다.

그러나 소니는 'PC와 연동하여 사용하는 카메라'라는 새로운 상품 컨셉을 생각해냈다. 즉, USB 단자를 사용해 PC와 연결하여 파일을 전송하는 것이 가능하며, 픽트브리지 기능을 탑재해 카메라와 프린터를 바로 연결해 사진을 출력할 수 있게 했다. 또 본체에 내장된 DVD 라이터를 이용해 CD나 DVD에 담을 수도 있으며, 촬영한 사진을 수정할 수 있는 편집 기능과 저장된 사진을 간편하게 찾거나 재미있게

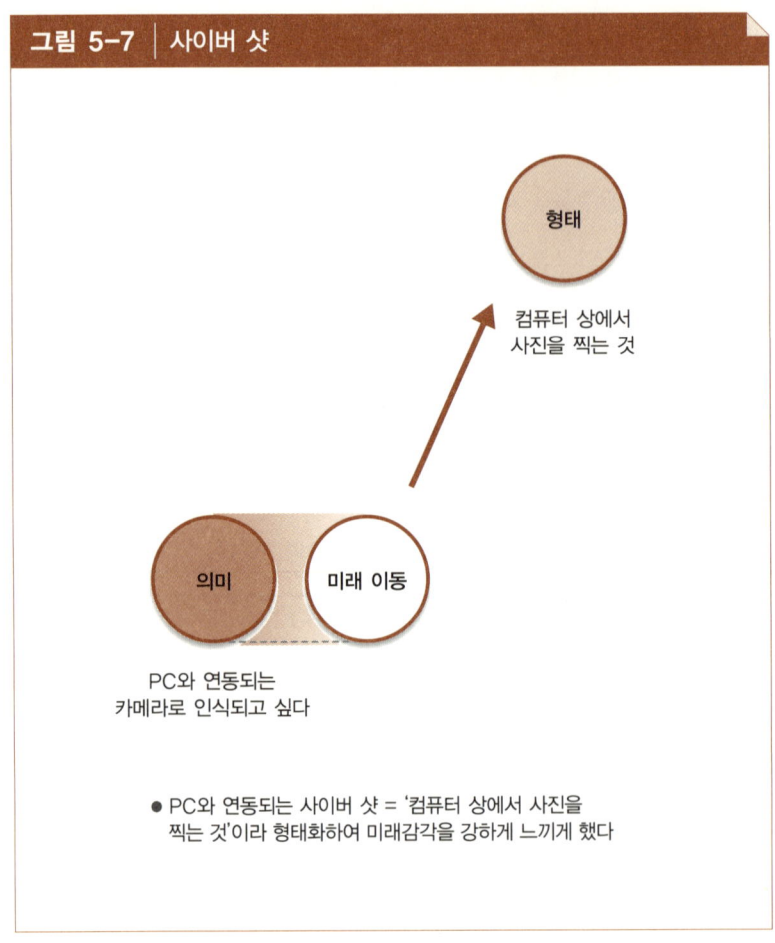

그림 5-7 | 사이버 샷

● PC와 연동되는 사이버 샷 = '컴퓨터 상에서 사진을 찍는 것'이라 형태화하여 미래감각을 강하게 느끼게 했다

즐길 수 있는 포토 앨범과 슬라이드 쇼 기능도 지원했다.

그래서 이 상품은 '컴퓨터 상에서 사진을 찍는 것'이라는 컨셉으로 자리매김했다. 1996년 무렵은 아날로그 카메라에서 디지털 카메라로 옮겨가고 있었던 시기였기 때문에 '컴퓨터 상에서 사진을 찍는 것=사이버 샷'이라 하자 대단한 미래감각을 느끼게 했다. 그리하여 소니가 출시한 VAIO 사용자들은 물론 주변 고객들까지 끌어들여 사이버 샷은 즉시 히트 상품이 되었다. 사이버 샷의 성공은 의미를 미래로 옮겨 '컴퓨터 상에서 사진을 찍는 것'이라고 형태화한 것에 있었다. 이 구조는 'PC와 연동하여 사용하는 카메라로 인식되고 싶다(의미) → 코드 변환[시간 이동〈미래〉] → 사이버 샷(형태)'이다.

❸ 과장법

표현하고 싶은 내용(의미)을 실제보다 과장되게 비유해 형태화하는 것이다. 근대 수사학의 이론을 연구한 프랑스의 피에르 퐁타니에가 주장한 바에 따르면, 과장법이란 "사물을 지나치게 늘리거나 줄이며, 또 실제 상태보다도 훨씬 높거나 낮게 표현하는 것"이라 했다. 단, 과장법은 상대방을 속이기 위해서가 아니라 올바르게 이끌기 위해 사용하는 것이며, 또 믿기 어려운 것을 이야기함으로써 정말 믿어야만 하는 것을 분명히 제시하기 위해 사용하는 것이다.

과장법을 사용한 구체적인 예로는 '아내가 남편보다 몸집이 큰 부부', '산더미 같은 빨래거리', '일일여삼추', '천재일우의 기회', '천길의 골짜기', '천금 같은 홈런' 등이다. 현대는 과장된 표현이 자주 사용되는 시내나. 특히 여고생들을 중심으로 생겨나는 언어 가운데는 '초 노발대발', '야릇하게 귀엽다', '끝내주게 맛있는' 등 과장된 표현들이 많다.

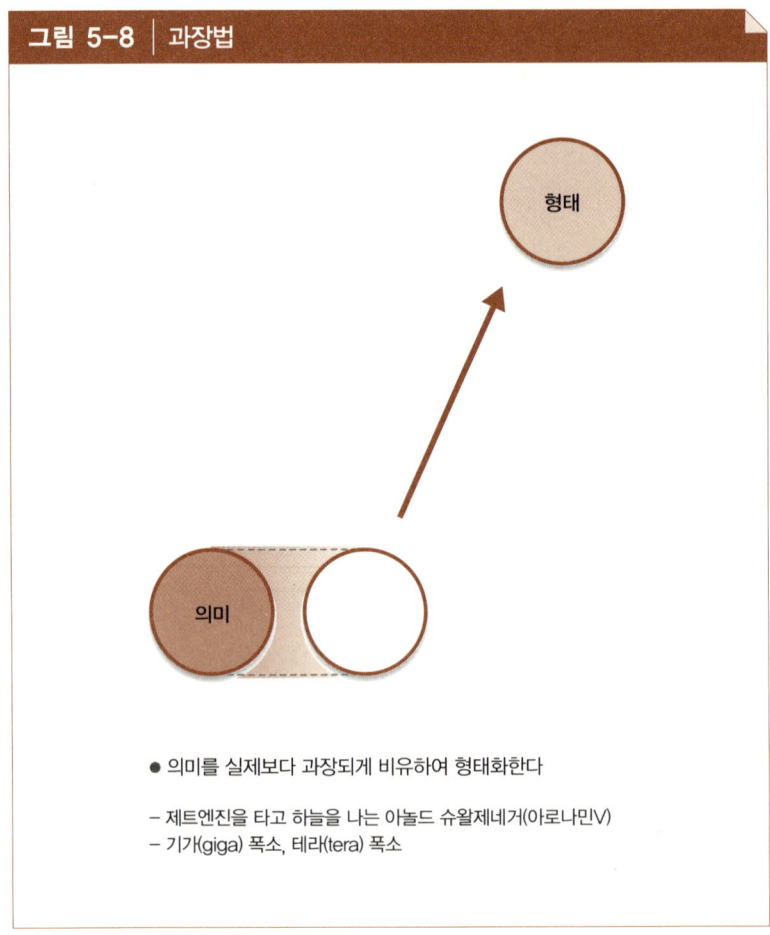

그 이유로서 전문가들은 여성은 남성에 비해 큰 소리, 다급한 소리, 난폭하면서도 공격적인 어조를 구사할 수 없기 때문이라고 한다. 그 때문에 무언가를 강조하고 싶을 때 남성보다 언어적으로 궁리를 해야만 하고 여성으로서 입에 담기 껄끄러운 말을 돌려 말하기 위해 과장법

을 사용한다. 게다가 오늘날처럼 정보가 흘러넘치는 사회에서는 과장된 표현만이 유달리 주목을 받는 경향이 있다. 특히 광고에서는 과장법이 반드시 필요한 표현 방법으로서 중요시되고 있다⟨그림 5-8⟩ 참조).

그러면 구체적인 예를 살펴보기로 하자.

• 제트엔진을 타고 하늘을 나는 아놀드 슈왈제네거(아로나민V)

아로나민V를 단숨에 쭉 들이켜고 로켓을 타고 힘차게 나르는 광고는 시리즈물로 제작되어 꽤 오랫동안 방영되고 있다. 물론 그렇게 하는 것만으로도 광고 효과가 컸다. 아로나민V는 인체에 미치는 영향이 아주 적은 의약부외품이므로 메시지를 더욱 직접 전달할 수도 있었지만, 아로나민V를 마시면 로켓파워가 생긴다고 하는 수사법이 더욱 알기 쉬웠기 때문에 오랫동안 사용되고 있다. 이 구조는 '아로나민V를 마시면 힘이 솟아난다(의미) → 코드 변환(과장) → 아놀드 슈왈제네거가 제트엔진을 타고 날아간다(형태)' 이다.

• 기가giga 폭소, 테라tera 폭소

이 말은 인터넷 속어로서 사이버 공간에서 젊은이들 사이에 흔히 사용하고 있다. 각각 '크게 웃는다', '엄청나게 웃는다'는 의미로, 웃는 정도를 나타내기 위해 '기가 10억 배', '테라 1조 배'를 붙여 '웃음' 이라는 의미를 크게 부풀려 표현하고 있다. 그와 동시에 웃음의 의미를 아주 작게 표현하는 말로서 이탈리아의 철학자인 지암바티스타

비코의 이름을 따 '비코 웃음'이라는 것도 있다. 이것은 '살짝 웃는다'는 의미다. 이 구조는 '엄청나게 웃는다(의미) → 코드 변환(과장) → 테라 폭소(형태)'이다.

'웃는다'를 정도와 크기에 따라 젊은이다운 표현을 사용하여 다섯 단계로 나타내면 다음과 같다. 비코 웃음 → 웃음 → 메가 폭소 → 기가 폭소 → 테라 폭소. 이것은 자신의 감정을 어떻게 잘 표현할 것인지 이리저리 궁리한 끝에 나온 결과물이었다.

• 한 번에! 파이팅!

리포비탄D의 캐치프레이즈 '한 번에! 파이팅!'도 매우 오랫동안 사용되고 있는데, 리포비탄D가 아로나민V와 다른 점은 판매 초기 의약품으로 지정되어 약사법의 규제를 받은 점이다. 이런 이유로 효능을 그대로 표현할 수 없었다.

그 때문에 낭떠러지에 매달려 있는 위험한 상황에 놓인 사람이 이 드링크를 마시면 힘이 넘쳐 위기를 벗어날 수 있다고 설정한 것이다. 그렇지만 드링크 한 병으로 그런 위험한 상황에서 벗어나는 일이 불가능함에도 불구하고, 얼마든지 그런 상황을 물리칠 수 있다는 효과를 극대화하는 것이 광고의 본뜻이었다. 그러려면 과장법이 가장 효과적이다. 다시 말하자면 약사법이라는 제약을 과장법 표현으로 해결한 것이다. 이 구조는 '대단한 효력이 있는 약(의미) → 코드 변환(과장) → 한 번에! 파이팅!(형태)'이다.

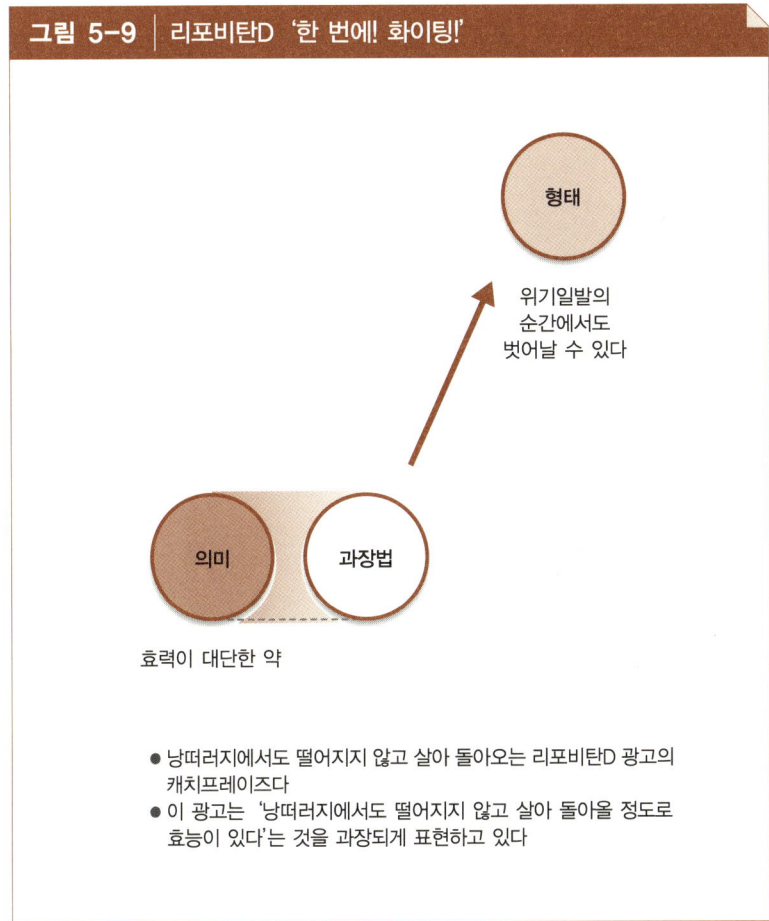

그림 5-9 리포비탄D '한 번에! 화이팅!'

- 낭떠러지에서도 떨어지지 않고 살아 돌아오는 리포비탄D 광고의 캐치프레이즈다
- 이 광고는 '낭떠러지에서도 떨어지지 않고 살아 돌아올 정도로 효능이 있다'는 것을 과장되게 표현하고 있다

• 세메다인

이 제품은 세멘다인사의 창입자였던 이마무라 젠지로 씨가 개발한 것이었다. 세메다인 중에서도 가장 먼저 선보인 세메다인A(1931년 출시)는 일본 최초의 국산품이었던 탓에 생각했던 것보다 훨씬 팔렸지

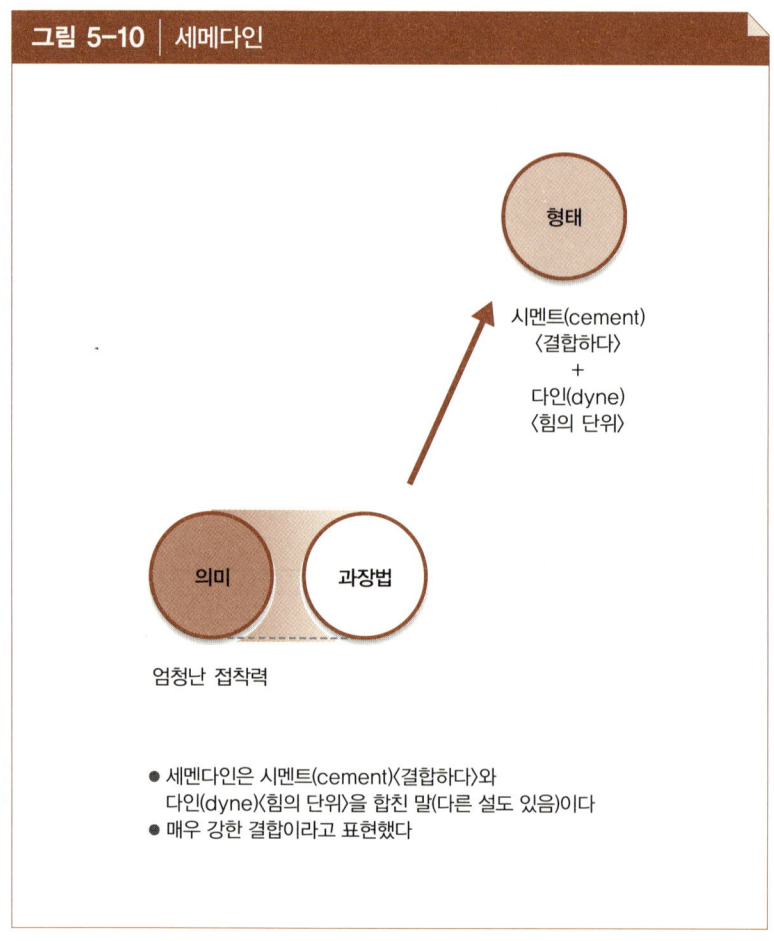

그림 5-10 | 세메다인

만, 당시 판매되고 있었던 외국 제품과 마찬가지로 내수성과 내열성이 낮다는 약점을 지니고 있었다. 이에 이마무라 씨는 연구를 거듭한 끝에 '세메다인C'를 개발하는데 성공해 1938년부터 판매에 나섰다. 당시에는 모형 비행기를 만드는 붐까지 일고 있어 세메다인이 빠르게 보급되었다.

세메다인사의 홈페이지 자료를 보면, 세메다인이라는 말은 결합하다를 나타내는 '시멘트'와 힘의 단위를 나타내는 '다인'을 합친 말에서 나왔다는 설과, 일본어로 공격을 뜻하는 '세메'와 당시 선두주자였던 영국 제품 '멘다인'을 합친 말에서 나왔다는 두 가지 설이 있다. 어느 쪽이든 세메다인은 엄청난 접착력이 있다는 것을 나타내고 있다. 이 구조는 '엄청난 접착력(의미) → 코드 변환(과장) → 세메다인(형태)'이다.

이와 같이 과장법에서는 두 가지 수식어를 이용하여 표현하는 경우가 많다. 예를 들면 쿨민트껌의 경우 '민트'라고만 표현해도 후련해지지만, 쿨이라는 수식어를 붙임으로써 효과를 더욱 극대화하고 있다.

❹ 은유법

표현하고 싶은 내용(의미)을 얼핏 보면 그것과는 관계가 없는 것에 비유해 형태화하는 것이다. 앞서 설명했던 직유법과 비교해보자면, 직유법은 원관념(예를 들면 사랑)과 보조관념(예를 들면 불꽃)이 각각 원래의 모습을 그대로 지닌 채 서로 비교되고, 은유법은 원관념(사랑)과 보조관념(불꽃)이 서로 침투하여 원래의 사랑, 원래의 불꽃을 다른 모습으로 바꾸어 놓는다.

즉, 직유법은 직접적으로 비유하는 말이 있지만, 은유법은 은근히

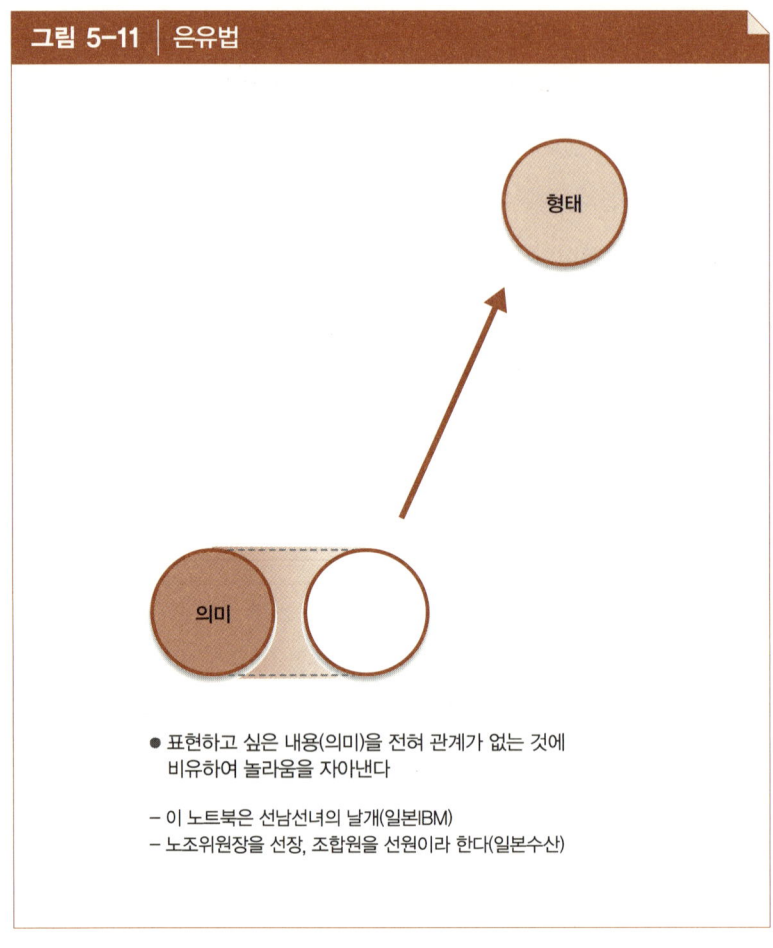

그림 5-11 | 은유법

- 표현하고 싶은 내용(의미)을 전혀 관계가 없는 것에 비유하여 놀라움을 자아낸다

  - 이 노트북은 선남선녀의 날개(일본IBM)
  - 노조위원장을 선장, 조합원을 선원이라 한다(일본수산)

비유해서 직접적인 말이 없다. 아리스토텔레스는 『시학』에서 '은유는 남에게서 배울 수 없는 것이며 천재의 표징'이라고 말할 정도로 수사법의 알짜가 되는 것이다. 그러면 여기서 전문가들이 말하는 은유법의 정의를 통해 그것이 무엇을 뜻하는지 살펴보자.

- 사토 노부오 『레토릭 감각』 – 어떤 사물의 명칭을 그것과 비슷한 별개의 것으로 나타내기 위해 에둘러 표현하는 방법이다.
- 노우치 료조 『레토릭과 인식』 – 어떤 사물을 비유할 경우, '~와 같은'으로 표현하는 비유가 있다는 것을 '명시'하는 경우와 '은닉'하는 경우가 있다. 수사법에서는 전자를 '직유'라 하며, 후자는 '은유'라 한다.
- 세토 겐이치 『인식의 레토릭』 – '사랑'과 같은 직접 느낄 수 없는 추상물을 '불꽃'과 같이 감각적으로 이해하기 쉬운 구체물로 비유해 표현하는 방법이다.

정리해보면, 은유법은 말하고 싶은 것을 다른 말로 표현하는 것으로, 특히 비유가 있다는 것을 감추고 싶고, 말하고 싶은 것이 추상물일 때 사용되는 수사법이라고 할 수 있다〈〈그림 5-11〉 참조〉. 1장에서 언급했던 피부가 매우 하얀 여성의 이야기를 떠올리기 바란다. 피부가 하얗다는 의미를 '당신은 눈과 같다'고 변환시켜 말하는 것과 '당신은 형광등과 같다'고 상당히 변환시켜 말하는 것은 심적 감흥이 다르다. 피부가 하얗다는 점에서는 똑같지만, 형광등에 비유하는 것이 의미에서 형태로 변환하는 폭이 크다. 따라서 후자(형광등)가 은유법이며 전자(눈)가 직유법이다. 직유법에 비해 은유법은 얼핏 보면 뭔지 알 수 없을 만큼 놀라움을 자아낼 수 있다.

그러면 구체적인 예를 살펴보기로 하자.

• 익스플로러 시계 Explorer (롤렉스 Rolex)

익스플로러 시계는 I과 II가 있는데, 인기그룹 SMAP의 기무라 타쿠야가 드라마에서 찼던 탓에 익스플로러 I이 큰 인기를 얻었다. 기무라 타쿠야와 같은 유명한 연예인이라면 더욱 비싼 시계를 찰 것으로 생각되지만, 그가 하는 말에 의하면 모양이 단순하고 실용성이 뛰어나 좋다고 한다. 분명히 익스플로러 시계는 실용성과 내구성이 뛰어난 것이 특징이다. 도버 해협을 횡단하거나 에베레스트 산맥을 넘을 때도 꼭 사용될 정도로 인기가 있었다.

이러한 익스플로러(모험가)라는 명칭은 실용성과 내구성이 뛰어나다는 것을 은유법으로 표현한 것이다. 덧붙여 말하자면, 익스플로러II는 동굴 탐험가용 시계로 자리매김했다. 이 구조는 '실용성과 내구성이 뛰어난 시계(의미) → 코드 변환(은유) → 익스플로러(형태)'이다.

똑같은 익스플로러라는 이름을 지닌 마이크로소프트사의 인터넷 익스플로러는 '세계 곳곳을 다니면서 찾은 것을 손에 넣는다(의미) → 코드 변환(은유) → 인터넷 익스플로러(형태)'로서, 형태는 똑같지만 그 의미하는 부분이 다르다.

• 노조위원장을 선장, 조합원을 선원이라 한다(일본수산)

수산업 전문회사인 일본수산은 사업내용에 근거해 조합을 요트에 비유했다. 즉, 노조위원장을 선박의 책임자인 선장, 조합원을 선원이라 부름으로써 노조의 결속을 다지고자 했다.

이 구조는 '노조위원장과 조합원(의미) → 코드 변환(은유) → 선장과 선원(형태)'이다.

• 이 노트북은 선남선녀의 날개

일본의 소비자들에게 싱크패드라 하면 여성 모델인 료 씨를 기용했던 1990년대 중반의 광고가 지금도 가슴에 와 닿는다.

광고의 어느 부분이 은유법에 해당하느냐 하면 '선남선녀의 날개'다. 원래 말하고 싶은 내용은 노트북을 가지면 활동 범위가 넓어진다는 것이다. 데스크톱 PC는 그것이 놓여 있는 곳에서만 일을 해야만 하기 때문에 작업 시간과 장소가 한정된다. 그러나 노트북이라면 어디서나 일을 할 수 있으며, 모뎀과 랜이 내장되어 있으면 인터넷도 사용할 수 있다. 즉 자신의 활동 범위가 크게 넓어진다는 것이다.

지금 언급한 내용을 정리해 보면 '노트북을 가지고 있으면 데스크톱 PC와 달리 언제 어디서나 사용할 수 있으므로 비즈니스는 물론 생활의 활동 범위가 넓어진다'는 것이 된다. 그렇지만 캐치프레이즈가 이렇게 길면 호소력이 떨어진다. 이것을 단 일곱 문자로 표현한 것이 '선남선녀의 날개'다. 사람에게 날개가 달린 것처럼 활동 범위가 넓어진다는 것을 정확하게 표현하고 있다. 이 구조는 '활동 폭이 다양하게 넓어신다(의미) → 코드 변환(은유) → 이 노트북은 선남선녀의 날개(형태)'이다.

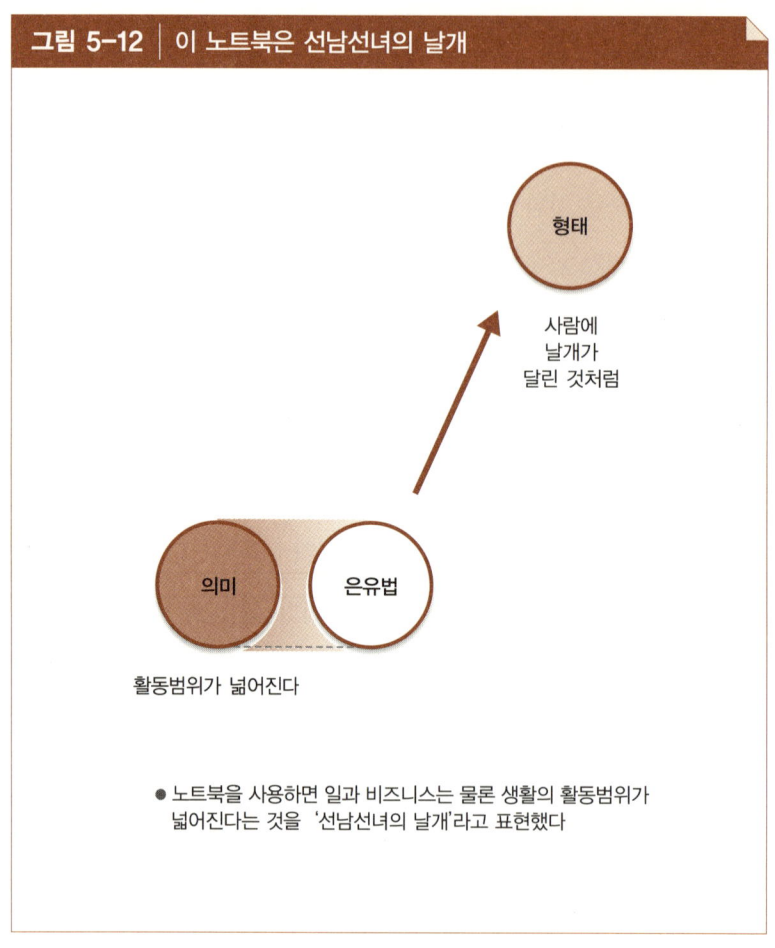

그림 5-12 | 이 노트북은 선남선녀의 날개

● 노트북을 사용하면 일과 비즈니스는 물론 생활의 활동범위가 넓어진다는 것을 '선남선녀의 날개'라고 표현했다

● 재규어

재규어자동차는 1922년 21세를 갓 넘긴 윌리엄 라이온스가 모터사이클 사이드카를 제조하던 윌리엄 웜슬리와 함께 설립한 영국의 자동차 브랜드이다. 설립 당시의 회사명은 스왈로 사이드 자동차였지만,

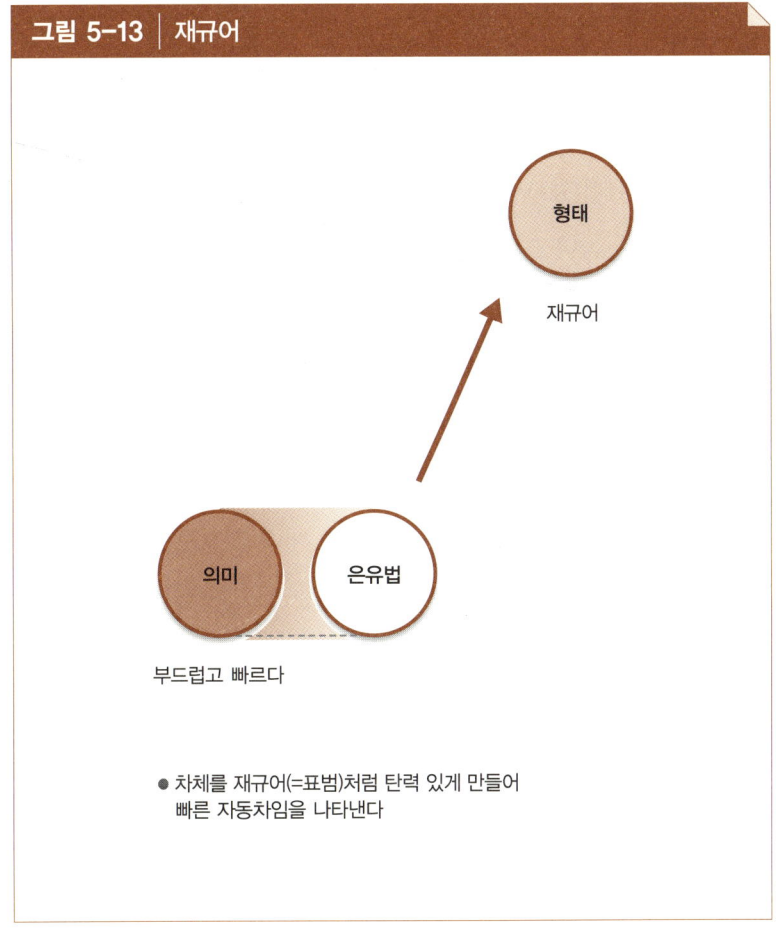

그림 5-13 재규어

나치를 연상시키는 SS 이미지를 탈피하기 위해 1946년 사명을 재규어자동차로 바꿨다. 1988년 포드사에 흡수되면서 새로운 발전의 세기를 맞은 재규어자동차는 생산라인의 합리화를 통해 고급차와 스포츠카를 주로 생산하고 있다.

이러한 역사를 지닌 재규어자동차는 토니 블레어 전 영국 수상의 공용차로도 선정되었으며, 엘리자베스 2세, 에딘버러공, 찰스 황태자의 공용차로도 사용되고 있다. 자동차 경주에 참가했을 만큼 실력과 전통, 다른 어떤 브랜드에도 맞아떨어지지 않는 동물적인 디자인이 매력이다. BMW나 포르쉐보다 재규어를 선택하는 사람들은 재규어의 속도는 물론, 멋지고 탄력 있는 차체를 좋아한다.

게이오대학의 와다 미쓰루 교수는 상품의 가치를 네 가지(기본 가치, 편의 가치, 감각 가치, 관념 가치)로 분류했는데, 재규어를 선택하는 사람들은 기본 가치는 물론 감각 가치에 커다란 비중을 둔다고 했다. 멋지고 탄력 있는 차체의 자동차를 재규어라 네이밍한 것은 정곡을 찌른다. 이 구조는 '부드럽고 빠른 자동차(의미) → 코드 변환(은유) → 재규어(형태)'이다.

❺ 모순어법

표현하고 싶은 내용(의미)을 서로 대립하고 모순되는 사물에 비유해 형태화하는 것이다. 예사로운 표현 효과보다는 짐짓 이상하고 자극적인 표현 효과를 내는 방법이다. 그리스어의 옥시모론이 모순어법에 해당하는데, 이것은 '예리하다oxus'와 '어리석다moros'라는 두 개의 상반되는 의미를 나타내는 단어로 구성되어 있다. 구체적인 표현으로서 '젊은 단맛', '무지의 지식', '영광스런 실패', '불멸의 실패작', '정직한 농담', '영리한 익살꾼', '잔혹한 친절', '부조화의 조화',

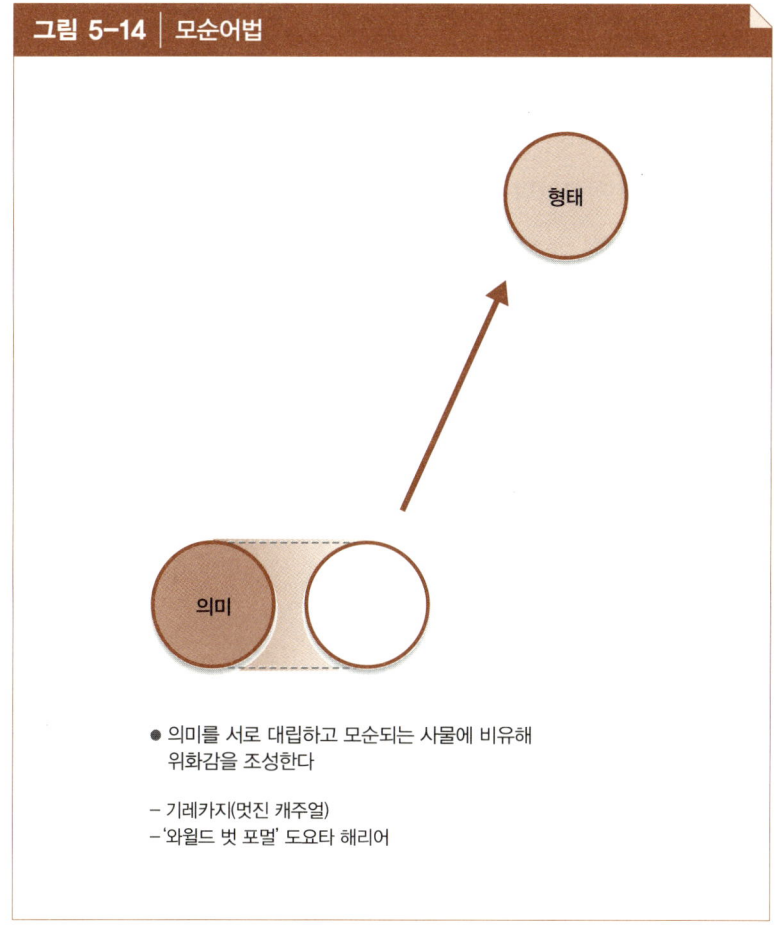

그림 5-14 | 모순어법

● 의미를 서로 대립하고 모순되는 사물에 비유해 위화감을 조성한다

– 기레카지(멋진 캐주얼)
– '와일드 벗 포멀' 도요타 해리어

'천천히 서두를 것', '지는 것이 이기는 것', '넓고도 좁다', '좋고 나쁨', '달고 짜다', '옳고 그름', '은근무례' 등이 있다.

모순어법으로 표현된 사물은 의미상으로는 정반대의 대립을 나타내지만, 전체적으로는 모순이 되지 않고 하나의 의미를 형성한다. 이처럼 완성된 모순어법은 급진적이며, 이미 익숙한 일상을 뒤흔드는 효과가 있다. 바로 다음에 언급할 이형어법과 더불어 충격을 주는데 가장 적합한 수사법이다(〈그림 5-14〉 참조).

모순어법과 이형어법은 매우 비슷하다. 일본중앙경마회의 광고를 보면 직장 여성이 말 얼굴을 하고 있는 모습이 있다. 이것은 모순인지 이형인지 가름하기 어렵다. 평범한 직장 여성이 말 얼굴을 하고 있는 것이다. 이것은 이상하므로 이형으로 풀이할 수 있다. 또한 직장 여성과 말은 서로 어울리지 못함으로 모순으로도 풀이할 수 있다. 그러므로 두 어구가 서로 어울리지 않다면 모순, 위화감은 있지만 모순이라 잘라 말할 수 없다면 이형이라 생각하면 된다.

그러면 구체적인 예를 살펴보기로 하자.

• 기레카지

기레는 일본어의 '기레이'를 줄인 말로서 '멋지다'를 뜻하고, 카지는 '캐주얼'의 일본식 영어발음인 카주아루를 줄인 말을 뜻한다. 따라서 기레카지는 '멋진 캐주얼'을 말한다. 기레카지는 청바지 위에 감색 윗도리를 입는 패션으로서 1990년대에 생겨나 지금까지도 유행하고 있다.

'멋지다'는 말쑥하다는 뜻으로서 감색 윗도리가 어울리며, 캐주얼은 평상복이라는 뜻으로서 청바지가 어울린다. 감색 윗도리와 청바지의 조합은 모순되고 있지만, 도련님 같이 보여 청결감이 있다. 이 패션이 진화하여 최근에는 평상복 차림이면서도 격식에 맞는 옷차림 모두를 '기레카지'라 하게 되었다. 이 구조는 '평상복이지만 깔끔하고 멋지게 입고 싶다(의미) → 코드 변환(모순어법) → 기레카지(형태)'이다.

• 무관의 제왕

뚜렷한 실적은 없지만 실력이 있는 사람이다. 만화영화 《내일의 조》에서 카로스 리베라라는 권투선수가 '무관의 제왕'으로 그려졌다. 카로스 리베라는 '베네수엘라의 전율'이란 별명을 지닌 실력자였지만 챔피언은 아니었다. 이처럼 장래가 촉망되는 권투선수에게 경의를 담아 '무관의 제왕'이라는 표현을 사용했다. 요즘은 이종격투기 선수인 제롬 르 밴너를 '무관의 제왕'이라 부르고 있다. 늘 우승후보로 지목되어왔음에도 한 번도 파이널에서 우승하지 못했기 때문에 이러한 별명이 붙었다. 이 구조는 '실력자인데도 타이틀 운이 없다(의미) → 코드 변환(모순어법) → 무관의 제왕(형태)이다.

참고로 이해를 돕기 위해 2005년 10월 한국의 한 일간지에 실린 기사 하나를 살펴보자.

"일본 만화의 거장인 치바 데쓰야를 아느냐고 물어보면 많은 사람들이 고개를 갸웃거린다. 하지만 '허리케인 조'라는 말을 꺼내면 바로 "아~ 그 복싱 만화"하며 감탄사를 터트린다. 삐죽 솟은 머리카락, 멋진 휘파람을 불며 피식 웃는 반항아, 파이팅 넘치는 권투 실력까지, 만화를 좋아하는 사람이라면 한번쯤 봤을 캐릭터다.

이 만화는 애니메이션으로도 만들어져 1990년대 초 MBC TV에서 《도전자 허리케인》이라는 제목으로 인기리에 방영되었다. 이 만화영화의 원제는 《내일의 조》이다. 소년원 출신의 조가 사회의 냉대 속에서도 막강한 상대들과 맞서 복싱 챔피언을 향해 나아가는 과정을 담고 있다. 이 작품은 1960년 전공투 세대(일본 정부에 항거하는 대학생들의 공동투쟁)에게 가장 많은 영향을 끼친 만화로 당시의 시대정신을 대변한다는 평가까지 받았다."

- 와일드 벗 포멀

해리어는 도요타자동차가 생산하는 SUV 자동차로서 1997년에 첫 번째 모델이 출시되었다. 2003년 2월에는 두 번째 모델이 출시되었으며, 2005년부터는 하이브리드 모델도 출시되었다. 특히 북미시장에서의 인기가 매우 높아 생산이 수요를 따라가지 못했을 정도로 많이 팔렸다.

해리어라는 이름은 영국산 사냥개의 이름에서 따온 것이다. 또 캐치프레이즈를 보면 잘 알 수 있듯이 '야성미가 있지만 격식을 차린 자동차' 임을 나타내고 있다. 그리고 해리어의 컨셉은 자가용으로 사용할 수 있는 동시에 업무용으로도 사용할 수 있다는 것이다. 때마침 비즈니스 퍼스널 수요가 일기 시작했고, 이에 도요타자동차는 자기 돈으로 자동차를 구입해 개인용은 물론 업무용으로도 사용하고자 하는 사람들을 집중적으로 공략했다. 원래 휴대전화도 비즈니스 퍼스널 수

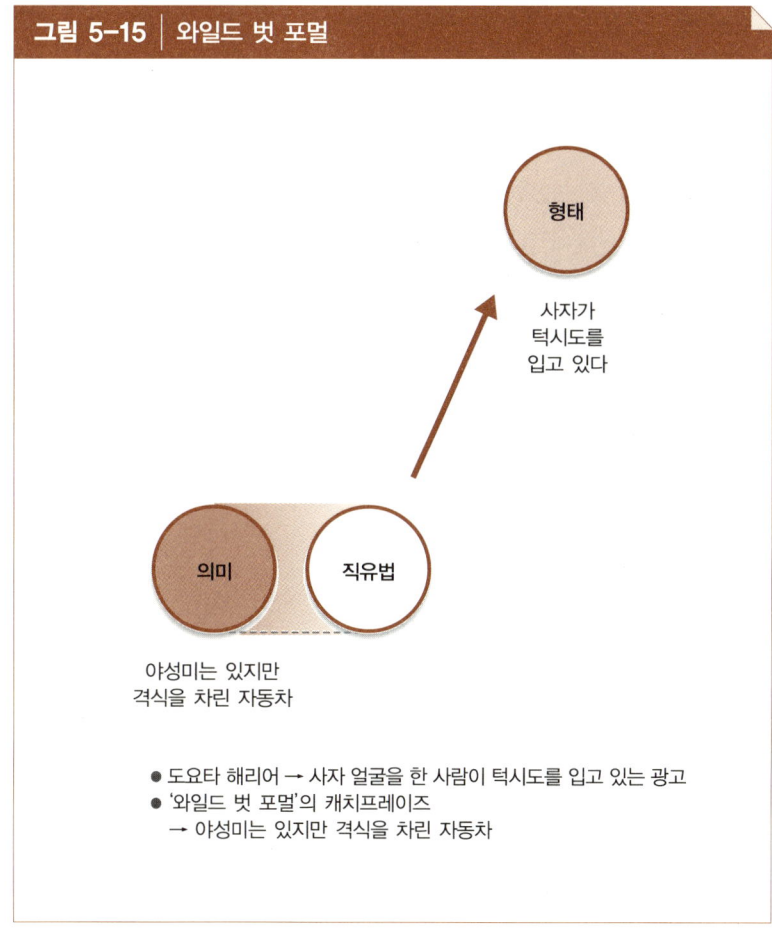

요 차원에서 구입하는 사람들이 많았다. 회사가 휴대전화를 지급할 만큼 높은 지위에 있지 않은 사람들은 자기 돈으로 휴대전화를 구입하여 업무 겸용으로도 사용한다. 이것을 '비즈니스 퍼스널 수요'라 한다.

그리고 자동차에도 그런 이용방법이 나타났을 때 도요타자동차는 해리어를 '야성미는 있지만 격식을 차린 자동차'로 자리매김했다. 이 것을 알기 쉽게 이미지화하기 위해 턱시도를 입고 있는 사자를 캐릭터로 사용했다. 당연히 처음에는 위화감을 느끼겠지만 마지막 부분에서 '와일드 벗 포멀, 도요타 해리어'라는 캐치프레이즈가 나오면 "아~ 과연"하고 공감하게 된다. 이 구조는 '야성미는 있지만 격식을 차린 자동차(의미) → 코드 변환(모순어법) → 와일드 벗 포멀(형태)'이다.

- 통근쾌족 通勤快足

통근쾌족은 1987년 레나운사가 판매하기 시작한 항균방취 가공처리를 한 양말이다. 오랜 시간 신어도 발이 후끈거리지 않고 깨끗하게 있을 수 있다는 점이 특징이다. 본래 이 상품은 프레시 라이프라는 이름으로 선 보였다. 판매 초년도 매출은 그럭저럭 괜찮았지만 3년이 지나자 매출이 뚝 떨어졌다. 그래서 고민 끝에 '통근쾌족'이라는 이름으로 바꾸자마자, '항균양말이므로 신으면 감촉이 좋다'는 이미지가 크게 부각되면서 엄청나게 팔려 단숨에 시장 점유율 12%를 차지하게 되었다. 다른 회사에서 비슷한 제품을 내놓아도 소비자들은 그 제품마저도 '통근쾌족'이라 부를 만큼 강한 인상을 주었다. 이 구조는 '항균양말이므로 신으면 감촉이 좋다(의미) → 코드 변환(모순어법) → 통근쾌족(형태)'이다.

똑같은 사례로서 잡화점 무지양품이 있다. 브랜드명은 커녕 컬러 인쇄물이나 사진 등 아무 표시도 없지만 품질이 좋은 상품이다. 일반

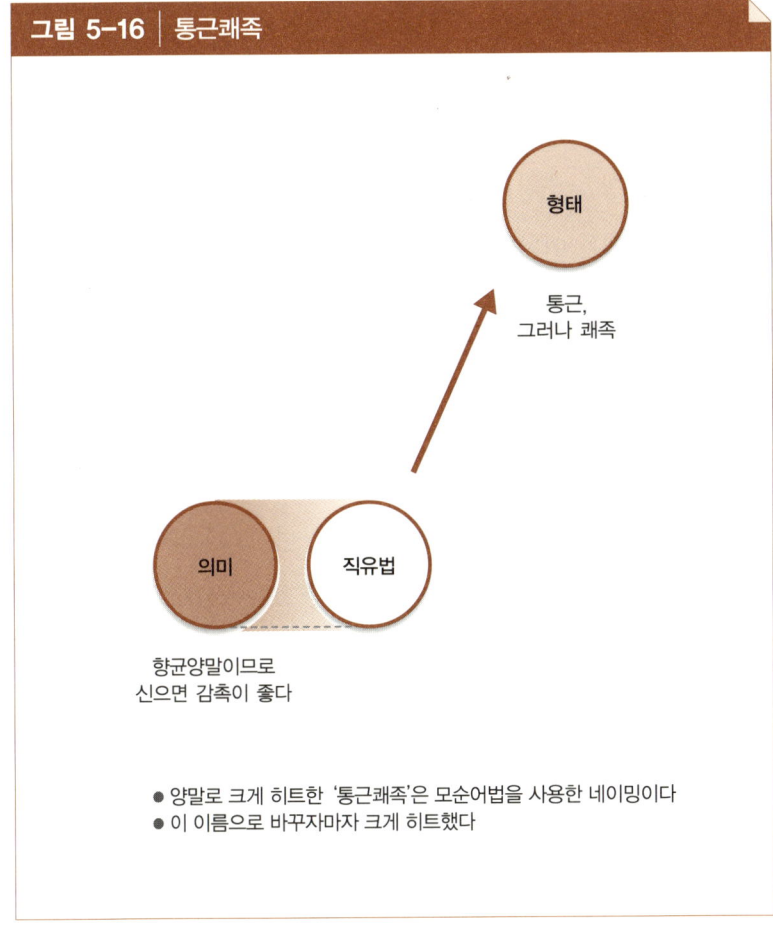

적으로는 브랜드명이 붙어 있어야 품질보증이 되어 좋은 상품으로 여기지만 무지양품은 그것을 거꾸로 이용해 아무 표시도 없지만 품질이 좋은 상품이라 말했다. 이 구조는 '브랜드보다도 품질에 돈을 들인 상품(의미) → 코드 변환(모순어법) → 무지양품(형태)'이다.

❻ 이형어법

표현하고 싶은 내용(의미)을 기이하고 괴상한 사물에 비유해 형태화하는 것이다. 앞서 호시노 가쓰미 씨는 "기이하고 괴상한 것을 기호의 형태 요소로 만들어 상대방에게 충격을 주는 표현 방법"이라고 설명했다. 이형어법은 이화異化라는 카테고리에 속하는 수사법인데, 러시아의 형식주의자인 빅토르 쉬클로프스키는 이화를 '일상적으로 눈에 익은 것을 비일상적이고 기이한 것으로 형태화하여 표현하는 방법'이라고 정의를 내리고 있다〈그림 5-17〉 참조).

또한 호시노 가쓰미 씨는 "이화는 비일상적인 표현을 통해 특유의 이미지를 발산하는 방법이다"라고 했으며, 나아가 "이화는 시와 예술을 표현하는 방법이지만, 상품과 광고 등을 표현하는데도 도입되었으며 이미지가 풍부한 세계를 창출하는데 도움이 된다"고 했다.

이형어법을 뛰어나게 잘 사용한 천재로 비토 다케시라 불리는 기타노 다케시 씨가 있다. 그는 개그맨으로 데뷔했을 때도 '독설'을 퍼부어 일세를 풍미했다. 그의 독설은 얼핏 보면 심한 말을 하고 있는 것처럼 보이지만 그 말의 전제가 되는 의미가 뚜렷한 만큼 분노보다도 감탄이 먼저 나온다.

이러한 재능이 서적과 영화 등으로 확산되었는데, 특히 영화감독으로서 세계적인 명성을 얻고 있다. 무엇보다 뛰어난 이형어법을 사용하여 폭력을 묘사하는데 정평이 나있다. 게다가 단순한 폭력 묘사가 아니라 그 전제가 되는 의미 설정을 능수능란하게 하고 있다. 의미 설

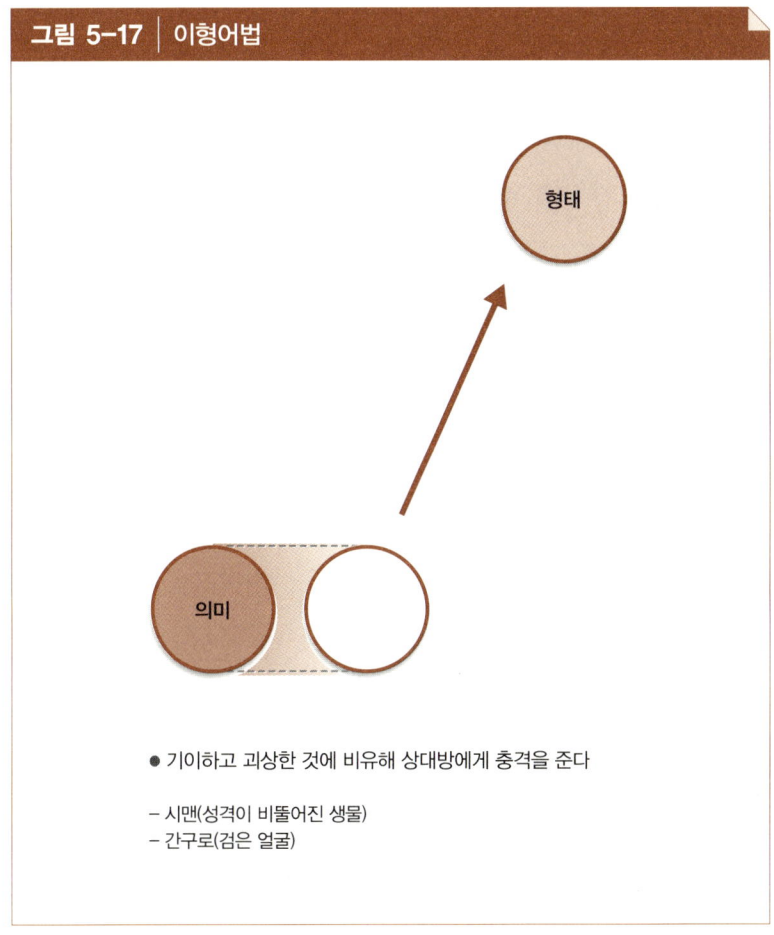

그림 5-17 | 이형어법

● 기이하고 괴상한 것에 비유해 상대방에게 충격을 준다

- 시맨(성격이 비뚤어진 생물)
- 간구로(검은 얼굴)

정을 확실히 하여 언제나 일본이라는 나라의 병폐를 들추어내고 있다. 거기에는 무엇이 일본인의 문제점인지 상대방을 이해시키는 설득력이 있었다. 그것이 그 사람의 가장 큰 매력일 것이다.

그러면 구체적인 사례를 살펴보기로 하자.

• 시맨(게임 소프트웨어)

시맨은 비바리움사가 개발해 크게 히트한 엽기육성 게임이다. 이집트의 전설적인 생물로서 얼굴은 사람 모습을 하고 있고 지혜를 지니고 있으며 사람 말을 알아듣는 '시맨'을 물통 속에서 키운다. 보통의 경우라면 키우면 키울수록 착한 아이가 되지만, 이 게임에서는 키우면 키울수록 주인(게임을 하는 사람)에게 욕설을 퍼붓는다. 그리고 자꾸 성격이 비뚤어진다. 반면, 돌보지 않으면 죽어버린다. 아무리 해도 착한 아이가 되지 않는 것에 재미를 느껴 온 힘을 다해 키우는 것이다.

이 구조는 '키우면 키울수록 잘 자란다(의미) → 코드 변환(이형어법) → 성격이 비뚤어진 생물=시맨이 된다(형태)'이다.

• 간구로(검은 얼굴)

간은 일본어의 '얼굴'을 뜻하고, 구로는 일본어의 '구로이'를 줄인 말로서 '검다'를 뜻한다. 따라서 간구로는 '검은 얼굴'을 말한다. 1990년대 말, 여고생들 사이에서 크게 유행한 패션이다. 즉, 얼굴을 햇볕에 심하게 태우거나, 살갗보다 짙은 색의 화장품을 사용해 얼굴을 새까맣게 만든 다음, 다시 하얀 색의 화장품으로 화장을 하는 패션이다. 귀엽게 보이려고 하는 행동인지 더럽게 보이려고 하는 행동인지 종잡을 수 없었다. 어쨌든 자신의 친구나 동료를 가름하기 위해 이 형어법을 사용해 불규칙적으로 행하는 행동이었다.

이 구조는 '동료임을 한눈에 알아볼 수 있도록 한다(의미) → 코드 변환(이형어법) → 간구로(형태)'이다. 의미가 뚜렷하지만 형태로 코드 변환하면 이상하게 구조는 바로 앞에서 언급한 비토 다케시 씨의 독설과 똑같다.

- 사상 최저가 유원지

도시마유원지는 세이부철도그룹의 자회사인 도시마엔이 운영하는 유원지로서, 1990년 4월 '사상 최저가 유원지'라는 독특한 문구를 사용한 신문광고를 내 화제를 불러일으켰다. 자신의 유원지를 스스로 최저가라고 딱 잘라 말하기 때문에 많은 사람들이 깜짝 놀랐다. 하지만 어처구니없게도 이 광고를 냈던 날이 바로 만우절이었다.

그렇지만 광고 본문에는 "속았다고 생각하고 한 번 찾아와 주십시오. 영락없이 속았다고 느낄 것입니다. 즐겁지 않은 유원지의 본보기로서 유명한 도시마유원지는 올해도 역시 이름값을 톡톡히 하겠습니다"고 적혀 있다. 물론 자신의 유원지에 대해 자부심 내지 자신감이 있기 때문에 게재할 수 있는 광고다. 그러나 실제 이야기를 들어보면, 이 광고는 도시마유원지가 직접 계획한 것이 아니라, 광고회사가 여러 차례 제안한 끝에 겨우 내게 되었다고 한다. 역시 이형어법은 커다란 위화감을 줘 깜짝 놀라게 할 수 있지만, 자칫 잘못하면 상대방에게 불쾌감을 줄 수도 있으므로 요령 있게 잘 소설해야 한다. 이 十소는 '훌륭한 유원지(의미) → 코드 변환(이형) → 사상 최저가 유원지(형태)'이다.

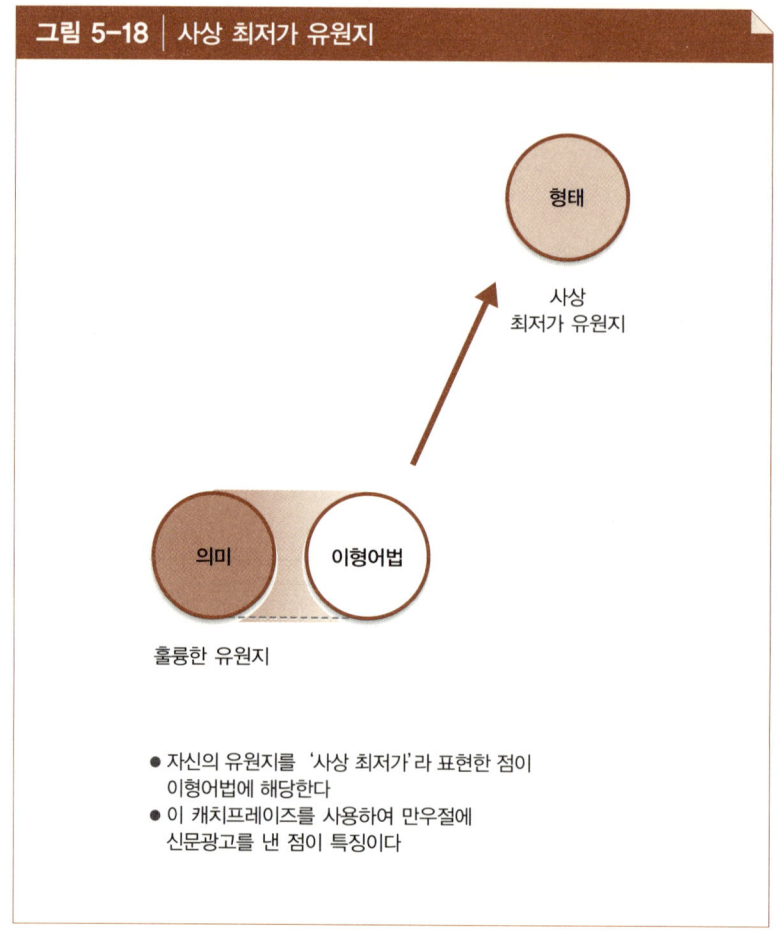

- 케로린

케로린은 나이가이약품이 판매하는 진통제 이름이다. 1952년 사사야마 준조라는 약사가 당시에는 구하기 힘든 수입원료인 아세틸살리실산과 계피를 섞어서 만든 분말 진통제다.

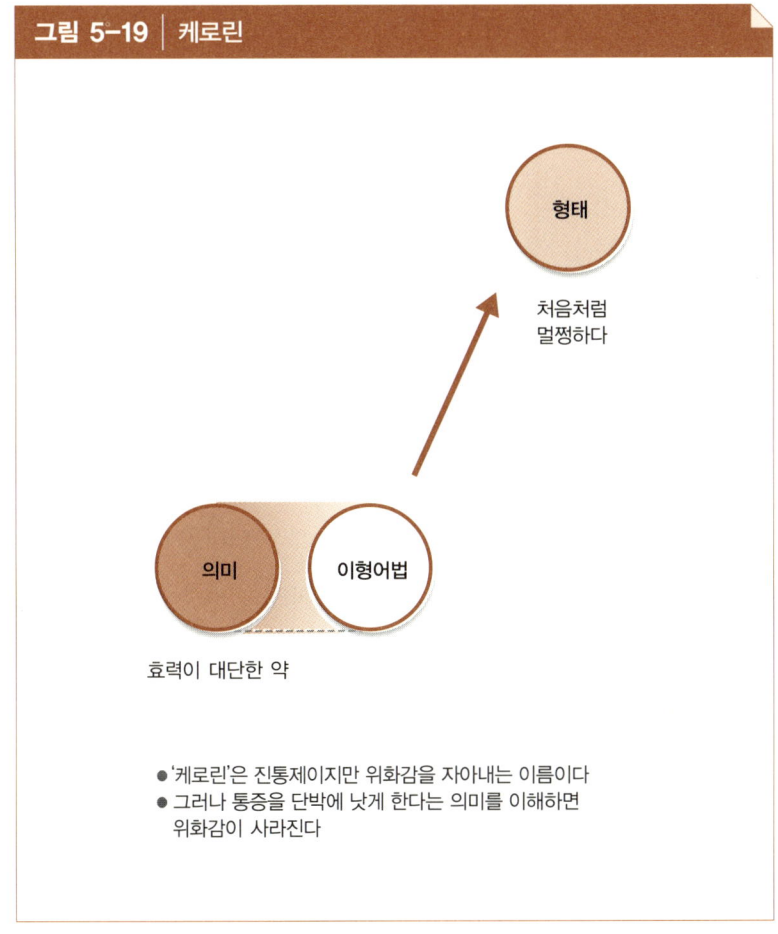

그림 5-19 | 케로린

케로린은 문자 그대로 '씻은 듯이+통증이 낫는다'를 합친 말로서, '통증이 씻은 듯이 낫는다'는 의미다. 마시면 즉시 효과가 나타나고, 신경통과 두통 등에 효력이 있고, 이름이 특이하다는 점 등이 인기를 얻어 크게 히트했다.

케로린과 똑같은 상품으로 '무히'가 있다. 무히는 벌레에 물렸거나 가려움증을 없애는 연고다. 무히는 '없다'에 해당하는 한자의 '무'와 '비교'를 뜻하는 일본어 '히'를 합친 말로서, '다른 것에 비교할 것이 없다'는 의미다. 이런 식으로 이형어법의 효과를 높이기 위해 일부러 위화감을 조성하는 경우도 많다. 이 구조는 '뛰어난 효력이 있는 약 (의미) → 코드 변환(이형어법) → 케로린, 무히(형태)'이다.

앞에서도 언급했듯이 이 상품들 역시 약사법의 규제를 적용받아 효과나 효능을 구체적으로 밝힐 수 없었기 때문에 네이밍으로 승부하고자 했던 것이다.

지금까지 여섯 가지 수사법의 공통점은 모두 의미를 비유하고 있다는 점이다. 단지, 비유하는 방법이 다르기 때문에 여섯 가지로 분류할 뿐이다. 〈그림 5-20〉은 수사법의 효과를 정리한 도표다. 수사법도 위화감을 줄 수 있는 수사법과 동의감을 얻을 수 있는 수사법으로 나누어진다는 것을 나타내고 있다.

그림을 보면 알 수 있듯이, 위화감을 줄 수 있으면 커다란 놀라움을 불러일으킬 수 있지만, 즉시 동의감을 얻기는 어렵다. 반대로 동의감을 얻을 수 있으면 놀라움을 불러일으킬 수 없지만, 상대방을 즉시 납득시킬 수 있다. 그러므로 수사법은 그것을 사용하는 상황에 따라 가려 쓰는 것이 바람직하다.

우선, 직유법은 의미에 그다지 위화감(=놀라움)을 주지 않고 비유할 수 있다. 그 때문에 앞에서 언급했듯이 식품, 음료, 부동산 등과 같은

그림 5-20 | 수사법의 효과

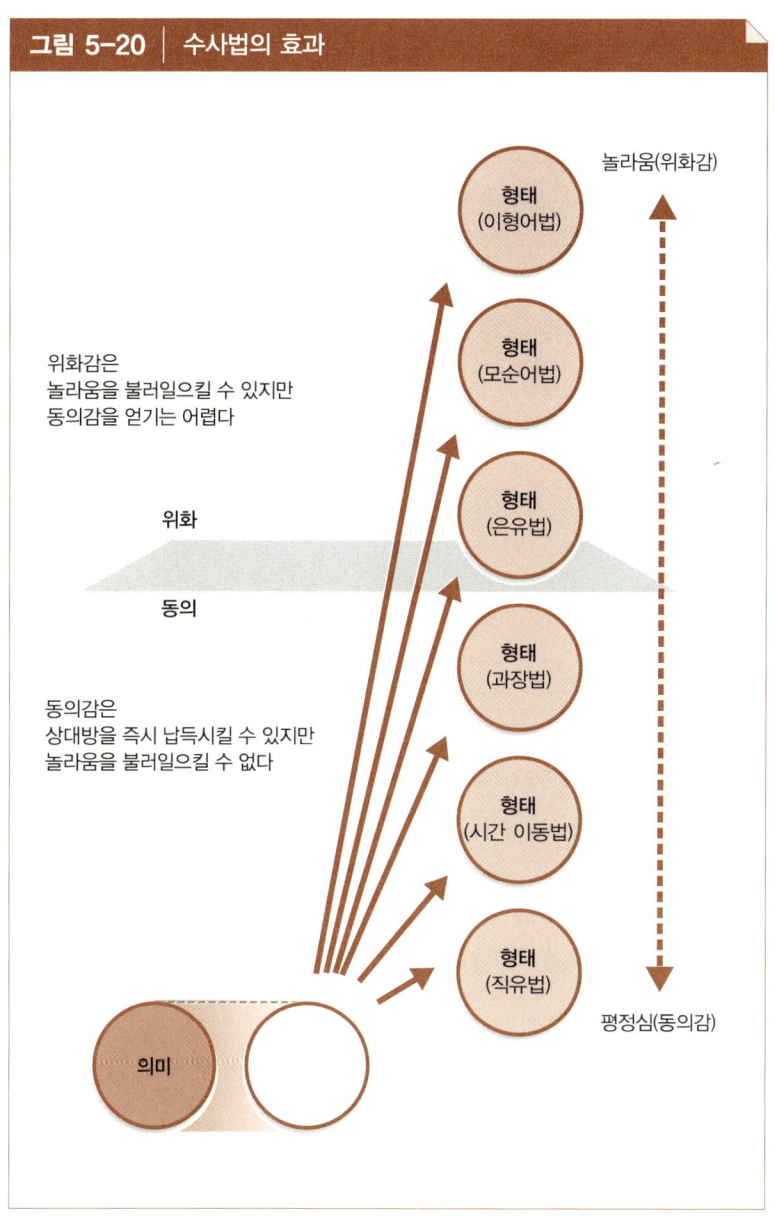

5장 • 확실한 공감대를 형성하라

상품에 사용되는 적이 많다. 왜냐하면 즉시 동의감을 얻고 싶은 상품들이기 때문이다.

직유법보다도 놀라움의 정도를 더 많이 자아낼 수 있는 수사법은 시간 이동법이다. 표현하고 싶은 내용(의미)을 미래나 과거에 비유하기 때문에 위화감은 없지만, 직유법보다는 좀 더 놀라움을 자아낼 수 있다. 첨단 상품이라면 미래, 복고 감각의 상품이라면 과거에 비유하는 경우가 많다.

놀라움의 정도를 가장 많이 자아내는 수사법은 과장법이다. 어떤 면에서 과장법은 폭소를 자아내기까지 한다. 아놀드 슈왈제네거가 아로나민V를 마시고 로켓을 타고 날아가는 장면을 보면 우스꽝스럽다. 저도 모르게 그만 웃어버리지만, 그렇다고 해서 위화감을 느끼지는 않는다. 오히려 표현하고자 하는 내용(의미)을 즉시 이해할 수 있다.

지금까지 언급한 세 가지 수사법은 동의감을 얻고자 할 때 사용하며, 다음의 세 가지 수사법은 위화감을 주고자 할 때 사용한다.

은유법은 위화감과 동의감의 경계에 있는 수사법이다. 얼핏 보면 관계가 없는 것에 비유하기 때문에 놀라움을 자아내게 할 수 있지만, 다른 한편으로 보면 의미와 크게 동떨어져 있지 않기 때문에 동의감을 얻을 수 있다. 아리스토텔레스가 『시학』에서 '은유는 남에게서 배울 수 없는 것이며 천재의 표징'이라고 말했던 것은 위화감과 동의감의 차이를 가려낼 수 있는 사람이 좀처럼 없었기 때문이었다.

은유법보다 위화감을 더 많이 주는 수사법은 모순어법과 이형어법이다. 모순어법과 이형어법은 거의 똑같은 효과를 낸다고 앞에서 언급했지만, 뚜렷하게 기이하고 괴상한 것에 의식적으로 비유하는 이형어법이 모순어법보다도 더욱 위화감을 줄 수 있다. 어쨌든 모순어법과 이형어법은 영락없이 놀라움을 자아낼 수 있지만, 다른 한편으로는 혐오감도 줄 수 있다. 수사법의 효과를 극대화할 수 있지만, 그런만큼 구사하기도 쉽지 않다.

KI신서 1264
평범함을 비범함으로 만드는
파워컨셉

1판 1쇄 인쇄 2008년 3월 10일
1판 1쇄 발행 2008년 3월 20일

지은이 무라야마 료이치 **옮긴이** 강신규 **펴낸이** 김영곤 **펴낸곳** (주)북이십일 21세기북스
편집 박혜란 **디자인** 박선향 김정인 **마케팅** 주명석 **영업** 최창규
출판등록 2000년 5월 6일 제10-1965호
주소 (우413-756) 경기도 파주시 교하읍 문발리 파주출판단지 518-3
대표전화 031-955-2100 **팩스** 031-955-2151 **이메일** book21@book21.co.kr
홈페이지 www.book21.co.kr **커뮤니티** cafe.naver.com/21cbook

값 13,000원
ISBN 978-89-509-1323-6 03320

이 책 내용의 일부 또는 전부를 재사용하려면 반드시 (주)북이십일의 동의를 얻어야 합니다.
잘못 만들어진 책은 구입하신 서점에서 교환해 드립니다.